阿杜故事

杜桂潭·著

上海社会科学院出版社

习近平同志曾经指出:"浙商是浙江最亮的名片之一,已成为浙江的经济形象和人文形象,成为外省干部群众看浙江的一个窗口。"

序一

杜桂潭，1974年12月入伍，1978年9月9日入党，1980年12月转为志愿兵，在上海警备区后勤担任部队船舶物资管理与供应工作。1985年12月在军队"大裁军"背景下，他自愿转业回东阳物资局工作。1992年在邓小平南方谈话后，他下海经商，他是一名具有很强经商天赋和头脑的浙商，发扬了浙商千辛万苦、千言万语、千方百计、千山万水的"四千"精神，也继承了东阳人的"梅干菜"精神，终于实现了从小草到草地，从草地到草原的梦想。

作为一名有着近12年军龄的老兵，他继承和发扬了人民军队特别听党话、特别能吃苦、特别能战斗、特别能奉献的光荣传统。作为改革开放先行者，他胸怀全局，为人正直，敢闯敢试，理念超前。创建上海乃至全国应急消防行业首个民间社团上海应急消防工程设备行业协会，他担任会长，定位准确，无私奉献。以党建红色文化引领公司发展，主动担当社会责任。

当兵时的小杜，创业时的阿杜，现在的老杜。这些昵称，是大家对阿杜的认可。

在此，祝愿行业协会和环宇消防集团在阿杜的带领下，取得更多、更大、更好的成绩。

中共上海市委原常委、上海警备区原政委

戴长友

2019年秋

序二

《阿杜故事》付梓前，阿杜将初稿样本送与我。我先睹为快后，不禁为一位从戎出身、历经坎坷、发展成为应急消防业界的风云人物而动容。

我于2011年初到上海市消防局任职并兼任上海市消防协会会长，开始是在办公室案头的一份《环宇报》小报上发现有"阿杜语录"，瞥了几眼后，感到话虽通俗但颇有嚼头。后来经协会人员介绍，得知环宇消防公司原为市消防局三产，脱钩后迅速壮大。曾获上海市委组织部颁发的"两新"组织"五好党组织"等多项殊荣，遂对阿杜刮目相看。

近距离接触是在2014年，阿杜到我办公室正式汇报拟发起组建上海市消防行业协会的想法，担心与已有的上海市消防协会有抵触，担心上海市消防局不支持……我当时表态说，消防行政与行业协会脱钩是大势所趋，消防行业涉及社会多个领域、多个工种，携同社会化自律规范发展势在必行，作为消防局和消防协会的牵头人，我完全支持你们与时俱进的创新思路。

2015年我从岗位上退下来并辞去上海市消防协会会长。在一次阿杜主持的消防行业协会论坛上，我建议顺应国家消防改革大势，上海市消防行业协会应当积极主动地融入应急救援体系，施展更大作为。而后阿杜等人士在市经信委、市住建委等业务部门指导与支持下，发起成立了由65家企业参与的长三角一体化上海应急产业联盟，并举办了上海国际消防与应急产业展览会暨高峰论坛，不断推出行业团体标准、培养消防高技能人才等工作，发展得风生水起。

改革开放四十多年，阿杜由一名名不见经传的"小人物"，发展成为具有正能量、大志向、有作为、有担当的业界风云人物，是其矢志不渝所使、不忘初心所致、不断追求所成。作为消防界的一名老兵，我为阿杜的芳华岁月点赞！为上海应急消防产业蓬勃发展鼓与呼！

上海市消防局原局长

国家应急管理部消防救援局特邀研究员

2020年3月9日

序三

我是在上海工商联任党组书记时认识阿杜的，至今已10年有余。一个从农村走出来的青年，经历当兵、当公务员、下海经商、发起成立行业协会，一路走来真不容易、不简单。阿杜给我的印象分为两个递进的阶段，可称之为从"群体印象"再到"特别印象。"

前面较长一段时间，阿杜给我的印象是浙商群体一个成员，也有一定代表性。10年前，他参加了上海工商联等单位主办的上海市委党校民营企业家培训班（第八期）。这种培训其实是培养工商联企业会员的优秀骨干，上海各区和有关人民团体选送两位。我知道他与郭广昌是东阳同乡，出身农村，当过12年兵，干过几年公务员，再下海创业，企业主营消防设施安装，维护保养，智慧应急消防物联网，生产消防产品，规模不大，但有特种行业特点和优势，经历诸多创业和市场艰辛，赢得商机和口碑。如果草根创业是第一代，那么阿杜就属于以体制内下海为特征的第二代民企创业者。在他身上，既有咬定目标和坚韧不移的浙商精神，也有地域文化和传统工业的特质。可能因为职业关系，当你面对数百成千个"面试者"时，你会将他们首先归类一个群体。那个时段，我所认知的阿杜是一个浙商，一个没有浪费改革先机又最早具有商业精神的创业先行者。

让我记住阿杜这个不一样的浙江民营企业家是近几年的事，让我感到一个"脱颖而出"的阿杜。

这种"特殊印象"在于阿杜的行业协会干得风生水起，不同凡响。

在现代国家和社会治理中，行业协会商会属于唯一可与工会比肩的支柱式、底盘式社会组织。近几年，按市场化、社会化要求，行业协会商会与政府脱钩，普遍完成了"官办"转"民办"的转型转制的变革。在企业家民主办会的新格局下，如何切实承担社会责任，发挥专业特点，规范自律，协调反映会员诉求，服务会员发挥作用，是众多协会尤其是企业家会长面临的新挑战、新使命，由此出现了上下落差的不同答卷。譬如业界有部分协会视办会为朋友圈、社交圈、生意圈，放空了协会的职能，甚至有的搞江湖派别，争商业利益，影响到协会的社会公信力和凝聚力。

阿杜于2014年国家推进社团政会脱钩改革时，发起成立并担任了之前由上海市经信委、上海市消防局（后归并为应急管理局）主管并主办的"上海消防工程设备行业协会"首任民间会长。他没有辜负政府主管部门的推荐安排和会员企业的期望，用政企"两只眼睛"识会，调动体制内外"两种资源"办会，除了做好基础题和规定动作外，其办会的"亮点"是做好加分题，倾情倾力于协会的主业和核心能力，担负起政府管理的"第一助手"，回应业内的"第一热线"。

举几例阿杜办会"有范"的事：

其一，积极参政建言。

先后完成了市经信委、市住建委立项的《上海消防科技现状和发展趋势》《上海应急产业现状与发展的调研报告》《本市城市管理综合平台与智慧消防平台对接机制研究》等课题的调研报告，为政府决策和相关政策出台提供依据。在新冠疫情特殊时期，协会于2020年2月下旬向市应急管理局紧急提交《关于加强本市应急物资保障体系建设的几点建议》，得到复函称赞和肯定。

其二，着力制定标准反映会员诉求。

按照"做市场需要却无人牵头的事，做政府要做却无精力去做的事"的办会理念，真正成为政府的助手、企业的帮手和行业的推手，引领行业标准化发展。自2015年制定并发布第一个团体标准至2019年底，该会已出台发布了16

个团体标准。50多家会员企业参与了标准的制定。协会先后多次向上海市消防局、市住建委、市政府政策研究室、国家应急管理部、全国人大法工委等部门为民企减轻经济负担，反映取消"消防技术服务机构资质证书"和消防产品3C认证与国际VC认证不认可的状况。2019年5月30日，中办国办下达取消资质和3C认证改为自愿认证文件。得到了会员企业的拥护与认可。

其三，打造消防高技能人才培养基地。

成功申报"消防设施检测维护保养""消防应急安全指导"等项目，为培养行业内应急安全高技能人才、城市公共安全运行提供一份保障。

其四，联合举办应急安全装备国际展览会暨高峰论坛。

协会作为上海承办方，已连续三届联合中国机械工业集团有限公司举办由德国汉诺威展览公司等行业巨头倾情打造的"中国（上海）国际应急安全与消防博览会"暨高峰论坛。这一中国重磅国际性展会，也是汉诺威国际消防安全展览会（INTERSCHUTZ）落地中国的唯一展会。

作为局外人要认识阿杜发起成立行业协会的价值，可对照一下国务院2007年颁发的《关于加快推进行业协会商会改革发展的若干意见》。这一指导性文件对行业协会商会基本职责提出如下明确要求：譬如，"深入开展行业调查研究，积极向政府及其部门反映行业、会员诉求，提出行业发展和立法等方面的意见和建议""参与制定修订行业标准和行业发展规划、行业准入条件""组织人才、技术、管理、法规等培训""受政府委托承办或根据市场和行业发展需要举办交易会、展览会等""建设行业公共服务平台，开展国内外经济技术交流与合作"等。

据我了解，这些赋予协会的社会性、公益性职责与任务，由一家民营企业家办会，其艰难和付出是不言而喻的。近些年，企业家办会又面临社会转型、协会转制、企业家转轨"三转"叠加的局势，会长如同赶考。我们接触过不少协会商会，大多存在畏难情绪和能力不足的问题，不愿做，不敢做，不会做，在行业自律、引领示范、协调规范等方面作用不彰。协会商会深化改革和发展是大势所趋，国家和社会期待更多的"阿杜"，做出更多的探索，打造更多跳出俗套窠臼而升级版的行业协会商会。

阿杜生于草根，长于体制，成于创业，高在办会。他一路走来，几多历练，增添了自信和执着。如今虽年至花甲，仍热情不减，有着一长串的事要做，有些似乎与规划人生的小结有关。阿杜自己企业的日常管理工作已交给儿子打理，可以抽身更多地投入协会工作，现又忙着著书立说，新主编出版了《城市应急安全通识》《阿杜话语》等，又在撰写自传。

回望梳理阿杜的经历和成长逻辑，他一直是一位热爱学习的企业家，以浙商精神赶考。这是值得赞许和学习的。

上海市工商联原党组书记
中国民营经济研究会原副会长
上海民营经济研究会执行会长

李晓东

2020年3月28日

引言

浙江，地处中国东南沿海长江三角洲南翼，濒临东海的黄金海岸，它历史悠久，交通发达，山清水秀，人杰地灵，浙江人的性格糅合了南方人的细腻和北方人的豪爽，素有经商办企业的传统。近代的浙江，崛起了一个推动中国经济社会发展进程的强大商人群体——浙商。

浙商是最早进入上海滩的，十里洋场，开天掘地，叱咤风云，一度垄断了上海大半个产业。改革开放以来，浙商（新浙商）更是助推上海经济发展的重要力量，成为中国改革开放的排头兵。有人说，一个人的命运是性格决定的，一群人的命运是文化决定的。浙商能够成为改革开放之后崛起的中国第一大商帮，既有历史的偶然，也有文化的必然。浙江素有江南水乡之称，水网密度全国之最。古代浙江人做生意因"水"而起，懂得顺水借势。如今，每9个浙江人中就有一位老板，每26个浙江人中就拥有一家企业。我想，这个数字也充分说明了浙江人是创新和创业的先行者。我能从东阳后山店村走出、在上海打拼30多年，成为"创新浙商"的一员，从一定意义上说，就是故乡底蕴深厚的文化孕育了我。

东阳历史悠久，素有"婺之望县""歌山画水"之美称，被誉为著名的教育之乡、建筑之乡、工艺美术之乡和中国恐龙之乡。它属长江三角洲经济区域，是国务院批准的对外开放城市和浙江中部的历史文化名城。东阳，人文荟萃，英才辈出，孕育了北伐名将金佛庄、新闻先驱邵飘萍、科学泰斗严济慈、全国政协副主席厉无畏、植物学家蔡希陶等一大批仁人志士。东阳籍的学者还有著名物理学家潘建伟等院士12名，高校校长、科研院所领导100多名，博士、博士后1 300多名，教授、副教授1万多名。

湖溪镇后山店村位于东阳市中部，是一个依山傍水、居高临下的普通山村。前面是流水潺潺的东阳江，后面是钟灵毓秀的九龙山、水明山和九曲顶山脉，附近山上建有龙潭寺、云庆寺、北镇阁、龙华庵等寺庙。后山店村是当地小有名气的武术之村，传承了500多年的叠罗汉技艺获国家传统非物质文化遗产项目，已被国家文化和旅游部命名为"中国民间文化艺术之乡"。

杜姓在后山店村是个大姓。杜家人大都是能工巧匠，有一门在东阳及嵊州地区远近闻名的家传手艺。在东阳，穿棕绷床、棕衣（也叫"蓑衣"）的手艺人叫"棕匠"。杜家做出来的棕绷和棕衣精细而美观、疏密而有度，深受浙中一带的乡里乡亲喜爱。

我是一个在后山店村长大的孩子，7岁上学，12岁从山村走出去，做过棕匠，学过弹棉絮手艺，务过农、当过兵，做过工人、公务员，后来下海经商，历经物资、服装、家具等几个行业后，重回上海创业，创办了上海环宇消防集团。从7岁到67岁，在60年的生活与奋斗生涯中，我经历了：60年代经济困难时期的苦难，60—70年代"读书无用论"思潮的影响；80年代改革开放初期，谁胆子大，谁敢闯，谁就能成"万元户"；90年代，谁能发现机遇、抓住机遇，谁就成功；进入21世纪，不是靠胆大、靠自吹自擂，而是靠知识、靠诚信、靠人品，才能闯天下。回眸我少年苦难谋生、青年打磨锤炼、中年倔强奋斗、老年求真反思的人生轨迹，我深深感到：是东阳人的"梅干菜"精神和"勤奋""务实""正气""感恩"的品格，"海纳百川、追求卓越、开明睿智、大气谦和"的上海精神，培育了我宽广的胸怀、宽容的品质。

从童年到上小学，再到去嵊县学艺，几乎天天见竹。山村、路上，清流激湍，茂林修竹。竹，是我一生的最爱。我钟情于竹的坚韧、秀丽、潇洒、忍让。竹的高洁、脱俗品格为我所崇尚；刚正不阿、百折不挠的精神是我的追求。我喜爱诗人对"竹"的赞美，背诵关于"竹"的名言。雨后春笋，破土而出，春意盎然，充满生机；翠竹千竿，挺拔多姿，经冬不凋，摇风迎春。我爱竹之形、喜竹之性、敬竹之风节；我成竹于胸，励志向上，汲古创新，造就自己的精、气、神。全书可以说是以苦、熬、忍、逼、直、勤、德七个字来形容。人处晚年要像普洱陈茶一样,有醇厚的味道。

  我工作忙忙碌碌,生活简简单单,不搓麻将、不打牌,下下象棋,看看书报,写点"山寨版语录",算不上人生堪称传奇,但创业过程充满坎坷与艰辛。早就有朋友劝说:"一个人崇尚知识、学习阅读史书,是一个人的精神人格发育史。读书写书是对一个人品格的洗礼和滋养。你应该把曲折与倔强、沉浮与创业这些东西写出来,以传后世,与喜欢读书爱书的人分享。"经过一番斟酌,我决定出书,并为自己定了调子:我虽然是个名不见经传的小人物,但不管大人物、小人物,都有各自的人生轨迹和奋斗历程,我是一介草民,写书不是为了光耀门第、自我炫耀、功成名就,而是为了把自我人品最原始的财富升华的美德传给家人,激励后人,提升人品,以德取胜,以厚道之心待人,以真诚之礼服人;始终牢记人品虽然无形,看不见摸不着,但恰是我必须坚守的原则和底线。人生中有的细微小事、某个善举,本身毫无意义可言,却隐藏着因果关系,它不经意间会使你得到回报。人生走到最后,拼的正是人品。

  本书不是名家代笔作传,而是自己尽力按"真""实""新""精"四个原则叙写。2018年9月曾请他人代写,由于求人难,就此搁浅。2019年6月,我静下心来,掏心掏肺,细细回忆,一字一句,慢慢打磨,修改近百遍终于完成。本书各个章节以人生时间顺序为主线,穿插逻辑思维方式(主辅结合)讲述《阿杜故事》,并邀请身边不同人士,不同时期部队首长、战友、地方领导的不同回忆作为补充,讲不同的故事,共同反映那个时期的历史。有的篇章爽性一叙到底,没做任何补充,保持文章脉络一气呵成;有的篇章是当事人的亲身体会,似"花开几朵"改写叙说,从不同角度讲述细小、真实、生动、感人的故事,以让那段历史多视角呈现;再配上"首长和领导"画龙点睛的点评和摘录一些媒体报道,使《阿杜故事》多姿多彩,使故事情节和道理相互辉映,使故事更加生动具体,又不至于篇幅冗长。为了便于读者阅读,每个章节前面设有"本章导读",简要说明该章的主要内容,这种不按常规出牌的写作方式,或许是一种尝试,希望能给读者带来不同的感觉。

  本书后记、附录部分,收录了当事人的简历、个人和公司的各种荣誉奖牌,并以媒体报道作为见证,努力还原一个有血有肉、求真务实的真我。我在撰写《阿杜故事》的过程中，碰到对结构框架、按时间顺序还是按逻辑思维方式等写作方式不懂、迷茫困惑的时候，边写、边学、边请教，得到复旦大学张一华和缪新亚、陈军、施南昌、季晓东、殷佩红、金五洲等老师和朋友的指点，顺利完成初稿。我在修改期间，根据本书责任编辑的建议，对30位当事人回忆叙写的情节，进行了整理改写。对此，向各位叙述当事人表示歉意！

目 录

序一 ·· 戴长友　001
序二 ·· 赵子新　002
序三 ·· 季晓东　004
引言 ·· 008

第一章　少年学手艺，苦水相伴　阳光育小草，倔犟成长

第一节　童年的回忆 ·· 003
第二节　我的母亲 ·· 006
第三节　我的父亲 ·· 011
第四节　同村发小和战友杜茂新 ·································· 016
第五节　同村挚友陈洪明 ·· 021
第六节　同心同德的老婆 ·· 025

第二章　三次报名，当兵圆梦　军旅生涯，锤炼成钢

第一节　当兵入伍圆梦，投身军营磨炼 ···························· 035
第二节　老首长王必成的回忆：是金子总会发光 ···················· 046
第三节　老乡马顺鑫的回忆：战友情，兄弟情 ······················ 052

第四节　老首长吴守德的回忆："人防压块顶环"事件遇挫折、
　　　　　受磨炼······056
　　第五节　人生情有千万种，最难忘的是战友情······058
　　第六节　我的军旅心得······066

第三章　转业回地方，干上老本行　屡屡受挫折，倒逼去经商

　　第一节　三次调动工作，如愿干上老本行······071
　　第二节　留职停薪，下海经商······073
　　第三节　始终铭记入党初心，申请成立民企党组织······081

第四章　高人指点，重回上海　三色文化，铸就"环宇"

　　第一节　重回大上海，跨出新步伐······085
　　第二节　特色党建引领的红色文化······093
　　第三节　管理创新、科技创新的绿色文化······113
　　第四节　担当社会责任、构建和谐企业的蓝色文化······127

第五章　发起成立协会和联盟　担当社会责任新起点

　　第一节　热心参与商会，屡次受挫······149
　　第二节　发起成立协会，探索新的作为······153
　　第三节　筹建上海应急产业联盟，协会换届求发展······170

第六章　创业几十年，故事成往事　反思走过路，熬忍与坚持

　　第一节　三本书的故事······189
　　第二节　东阳市场贪小便宜吃大亏的故事······192

第三节　为业主优化方案节约投资成本的故事……………………193
第四节　复旦"双子楼"项目招标的故事……………………………194
第五节　京江路商铺退房的故事………………………………………195
第六节　获得上海市消防行业工程麒麟奖的故事……………………196
第七节　参加东阳商会、金华商会的乡情故事………………………198
第八节　红酒抵质保款和房子作抵工程款的故事……………………199
第九节　一个诉讼工程质量和维护公司权益官司的故事……………201

第七章　展望未来，自信与担当　求真反思，文化与传承

第一节　行业协会助力长三角一体化应急（消防）产业联盟
　　　　发展作用与意义的几点思考………………………………209
第二节　协会的未来：探索创新发展之路……………………………216
第三节　公司的展望：建设三个团队，传承企业文化………………220

附　录

附录1 ……………………………………………………………………225
附录2　个人及公司荣誉（奖状、奖牌）……………………………236
附录3　媒体报道………………………………………………………245

后　记 ………………………………………………………………………251

第一章

少年学手艺,苦水相伴
阳光育小草,倔犟成长

本章主要有我幼年和父母恩情的追忆,少年学艺艰辛经历的回顾;杜茂新回忆的童年趣事,陈洪明记录的青春岁月的回望;结缘同村、同姓、同心、同德老婆共同创业的情节。从中可以看到一位山村少年正气倔犟性格形成的起点——父亲的本分厚道,母亲的正直善良,正气倔犟性格形成的环境——走街串巷讨生活,勤学手艺争口气;当然,还有童真少年的友情、芬芳年华的青涩……

家 训 四 条

一、嘴要严谨,尊重他人隐私,少提重要人物来掩饰自己。
二、尽力帮人,特别是年轻人。
三、念书不要死读,"活用""善用"是出路。
四、家庭和谐(不离婚、兑现承诺、担当责任)。

——摘自《阿杜话语》

人 生 对 联

上联:生容易,活容易,生活却不容易
下联:人简单,事简单,人事却不简单
横批:活人生事

——摘自《阿杜话语》

第一节 童年的回忆

1. 杜家结束八代单传

根据杜家家谱记载，我家到我和哥哥这一代已经是八代独子单传了。听长辈讲，我们家房屋是200年前造的11间正堂房屋，也算得上是一户富裕人家了。由于太公、太太公出卖了一半房屋给堂叔家，到新中国成立时，我们家只剩下了一半房屋，而且比较破旧。房子建在村里前面的高位地，位于后山店村的正中间，也是村里最前排一户独立人家。村后面大山上和九龙山脉九曲顶的水流入长坑塝水库，水库里的水沿村里一条小溪经过村中间两个池塘（村里人都直接饮用清洁又甘甜的九龙山脉的山泉水）流到我家房子旁边时，一部分水向东流出，另一部分水向西流去。听老爸老妈和叔叔婶婶说，这是个处于龙脉

杜家祖先

我的祖父杜福喜（1894—1961）

上的房子，风水太紧，因此，一直以来子孙不发，八代单传，而且性格脾气都比较急躁，不兴旺，很难出大人物。我老妈信风水、讲迷信，想生第二胎，经常到永康方岩和有关寺庙求神拜佛去求子，早生贵子保平安。听我妈说，我是从永康方岩寺庙中的观音菩萨那里求来的。小时候，母亲每年都要带我到方岩去烧香拜佛，以求平安长大。

　　我的出生年月是1954年农历的四月二十四日中午。当天村里农户人家的烟囱都冒烟了，开始烧中午饭，母亲还在离家500米的农田地里浇水、浇粪，突然感到肚子疼，马上往家里赶，到了家里不到半小时后我就出生了。当时，堂叔、堂嫂有的已吃好午饭了，有的正在吃午饭，于是大家急着帮忙打理。那年正好马年，出生的时辰正好是午时，叫"午马"。民间有个说法：马年出生的小孩，生在晚上或白天其他时辰不好，生在冬季也不好，因马没草吃；生在午时的午马，落地的时辰很好。我生在农历四月二十四日，大地回春，正好是立夏时节南方收割麦子的季节，属马的人就有粮草吃了。因此，院子里三户人家的叔叔婶婶都对我比较宠爱，小名叫"团团"。我家隔壁的一户邻居的房子也盖在龙脉龙背上，他家现在出了个师（厅）级官员。

杜氏家谱

2. 童年心酸回忆

我从小聪明头脑灵光，虚岁7岁时母亲就送我上学。20世纪60年代初遇到经济困难时期，在后山店小学读二、三年级时，我家离学校很近，只有几百米。班主任老师是外乡来的，我老妈是个热心肠、待人客气的人，家里烧好了青菜、萝卜什么的都要送给老师吃的，我妈又是村里妇女主任，所以班主任对我这个小孩子比较关注与照顾。经济困难时期，不是吃野菜，就是吃蕨根粉（蕨根粉算是好东西了），但它有渣很难吃的，吃多了那些东西会导致大便干硬，排便困难。一天早上，我在家旁边的小茅屋边上茅坑拉大便，拉了一个多钟头还是拉不出，正好旁边有棵梅子树，我就折了一根树枝去抠……。老师见我没去上学着急了，下课了跑到我家来找我，那时候老师也叫我"团团"，看到我这个情况，马上把我从茅坑边拉起来，就去找我老妈。我老妈当时在大会堂食堂里烧饭，回来以后，把家里唯一的老母鸡宰掉，烧鸡汤，让我吃点油，到第二天就好了。在这段时间里，家里经常到村后面的山上挖野菜、蕨根、树皮

后山店小学

树叶充饥。在我们后山店村,在山上还能挖点吃的东西,已经算是幸运的,否则就可能没命了。这是我在小学读书时的故事。

第二节 我 的 母 亲

1. 正直善良的妇女主任

我的母亲陆秀光（1921—1979）

母亲是一个典型的农家妇女,10岁就作为童养媳嫁到杜家。我爷爷生育了一男三女,一个男丁就是我父亲。三个姑姑的年龄都比我妈妈大,但好吃不肯做。因此,家里重活累活都叫我妈做,好吃的都他们吃,两个姑姑还经常欺负她、打骂她,我妈妈受尽了委屈。这也是当时封建社会思想遗留的时代烙印。

母亲虽然没读过书,谈不上什么文化水平,但上台讲话、作报告时,思路敏捷,干脆利落。其实,每次上台讲话之前,她总会对着窗子,反复练习,直到讲顺了,记住了,才停下。

新中国成立后,母亲自强不息,学习文化,积极参加农村扫盲工作。20世纪60年代初,她担任村妇女主任、乡妇女副主任,后来被推选为东阳县和浙江省妇女代表。

母亲热心大气,哪一家计划生育结扎,或者生小孩,或者有人生病,就送去苹果、鸡蛋、面条等。我有时候还跟着她一起去,看在眼里,记在心里。母亲很有孝心,逢年过节都给村里孤寡老人送一些水果、鸡蛋、桂圆、红枣等。在过去的那段岁月中,这些东西都是好东西啊,平时吃不到的。我小时候又

东阳市武术协会后山店分会

瘦又小，很调皮，母亲为防我们偷吃，就把这些藏在竹篮里，用绳子吊起来，挂在厨房的屋顶下。一次，我用一根棒子去挑这个竹篮，结果竹篮翻了，红枣、桂圆等撒了一地，鸡蛋摔碎了，水果也摔破了……当时就被母亲狠狠骂一顿，我到现在还记得这一句话："做人要大气，自己吃了落粪坑，人家吃了传四方。"所以我现在也是这样，有人来拜访或者来看望我，我都送点茶叶、茶壶、木雕笔筒、如意、大象类等小工艺品给别人，以表心意。老妈的教诲，送礼就要送好的，不好的东西不要送给人家，否则，人家背后会说闲话的。所以母亲教我做人、做事的点点滴滴，对我印象很深。

还有印象很深的一件事。母亲不但待人热情，而且没有私心。大概在1972年，我18岁时，村里开展宅基地批准给困难户盖房子工作，重新划分村里的自留地和宅基地。村里书记、大队长等班子成员十多人用"丈弓"计划丈量给困难户造房子时，因我家旁边有四间宅基地，门前围墙外是一块良田（那时候国家批良田造房子政策管得很严），这块良田新中国成立前就是我们家的，他们把这块良田和我家旁边的两间宅基地一起丈量给人家困难户造房用。村里准备报乡和县政府批准后造房子。当时我哥哥对我说:"我家四间宅基地丈量出去给人家盖房子了,以后我家自己要造房子就没地方了……村里把良田和宅基地一起丈量盖房子是不符合相关土地政策的,你去把那些丈量好的'定位桩'拔了扔掉,说我们自己家也要造房子的。"当时母亲发火了,骂我:"你这小家伙不懂事,人家家里人口多,住房困难,没地方造房子住……做人要积德,人家造房子是一辈子的事情,把自家的宅基地让给人家,是做善事造福人家,有什么不好……"后来,因村里违规把良田和宅基地一起报批,县政府土地管理部门没有同意。虽然母亲没有文化,但是她善良、大度。正因为老妈处处为别人着想,才得到大家的认同。

我的哥哥杜承荣

我哥哥也是个耿直的人,受母亲的影响,他从不占人家便宜,是个正直的硬汉子。1993年,我把分家时得到的两间房屋和两间宅基地给我哥哥家造房子,他一定要把8 800元钱送给我,表示心意。为此,我也十分感动。在父亲诞辰一百周年时,即2014年,我们到广州他儿子家过年,他说:"今后,我东阳老家的房子卖掉的话,我的一半财产给儿子,一半给你。以前每年逢年过节回家你都给我红包,现在我们条件好了,不要再给我了……"哥哥现在对我很好,很客气,现在我们兄弟之间的关系是真正的"兄友弟恭"了,相信老爸老妈在天上看到我们兄弟俩这样和睦,也会为我们高兴的。

1974年10月,我再次要求参军当兵报名时,我母亲其实是舍不得的,因家里在生产队挣工分劳动力少了一个,想留我在她身边,能照顾到她。但是她为了我的前途,也为了国家的需要,忍痛割爱,毫不留恋地送我参军。1979年母亲去世时,我正在部队服役,出差到江苏南通采购拖船器材配件,等收到部队转发的电报,都已经过去三五天了,在我急忙返回部队上海,在赶回东阳老家的前一天,我哥哥已把妈妈"送上山"了。听哥说,给母亲办大礼的那天,村里、乡里、县里来了几百人给母亲送行……未能在母亲有生之年尽孝,也未能见母亲最后一面,更没能送她最后一程,这是为人儿女最大的遗憾……母亲的恩情永世难忘……(写到这里我的眼泪流下来了……)母亲善良和大度的基因元素至今还流淌在我的血液里。

2. 认干娘和改名字

小时候,母亲怕我长不大,经常找算命先生给我算命。算命先生都这样讲:你这个小孩不好养、养不大,要想养大,必须要认"干娘";要养大发财,必须到很远的地方去,越远越好,而且越老福气越好。母亲为了能够把我养大,叫我去认"巫婆"为干娘(那时农村还有人讲迷信),"巫婆"给我取了另外一个名字,姓蔡,叫蔡生德,一直到我13岁左右。我老妈还有点相信迷信,有时要把那个烧香的灰叫我吃掉,说是干娘给你的仙药,吃了能长大。

湖溪镇后山店村北镇阁

小时候，老爸经常喝酒，会发酒疯打我，因为他是属老虎的，我是属马的，老虎和马生肖是相冲的，他也一直讲一直讲，这个小孩长不大的……我就是在这样的环境下长大了。

我小时候取名叫"杜贵团"，因为我们杜家已经是八代单传了，现在好不容易生下排行老二的我，爸妈为了能够养大我，让我跟一家兄弟姐妹多的人家"排"名，他们家是"桂"字辈，叫杜桂良、杜桂生等兄妹5人，于是把我的"贵"改为桂花的"桂"，那时候我就随他家的名，叫"杜桂团"。后来我四年级的时候，查《新华字典》，看了以后我想：这个桂花的"桂"是好的，但这个团结的"团"不太好。那时候我看了穆桂英挂帅的书和电影，也听老人讲龙的故事和穆桂英杨家女将的传说：穆桂英家族祖先的骨灰，是放在龙潭里面的龙角上的，所以出了穆桂英，如果当时把她祖宗的骨灰放在龙的嘴里的话，那么穆家要出真龙天子皇帝的！这个是农村里的传说，我老爸也跟我讲过这些传说。我查到了龙潭的"潭"字，我想这个"潭"里有

湖溪镇后山店村西边乡路两侧种满桂花树

水,能藏龙,是龙生存的地方,能把桂花树种在龙潭旁边,既有花香,又有龙水喝,"潭"还能藏龙卧虎,龙是生活在龙潭里的。因此,我就把"杜桂团"改成"杜桂潭"了。

第三节 我的父亲

1. 本分、厚道、守信的棕匠

我老爸人好,脑子灵,学了一门穿棕绷和蓑衣的手艺,会做生意、会经营。他从十几岁开始学手艺,一直在浙江嵊县(现嵊州市)三界镇地区(马岙、沈家湾、招士湾等村)和里东区幸福公社、禹山头等地穿棕绷和蓑衣。新中国成立初期,他是三界镇棕衣合作社的主任。为了多赚钱、多搞点粮食养活我们,他白天晚上连轴转,经常做到夜里两三点,把身体搞垮了,一直很虚弱,只能喝酒强撑着身体。20世纪60年代,政府号召搞下放,他把自己下放到里东区幸福公社禹山头村他的干爹干妈家落户,一直到他操劳倒下,户口都没有回东阳后山店村。

我的父亲杜开华
(1914—1970)

小时候只记得,每当临近年底,老爸就会回家过年,总是从他干爹家带回年糕、红薯干等杂粮。但每次喝完酒,只要看到我做错一点点事,他就会发"酒疯",胡言乱语,骂人,还要打我们,因为我哥长我6岁,他打不过我哥,就拿我当出气筒。有一次我老爸又要打我,我躲到楼上房间里,把门撑好,他硬推冲进来,我没办法只好从窗口爬到屋顶瓦片上,爬到隔壁叔叔家屋顶上,再逃出去,他还追我,我就逃到屋后河边。这条河大概五六米宽,衣服也没来

嵊州市三界镇地区

得及脱就跳河里游泳过去了,游到河对岸我对他嚷道:"你这个酒癫,有本事你游泳过来,打我呀……"

当天晚上,我不敢回家,我哥哥和我妈很着急,到处找我。我身上衣服裤子都湿了,怎么办?就学电视里野外救生那样自救。我们村大会堂前面的操场正在烧草灰,就是用稻草、木柴、泥块和在一起,一层草一层泥土叠起来,做成一块一块泥坯,然后用火烧;泥坯烧熟了以后再敲碎,拿去当种菜的肥料。这个泥坯要烧一个多礼拜才好,泥堆周围有火炭在慢慢燃烧,很暖和的,我把湿衣服脱下来,拿个干枝挑起来在旁边烘干。到凌晨两三点钟,衣服裤子烘干了,我找到一户人家(金忠和家)的屋檐下有个叫"街沿平台"的地方,缩在角落里睡了大概两个小时,到凌晨4点多钟给冻醒了。后来听哥哥说,妈妈找不到我很担心,特意给我留着饭,放在门口,门故意不关,晚上就可以拿去吃。我这个人很有个性,脾气倔,但又怕老爸逮到,再打我,所以我绝不会回去拿这个吃的。正当我又冷又饿的时候,"天上掉下了馅饼"。那时,我们横店镇下溪滩村是加工"粉干"的专业村。这种"粉干",是把米粉放在蒸隔里,用柴火烧蒸几个小时才能做出来。他们村缺柴火,所以每月到初五或者初十赶集,下溪滩村村民都会到我们东阳茜畴镇(现东江镇)集市上去买柴火,有30里山路，要走好几个小时。我躲的这个街沿平台就在他们经过的一条石子小路旁边。他们推的手推车（也叫独轮车），经过这条石子路的时候，发出"咚咚咚"的声音，由于车轮跳动很厉害，挂在车架上面的"酒糟米饼"掉了一个下来（是一种米饼，放些酒糟，要吃的时候，放火上烤一烤香喷喷的，吃一口甜蜜蜜的，一般早上出门赶路或干活的人，都会带四五个）。正巧被在石子路上走来走去的我踢到。当时这个圆圆的饼掉在石头上，和石头子儿的颜色差不错，我脚踢一踢，咦，这个石头怎么会打转的？捡起来一看原来是个酒糟米饼，还有点热气，我当时真的很激动，由于我昨天晚饭都没吃，我抓起饼来就往嘴里塞，狼吞虎咽地吃起来，心想：真是老天有眼，不让我饿死啊，还能大饱口福……

2. 跟着师傅学手艺

由于爷爷和老爸都有一门做棕匠的手艺，同一门堂厢房3户人家的两个堂叔杜开生、杜绳法也是棕匠，所以我们这幢房屋的三家小孩只要有时间都会帮父母亲拔棕丝、绕棕线，以便大人早日做好棕绷和蓑衣，拿到湖溪、郭宅、横店等集市上去出售，挣钱买粮食。两位堂叔有儿女杜忠伟、杜忠立、杜忠全、杜跃芳、杜兰英、杜兰仙、杜兰飞共7人，加上我哥哥和我，整个门堂厢房里有9个小孩子都学过这门手艺。记得一般在10岁左右，不管男孩女孩，为了减轻家庭经济负担，学校放假的时候，父母总叫我们学绕棕线绳。刚开始学时，因我年纪小，绕起来两只手发酸，时间久了，更是又酸又痛，于是，就不想学了。但我们村是穿棕绷和蓑衣、做木雕这些手工艺的专业村，大多数人都会这门手艺，不学是过不了关的。1966年6月我小学毕业，因"文化大革命"开始，停课闹革命，读初中不招生。由于学会了绕线的基本功，父母亲商量说，儿子跟父亲学手艺，不听话，学不好的，所以就帮我找了一个本村生产队的邻居杜加良师傅。

记得当年我只有12周岁，我们后山店到嵊县去挨家挨户上门穿蓑衣和棕绷。由于交通不便，凌晨2点钟就要起床，还要走30里小路到歌山车站乘车。

当时因人多车少,交通不便,一天只有两班车到嵊县(现嵊州市),如早班车7点15分上不了车,就只好走70里路到长乐镇转车到嵊县。若去我老爸的干妈家,还要再转车到清风寺车站,然后坐摆渡船到对面里东区幸福公社禹山头村。当时我们兄弟俩都叫老爸的干爹干妈为爷爷奶奶的,我的堂叔叫徐世财,是这个村的支部书记。为了省钱,我们一般当天要走100里路到长乐镇坐汽车。记得第一次出门学手艺,走路走得我两腿发硬、发酸、发痛,第二天起床发现肿起来,一走路就痛。到了目的地后,我们师徒俩挑着手工艺工具和衣服包袱,到禹山头、火先湾、大毛湾等山上人家寻找生活。如果山上没有活儿,就到马岙、沈家湾、招士湾、清风庙等地揽生意;如果这边生活干完了,就要到三界地区或者到接近上虞地区的平原地带去接活干,要上街吆喝:"棕绷穿否,穿棕绷哦!"找到生意后,如手艺好,用户认可,生意就会生出来。一般一个村可以做上几户人家,住上十几天或一个月左右,有时甚至会住几个

嵊州市三界镇清风寺地区

月。给人家干活时,吃住一般都是全包的。由于我年纪小,干活力气小,扒棕丝绕棕线比较慢,经常两手发酸发痛,还有人嘲笑我,我感到很委屈,晚上流眼泪。师父就劝导我,因为我们要拿人家一份大人的工资,吃人家饭,只能任人家讲,今后做得快点、动作灵活点,用心学好手艺就好了。那时我跟师傅俩人工资每人每天1.5元,共计3元钱一天。冬天时,温度到零下,扒棕丝又冷又湿,我右手大拇指都扒出血丝来了。就这样苦练学艺,其间老妈还帮我找了一个邻村市古塘村的周文进去学弹棉絮。我跟着周师傅还去杭州、余杭、临安一带学做弹棉絮生活。由于个子小,弹弓又大又重,路又远,时间久了就扛不动,所以学了半年时间就不学了。

  1969年春节后,我哥去参军了。那年我16岁,就跟父亲去学手艺。由于父亲长期劳累,体力不支,他就主动叫我学棕绷和蓑衣(盘领子)等关键手艺技巧。经过几年的努力,我终于掌握了这门手艺。1970年5月老爸去世,我只好独立门户了。当年下半年,我当上小师傅,带了一个徒弟叫杜明东,他是地主家的儿子,那时候讲阶级成分,一般的人不敢带他出去做手艺赚钱,怕政治上受影响,当时我正气感也很强,心想:地主家的儿子就不能挣钱吃饭,我说要带他出去,他很高兴,十分愿意。那年,我外出到嵊县我爸以前工作的老地盘三界地区做了近三个月活。每天收3元,1元给徒弟,1元需交给生产队,我的第一桶金大约赚了60多元,很开心。就这样我断断续续地在老家种田务农,参加民兵训练和村文艺宣传队,农闲时外出做手艺赚钱,一直到1974年,大约有6年时间,在农村务农和外出做手工艺之间摸爬滚打。1974年12月23日新兵入伍到上海,我记得,我身边带着260元人民币到部队。要知道,在那时的农村娶一个老婆定亲钱都足够了。从少年到青年时期在农村亦工亦农磨炼了我穿蓑衣一针一线的耐心和勤劳吃苦的实干意志。

3. 蓑衣简介

  蓑衣历史悠久,是过去民间常用于防雨的农具。早在唐代,诗人柳宗元的《江雪》对它有最美的描述:"孤舟蓑笠翁,独钓寒江雪。"三四十年前,在江

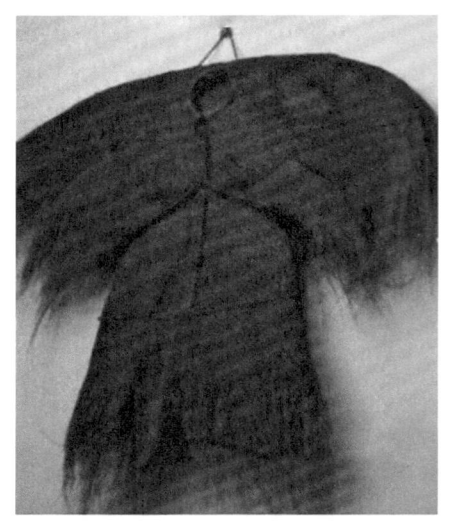

现代蓑衣（棕衣）装饰品

浙一带，蓑衣是农村家家户户的必需品，用棕线做的蓑衣特别耐用，下雨天穿着不怕风吹雨淋，冬天穿着既能防雨又保暖。蓑衣虽重，但不碍行动干农活，雨伞虽美却挡不住大风。因此，蓑衣自古流传几千年不无道理。随着科技的进步，蓑衣逐渐被塑胶、塑料雨衣所替代，成了工艺品、装饰品、老文物。

蓑衣的制作过程并不简单。从棕树上剥下棕片晾干，到选棕片、拨抽棕丝、搓棕绳，再到盘领口（头）编排缝制领上衣、做后脚衣、前角衣（下裙），到最后领衣和前后角（下裙）衣合并编成，一般需要5个工作日，一般的重量也在5—6斤。以前蓑衣所有针脚都是一针一线，编缝得密密麻麻，上一针、下一针交叉而缝，呈花纹图案，又结实又美观。在那个年代，编制蓑衣的手工技艺人不但需要耐心与细致，更需要精湛的手艺，大家称作棕匠，现在的说法也属于工匠。

第四节　同村发小和战友杜茂新

1. 一起"穿开裆裤"长大

我这一生中与许多人有缘，但觉得和我最有缘分的是杜茂新。他和我同村，两家相距不过200米左右，从小一起"穿开裆裤"长大，一起学习进步，也一起调皮"捣蛋"。小时候，我们一起捕蜻蜓、一起捉迷藏、一起下河游泳、一起招猫逗狗；我们一个馒头合着吃，一根冰棍轮流舔，一把瓜子分着嗑；

他和我相互之间从来不称大名，见面永远叫外号……更有缘的是，我们长大后竟然同年同日到上海警备区入伍当兵，而且同时分到宝山县吴淞镇（现宝山区）泰和路260号新兵连，开始我们的军营生活。他被分到内河运输队当操舵兵，我在机关修理所当采购员。后来，杜茂新提干，到船运大队政治处任政治干事，又和我在同一个机关院子里工作生活。所以我和他简直太有缘分了：从童年到青年，我们一直没有分开过。我是1954年出生，属马的；杜茂新是1956年出生，属猴的，我长他两岁。因为我在年龄上要大点，再加上我头脑比较灵活，在大家的记忆里，大家说我是个善于出主意有头脑的"鬼（桂）头"——"孩子王"。

2. 童年趣事："放幻灯片" + "犁地"

当时我家是村里第二生产队，杜茂新家是第一生产队。两个生产队一共

2003年与杜茂新（右）在香港合影

三四十户人家，有十几个小孩，大一点的像我们俩这样十岁上下，小一点的五六岁。在农村里面十岁八岁的哥哥姐姐在家要带弟弟妹妹的。我家有个堂屋，按照农村习惯的说法是本家人公用的。但这个堂屋是我家独户使用（我妈是村妇女主任，所以生产队经常在这个堂屋里开会）。父母亲白天要到生产队集体干活，挣"工分"，大人们都让家里大一点的孩子带弟弟妹妹。那时学习比较轻松，小伙伴们放学了有时会聚集到我家的堂屋里玩耍。当时没有玩具，也不像现在有电视看，或者玩手机游戏，于是我经常把所有小孩组织起来，用毛笔、蜡笔画出各种动物图案和人物，用手电筒（家里唯一的"电气设备"）和纸板做成一个简易的"幻灯机"，用电筒的灯光打到画的图片上，照到堂屋的墙上……就像放幻灯片，我放给所有小朋友看。但是要看"幻灯片"是要付出代价的，我别出心裁，要求小朋友们去拔猪草，交几斤猪草给我；或捡废纸来换一张门票，废纸多了，就拿去卖，废纸换来的钱，买几粒糖分给大家。也许我的商业意识就是那时候萌芽的。

我家外面有块宅基地，平时可以种菜，我妈妈外出干活时，我就会布置小伙伴工作任务——翻菜地。我比他们要大一两岁，我会指挥大家在前面拉着锄头的长柄，我用手按在锄头上，让他们在前面拉着锄头柄像牛耕田一样……就这样我就把妈妈交代的翻地的活都轻轻松松地干完了。

现在回想起来，当时玩这些还是挺有意思的，符合童心情趣，大家还是蛮开心的。杜茂新说我这个小阿哥，当时就知道借用外力了，哈哈哈……

3. 童年义气："他的伤疤"和"两肋插刀"

印象比较深的是：杜茂新头上有一个伤疤，就是当时一起玩游戏时落下的。好像是10岁左右吧，村里的一群捣蛋鬼在我家的堂屋里玩"抓坏蛋"的游戏，由我当"孩子王"，让其中几个大一点的孩子演"坏人"，然后我带着"娃娃兵"来"英雄出击"，捉扮演"坏人"的小伙伴。在游戏过程中，一个"坏人"（记不得名字了）随手甩出"飞镖"（就是一把剪刀），砸在杜茂新的后脑勺上，左耳朵上面的头皮被划破了，流了很多血。晚上回家，他不敢让他妈知道，我给他出了个点子：尽量用右侧面对着家里人。直到第二天，他妈干完活回来才发现这个伤口，苦于当时医疗条件差，没有及时缝合，到现在还看得到这个瘢痕。这也是我和茂新小时候形成的"英雄好汉"不畏流血的见证啊。

另外有一件我不畏强势、讲真话的事，令我至今难忘。当时我们村里的一个小女孩，是杜茂新的同桌同学，他们在一起老是吵架，在书桌上还画了"三八线"。这个女孩子比较任性，做事说话都寸土不让，有理无理都要争的（长大以后我们也是好朋友）。有一次，杜茂新和她吵架后，她一把抓住杜茂新头发，杜茂新顺手一甩，这个女孩子不小心从二楼楼梯上滚到一楼了。她大哭大闹，回家就叫了两个哥哥和她父母亲等五六个人到杜茂新家，说要找他算账。当时，他们和茂新的妈妈吵起来（因为他父亲在外地工作，家里就他妈妈，带着他和两个弟弟），杜茂新妈妈强调要把情况了解清楚，对他们说："我儿子不能让你们随便教训的！"但是杜茂新妈妈一个人势单力薄，吵不过他们。杜茂新很乖巧，到家书包一放直接跑到玉米地里藏起来了。在这个时候，我听到吵闹声跑到他家，挺身而出，理直气壮地为杜茂新作证说："我在旁边看到的，是你家妹妹先抓茂新头发，打茂新的，茂新只是甩开她手，不让你妹妹拽他头发，你妹妹是自己不小心从二楼摔下去的。"我为茂新"两肋插刀"挺身作证的义举，她家的火就一下子"烧"到我家里来了，引起了我妈与女同学的家人争吵……。我从小就养成了刚正不阿、路见不平就出手的性格，也许，这些对以后的事业是挺有帮助的。

4. 童年游戏："废品换饮料"

我们小时候没有汽水、可乐这样的"高档"饮料，只能经常从大人的讲话中听到关于黄酒好喝、提振精神、驱赶疲劳等，觉得很好奇。黄酒到底什么味道呢？茂新后来回忆说：为了哄小孩子，桂潭阿哥这小子蛮精的，从家里偷了一点黄酒（当时家里自酿黄酒的），放点白糖，兑了水在里面自制"可乐"，跟我们大家说，我这个黄酒做的饮料很好喝，你们想喝的话，每人准备一斤废报纸、废铜烂铁等来交换（这些废品是能卖钱的），我分给你们尝尝。小孩子

湖溪镇后山店村地理位置

们当时不懂呀,不知道黄酒做的饮料是什么味道,后来一尝才知道,我又"忽悠"他们了……

5. 童年捣蛋:"探险寻宝"

小时候我们农村都施行"土葬",小山坡上地里经常会有一个一个土墩坟墓的。记得邻村罗青村里有户人家用砖块砌了一个瓦房模样的坟墓在小山坡上。大家觉得很新奇,猜想里面有什么金银财宝啊。于是,我和几个大一点的孩子就带着十几个小孩上去"寻宝",发现"瓦房"里面有一大块黑黑的、前面还有闪闪发光的东西,我们就感觉里面有金银珠宝啊(后来长大才知道,是土葬风俗中棺材前面用金粉写的寿字),但是又担心里面有"鬼怪",有点害怕呀。怎么办?我们几个大孩子商量准备了三样"法器":一是木匠师傅用的墨斗弹线,用来划线定位,组成天罗地网,不让鬼怪逃出来;二是钟馗的画像(农村封建传说,钟馗是抓鬼的);三是生铁(小时候听说这个生铁铁棒能镇压鬼怪妖魔,使之无法遁化)。带着这些"法器"和工具给大家壮胆,来到"房子"前。我对大家说:"谁勇敢冲在前面,有小糖奖励。"毕竟大家还小啊,都不敢向前。我又给大家鼓劲说:大家就把"瓦房"包围起来,先用墨斗弹线,组成天罗地网,拿石头瓦片砸,用木棒、铁棒撬,用铁锹挖……当把小"瓦房"砸得稀里哗啦时,邻村有大人发现我们的捣蛋闹剧后,大吼几声,顿时一帮小孩作鸟兽散,四处逃跑。当天晚上我家斜对面做灯笼的人家说"谁家谁家的小孩闯大祸了,挖人家祖坟了……"反正那天晚上我们这些"同党"都吓得躲在田野地里,庄稼丛中不敢回家。最后还是我妈出面(凭她是妇女主任的名气),向人家道歉,并帮人家修好"瓦房"才算了结这件事的。

杜茂新简历:浙江东阳人。1974年12月23日入伍,1978年在上海警备区政治部新闻培训班学习;提干后,在上海警备区后勤部船运大队政治处、上海警备区后勤部政治处任宣传干事、指导员、教导员,上海警备区教导大队政治处主任等职务。1999年转业后,到上海市国资委系统任东方国际商业集团纪委书记、党委副书记、党委书记等职。

作者感言:著名作家冰心曾说:"童年是梦中的真,是真中的梦,是回忆时含泪的微笑。"感谢同村发小杜茂新,让年过"花甲"的我,回忆起"穿开裆裤"时的趣事,当"孩子王"时的"义举"。撰写时,苦水伴着笑声……

第五节　同村挚友陈洪明

1. 学演"革命样板戏",武术之乡小童子

20世纪70年代初,我入了团,当了名民兵,参加夜校扫盲工作,后来还学演"革命样板戏",在这个过程中我认识了陈洪明。

陈洪明是高中生,在我眼里他是个"大知识分子",我非常敬重他。他是1972年高中毕业回乡。那时,村里很少有高中生。下半年村里组建民兵连,

我担任一排排长,陈洪明担任三排排长,我们一起操练、值岗、巡逻,遇到民兵训练的日子,天不亮就要挨家挨户去叫大家起床。当排长期间,训练时我处处带头,严格要求,排里的小伙伴都很心齐,也很争气,我们一排因为工作出色经常得到表扬。

后排左起:杜桂潭、陈洪明、杜锡芳、杜苏芬、杜重梅
前排左起:杜茂新、杜辽生、杜加仁、杜先锋

当时我妈是妇女主任,陈洪明爸是大队会计,都是村干部。两家关系不错,村里人有什么事,会找上门来求助解决纠纷,老妈很热心,也会说好话,两面调解一下,矛盾就解决了。

那时,我们同年龄段的人经常聚在陈洪明家玩。他有一个单独的屋子,就成了我们的聚会之地。再加上他家的位置好,窗户对着村里的大会堂,斜对面就是文艺队排练节目的地方。农闲时,文艺队会排练一些节目,排练地点都在大会堂。晚上我和陈洪明一起参加村民扫盲工作,陈洪明文化程度比我高,担任民师期间,我经常得到他的帮助,我们一起帮助村里许多老人长辈摘了文盲帽子。

那时候正是"文化大革命"后期,除了八个"样板戏"以外,在农村很少有文艺活动,农民文化生活十分枯燥。为了丰富村民的业余文化生活,村里组建文艺宣传队,可能由于我长得还算周正,看上去还有点帅气,多少有一点文艺天赋,我被村里的一位老戏子主角(演员)杜品堂看中,并把我推荐到宣传队。那时,陈洪明也在宣传队,我们一起参加《红灯记》《沙家浜》《智取威虎山》《红色娘子军》等戏的排演。那时我们扮演的都是配角,但都演得很认真。除了"样板戏"以外,我们还排练《紫曲河蚌》《北京的金山上》和种子舞等节目,那时我还作为主角演出这些节目。村文艺宣传队还经常到罗青村、楼店村、南山湖村、立光坞、后山坞、杨塘等邻村演出,受到村民们的热烈欢迎。由于在这个阶段我在各方面都比较积极,而且表现出色,1973年加入了共青团。

我们后山店村是东阳小有名气的武术之乡。我们从小就受老拳师们的影响,因此有一种浸入骨髓的精气神。每逢年过节或农闲时,村里的老拳脚(师)手杜品堂、杜金法等人,总要到村大会堂里秀上几把,教一帮年轻小伙

叠罗汉
湖溪镇因后山店村罗汉班被文化与旅游部命名为"中国民间文化艺术之乡"

子习武。也许我手脚灵巧，头子活络，还有点好学，跟着老拳脚们也学了几招，如三脚马、打劈腿等基本武功。现在我们的村叠罗汉已申报为国家级非物质文化遗产项目；我们村也被国家旅游局评为文化之乡。

想当年我还是叠罗汉班的小童子呢。目前，后山店村也成立了东阳武术协会后山店分会。每每想到这里，还真有几分自豪感。

2. 童年往事记心间，资助母校见真情

2005年的一天，我突然接到来自家乡东阳后山店村的电话，那是老乡挚友陈洪明打来的电话，即使远隔百里，虽然难得见面，他的嗓音，我还听得出来的。好像那天他讲话的声调有些迟疑，我便主动问他有什么难处，他才迟迟对我说来。

原来我们村后山店小学根据市教育局相关标准，要求重新评估等级。由于长期以来学校很少有教育资金投入，学校课堂书桌等办公用品都已陈旧，达不到相关标准，如评估不达标准，学校有可能被撤销，全校学生要拆并到南山湖或湖溪小学去读书。那村里1 000多户人家小孩上学要走三五公里路，十分不方便。当时，作为后山店小学校长的陈洪明，当然心急如焚，他正在为差了8万元钱而发愁。

他说，那天他在《东阳报》上看到我走南闯北东阳人的报道，就斗胆向我求救。我知道非到难处他是不会向我开这个口的，再说，他也是为了后山店村的孩子们啊，我想想自己也是从后山店村走出来的，朋友有急事，家乡有困难，我理当解囊相助，听完他的诉说，我当场答应赞助10万元。第三天，钱款就汇到了学校账上，后来后山店小学顺利通过市教育部门评估达标验收，小学现在还保留在村里。为这事陈洪明一直心存感激，相遇的时候他总会说起这件事，反而弄得我有点不好意思。人只有一个家乡，家乡有难，理应出手相助，我很情愿，帮助家乡解决困难，我也很开心。

3. 吃水不忘家乡人，感恩乡亲重感情

2012年清明，我携内人杜秋倩一起回乡为父母扫墓，在山上遇到杜南照、杜

志明老乡同学。他们说起村里搞殡葬改革,要在水门山脚建造墓地,资金有点紧张的事,回到村里,到村办公室我当即从口袋掏出2万元赞助家乡殡葬改革。

平时村里修路造桥,有人通过我妻子求赞助,我总是尽量满足,因为我觉得我是后山店村的人,是家乡的山水养我长大,现在有条件了,应该为家乡做点事情。

我始终想到,有能力给村里做点好事是应该的。自从我部队转业之后,每逢过节回家探亲,见到堂叔杜绳法、杜开生,堂嫂吕玉卿等长辈时,总给老人200元到2 000元不等的红包和香烟等礼品,感谢他们小时候对我的关心和照顾。每次回家过年,只要大家有时间,我们总是相互问候,情谊浓浓。我心想:公司在开展慈善爱心活动时,对不相识的陌生人,如贫困大学生结对帮扶,对老年人送温暖都能热心去做,为什么对看着自己长大,而且在年幼时期生活上曾经关照过我的堂叔堂婶等长辈表示一点心意,内心也感到欣慰。

挚友陈洪明遇到我总说,杜桂潭你致富不忘家乡父老乡亲,乡音不改,我向你致敬点赞!感到骄傲!

陈洪明简历:浙江东阳后山店村人。后山店西村老年协会会长,后山店小学原校长。

作者感言:正如故乡是用来怀念的,青春就是用来追忆的。和我眼中的"大知识分子"陈洪明共同追忆学生时的生活,既有遗憾,又有些许自豪。我不忘浓浓的乡愁,感恩养育我的故乡的山山水水。

第六节 同心同德的老婆

现在社会上有一句很流行的话,叫作"一个成功的男人背后,都有一个伟大的女性",我想这句话不适合我。因为我谈不上什么"成功",我也不想把我的妻子捧到"伟大"的高度。但中国有句老话"妻贤夫安",比较适合我。我们这个小家庭,在几十年风风雨雨中,磕磕绊绊一路走来也是不容易的,我始终认为,我的事业之所以能够一路前行,不断进步,是因为我有一个安定的后方,有我妻子的默默奉献。我感恩,我这辈子所遇得到的"六个人":有高人指点,有贵人相助,有内人(妻子)支撑,有友人赞赏,有敌人(对手)警策,还有一点自己个人努力!下面我就讲讲内人的故事。

1. 同村同姓有缘分,转了一圈回原点

我的妻子杜秋倩和我同村同姓。虽然年龄上相差5岁,但还是很有缘分的,我们同在后山店小学念小学,同在湖溪中学念初中。缘分有时候看上去很近,但有时候会很远。当时,我家在村的最前面,属于第二生产队;她家在村后西后面,属于第六生产队。在我的记忆中,清楚地记得在枣树塘旁边的一户人家有个女孩,经常穿件小红花衣服,扎两根小辫子——她就是杜秋倩。听说她父母在山东潍坊工作,2岁时被送回我们后山店村由奶奶和姑姑家抚养长大。直到1974年12月我参军离开家乡,心里一直都是这个印象。

后来听说,她20岁时"下放知识青年回城",回山东昌乐艺品厂工作,又听说当时在山东追求她的公务员、教师、干部等也不少。

看来,我和她是"两股道上跑的车",很难再会有交集了。但世事总是充满戏剧性的。

因为她从小在东阳长大,也许在山东感到有些水土不服,所以她坚持要回东阳老家找对象。也许,这就是缘分!原来两个本不相关的年轻人,就是因为她的一个决定,

湖溪镇后山店村欢迎您

团团转转一大圈,她还是回到了出发的原点——东阳后山店村。

2. 千家桥头的邂逅,千里姻缘一线牵

1982年,我还在上海警备区当志愿兵。20世纪80年代,解放军总政治部有文件规定:部队基层干部和志愿兵不得在驻地谈恋爱。那时,我已是28岁,是个大龄男青年。

那年春节,我从上海坐绿皮车到义乌,再从义乌转乘公交车到东阳南上湖(乡政府所在地)下车,乡间小路走了3公里才回到老家。到家第二天就接到部队战友杜茂新电话,他让我骑上自行车去南上湖车站接一下他的未婚妻杜晓红。那天我骑永久牌51型加重自行车后座带上杜晓红,从南上湖经过湖口村快到后山店村村口千家桥时,遇到一位40来岁的中年男子也骑着一辆自行车,后座也坐着一位年轻姑娘,杜晓红一眼就认出,那位姑娘就是她同村同班同学杜秋倩,他们正往南上湖方向赶。

她让我立即停车,下车后就与杜秋倩叙旧聊开了话,说得很投机。那天的

后山店村千家桥

相遇，对她们两个5年没见的老同学来讲，真是巧遇；对我和杜秋倩两个未婚青年男女来讲，绝对是缘分！

当时我和杜秋倩只是认识但并不熟悉，她只知道村里我在上海当兵，起初杜秋倩还以为杜晓红是我的女朋友。杜晓红问她："在哪里工作，有没有找对象？"她说："在山东，想回东阳找个对象……"就这样聊了起来。两人约好年初二再见面叙旧，然后她姑父就带着她继续往南上湖方向回横店湖头陆村。

那天晚上，我到杜茂新家聊天。杜晓红说："阿杜，你这次回来不是说要找对象吗？你刚刚碰到的杜秋倩还没有对象，她人贤惠，心地善良，手也很灵巧，又是吃商品粮的，你们不是很合适嘛，你倒是可以谈谈……"听她这么一说，我想也是蛮合适的。虽然现在一个在山东工作，一个在上海部队，暂时几年探亲不方便，但今后转业和她一起调回东阳工作也是可以的，就是她从山东商调到东阳工作比较困难一点，但是我想只要努力是没有问题的。回到家里我与哥哥嫂嫂商量，他们表示同意。

第二天，杜茂新的妈妈去托村支书出面联系。过了两天，大年初二，杜秋倩从湖头陆村姑父家到后山店村来时，杜晓红的妈妈向杜秋倩解释说："杜晓红是杜茂新的女朋友，阿杜是帮忙接一下的……"

杜茂新妈妈帮我向杜秋倩当面提了"想和她谈恋爱"的想法。就这样，我们在后山店村我家和她见了两次面，谈谈一些家常事和部队里的情况。过了一个星期左右，杜秋倩正在犹豫不决准备回山东时，她大姑父吕茂新（当时是金华物资局化轻公司总经理）拍电报给杜秋倩，内容是"和阿杜谈恋爱很合适……"这份电报起到了一锤定音的作用，就这样我们初步建立了恋爱关系。在我恋爱期间，哥哥嫂嫂为我花了不少心思。

3. 天赐良机山东行，登门求亲如愿偿

经过1982年近一年的书信来往，彼此都有了好感。但是，刚开始也遭到她母亲的坚决反对，她不同意女儿嫁到南方。她妈妈当时说："你们两个人，一个在山东找不到老公，一个在上海或东阳找不到老婆，你们在一起肯定不合适。"

直到1982年11月，老天给了我一个机会：那是南京军区后勤部物资部（05单位物资供应站）派我出差到黑龙江中苏边境交界处"莫尔道嘎森林林业站"调运两个火车皮木材。我在顺利完成任务后，回沪经过山东时，下车特地登门拜访杜秋倩家。记得那天雪下得很大，吃过晚饭，在她家农业局宿舍的三间平房的中间卧房里，杜秋倩的父母叫我和她当面谈谈婚姻的事情。当时我以为她妈妈还是不同意呢，出乎意料，谈话一开始，他妈妈竟然就表示同意我和杜秋倩的婚事，并要求我们当年就办理结婚登记。

1983年2月4日，我记得当天我们去上海市吴淞区（现宝山区）民政部门领取结婚证书（第100号）。晚上在吴淞镇泰和路部队机关二楼会议室举行仪式，时任部队政治处干事吴存礼主持婚礼，部队参谋长张锦生为我俩证婚，当时机关司政后及机关直属单位60多人参加婚礼见证了我和杜秋倩人生的幸福时刻。晚上我们在部队后面的平房招待所里烧了一桌饭菜，招待了部队首长及战友10多人。

4. 转业东阳物资局，喜得贵子新希望

结婚后的前几年，我们夫妻分居两地，我在上海，她在山东。1985年12月25日，我转业到浙江东阳物资局工作。过后几个月，我想办法把杜秋倩从山东调回东阳工艺品家具厂。在分居的近4年里，由于我工作紧张繁忙，经医院检查，医生说我精子低于300万；而杜秋倩由于水土不服，也是月经不调，子宫后位，医生给我们下了双方都不会生育的结论。结果我老婆回东阳三个月后就怀孕了。1987年2月，儿子杜帅出生，给我们的家庭带来了未来的希望和快乐。

一家人

5. 温柔善良解人意，勤俭持家贤内助

杜秋倩是个温和贤良、知性大度、明理知足的女性。平时她从来不拆我的台，也不来打扰我，她大气宽容，甚至她可以容忍我犯错。在东阳物资局工作两年左右的时间里，由于我在工作上的坎坷与曲折，我在1988年7月提出留职停薪，杜秋倩善解人意，十分支持我，对此，我至今仍心存感激。

杜秋倩非常敬重我的哥哥嫂子，因此，哥嫂经常在我耳边说："杜秋倩到底是大家闺秀，为人是不一样的！"他们这样说无非有两个原因：一是杜秋倩的父母1952年就参加工作了，都是知识分子有教养；二是父亲是科委主任，母亲是农业局干部。

想当年她跟着我，也吃了不少苦头。记得我留职停薪后，为了多赚点钱买房子，不论酷暑寒冬，我俩肩背小孩带上日常用品，风里来雨里去，风雪无阻，经过几年奋斗，靠着她的勤俭节约，攒了10万元人民币，于1990年底在东阳朝阳新村购买一套90多平方米的商品房，1992年搬进新家。这是我从当兵到转业工作18年的成果。当时心里很高兴，终于有了我们自己的家了。

6. 下海经商新挑战，夫唱妇随同心干

我是一个很不安分的人，不肯满足现状，面对新鲜事物，总想去尝试一下。1992年10月，在邓小平南方谈话的鼓舞下，我决定下海经商。一般来说，女同志婚后都喜欢过安定生活的，但我妻子对我的决定不但没有反对，还十分支持，完全表达出夫唱妇随的架势。

在东阳下海的6年时间里，她与我一起在东阳钢材市场28号打拼，成立"东阳市杜氏贸易有限公司"，在贤内助的支持鼓励下，勤俭持家，精打细算，积累了近200万元为进军上海滩发展打下了良好的基础。

后来，我选择到上海发展，她也给予很大的支持。在上海创业的过程中，她一直伴随着我，是我事业进步的得力助手和贤内助。在公司，她分管财务出

纳兼材料采购，十分细心，账目清楚；同时对材料供应商支付货款，她讲求诚信，说到做到，绝不拖延，得到供应商的好评，为公司健康发展提供了保证。公司的员工对她的评价是：为人善良，脾气态度好，从来没有老板娘的架势。

7. 男人心宽万事兴，女人大度旺夫相

我们东阳有这么一句俗话，叫作"男人心宽，女人大度，是一个家庭的最好风水"。

也许是冥冥之中命中注定，也许是婚后夫妻之间的相互影响，我们夫妻俩不但同村同姓，而且在做人方面也是同一类型的：我们俩都懂得知恩图报这个道理，只要别人对我一分好，我们都是不会忘记的，总会想办法报答，从来不会去太多计较钱财方面的事。

妻子在东阳有个姑丈，叫何鸿升，是个抗美援朝的老兵，在二轻局当人事科长。记得我部队转业那年，为了找工作，在他家二轻局宿舍住了22天，妻子杜秋倩也在姑丈的安排下，进了东阳工艺品家具厂工作。为此，我们非常感激。因我刚转业也没有什么经济条件，姑丈军人出身，有军人情结，喜欢军队的服装，我就把军大衣和军队的翻毛皮鞋等物品送给他。

由于我早年父母离世，岳父母都在山东潍坊工作，儿子出生后得到了姑妈的照顾，我俩一直感激在心里。1992年后我们经济条件好了，他家碰到上门女婿没出息和离开家庭后，我俩就把姑妈、姑丈当作自己的老人来侍奉，每年过年过节只要回东阳都要去看望，后来把姑丈送进了养老院。起先住的乡下养老院，后来让他住进了条件好一点的东阳城区养老院。那时，姑丈神志有点不清楚，但只要说到侄女杜秋倩，老人脑子就变得十分清楚："秋倩、桂潭，怎么会忘记呢！"2018年初姑丈病故后，我和杜秋倩去看望姑妈时，送红包和礼物给她，她激动地含着泪说："几十年了，你们送给我家的东西很多了，我收受不起了。祝愿你们量大福大。"妻子对老人出手很大方，从来不打格愣，30多年了从来没有间断过。后来姑妈去世时，妻子和我还专程从上海赶回东阳老家奔丧。

2019年10月和堂叔杜绳法合影

姑妈的外孙伟巍从小学、中学到大学的学费基本上是我们承担的。现在伟巍长大了，也特别懂事，他说找女朋友，要由我们把关，我们听了感到很欣慰。

几年前，堂叔杜开生、堂嫂吕玉卿相继过世后，我过年回东阳老家到堂叔杜绳法家拜年时，他发自内心地说："你几十年来一直送红包等礼品给我，我自己的三个女儿都没有你们对我这么好！"我回答说："你千万别这么说，女儿听到会不高兴的。"2019年10月26日我儿子杜帅的婚礼回门宴在东阳宾馆举办时，他的大女儿杜兰英、小女儿杜兰仙来参加婚礼，在祝贺的同时，高兴地对我说："阿哥，我爸平时经常说你们比我们三个女儿都好，我们感到过意不去，所以杜帅的婚礼我们是一定要来喝喜酒的。"

在我眼里，杜秋倩是个豁达大方的女人。我花钱，她从不干涉，每次逢年过节送红包给朋友、战友，她也从不过问。她经常开玩笑说："女人心善手松，财神爷反而会找上门来！"我觉得，内心强大的女人，大大方方地从容处世，这样的女人，往往能在岁月中沉淀出不俗的人格魅力，反而会越来越富有。

总之，我认为老婆是家中的风水。女人好，家才能好。我的一生能娶到这样一个善良又顾家的女人，是前世修行得来的福气！

第二章

三次报名，当兵圆梦
军旅生涯，锤炼成钢

军旅生涯是我人生的一笔宝贵财富。这财富之所以"宝贵"，不仅是因为我在军营中得到了首长和战友的关心和帮助，也因为我经历了三个"三次挫折"：三次报名，才圆当兵梦；三次申请入党，才获批准；三次提干，却未能如愿，挫折磨炼了我的意志，我在挫折中成长。

本章以主辅结合两部分组成，先是由我自己讲述"谋求出路，当兵入伍，融入军营"的故事，后由首长和战友从另一个角度对这段军营生活的回忆叙述。前后讲述的故事有重复的地方，比如担任采购员、入党提干受挫、人防压块顶环受打击等，目的是让人更有感觉，更有印象。因为不同人从不同的角度去观察叙述，会使事情变得更加立体，对历史的还原度也会更加逼真。读者从本章可以看到一个山村里走出的孩子怎样融入军营，锤炼成为一名真正战士的曲折经历……

人要有理想，要有追求。有了理想与追求，人生就有了志向，生活才会变得充实而有意义。

　　当然，理想不是空想，理想需要以奋斗为基石，没有理想的奋斗是不明智的，不去奋斗的理想同样也是无用的。

　　拥有理想与追求，并为之努力，为之奋斗，理想才会实现，理想才会成为现实。

——摘自《阿杜话语》

做事先做人，这是处事原则；
立业先立德，这是做人原则。
做事不做人，永远做不成事；
做人不立德，永远做不成人！
道德是做人的根本。

——摘自《阿杜话语》

第一节　当兵入伍圆梦，投身军营磨炼

1. 三年三次体检，第三次当兵圆梦

刚穿上军装的我

1973年，山西铁道兵部队挖山洞造铁路到东阳征兵。我报名参军，体检合格，但是因为当时我哥哥已经在部队当兵，所以没有去成。

1974年，福建海军海岛部队到东阳征兵。当时我哥哥已经复员退伍回乡了，我身体合格。这次征兵，我们村里有两个人体检合格、政审合格，另一个叫杜贤良，他比我大一岁。当时村支书跟我说，你年轻一点，他比你大一岁，要我让给他先去。因此，公社人武部没批准我入伍。我记得很清楚，在公社办公室，我心里十分着急，躺在桌子上面，鼻子里都上火冒血了，书记和人武部部长都劝我说"你不要这样，只要身体合格，明年组织上肯定安排批准你去。"结果这一次又没去成。在当时，"一人参军，全家光荣"，没有高考，农村青年唯一的出路就是当兵或推荐上工农兵大学。因此，当兵入党提干，实现国家户口、吃商品粮，这在当时农村是十分有面子的事情。

1974年底，上海警备区到东阳征招1 000多名新兵，其中100名特种兵和特征兵。因我身体符合特种兵（海军身体要求）的条件，体检从普通兵到海军、到潜水（艇）兵，但因我"这个耳朵孔有点歪的，可能听力上会有点影响"，结果没当成潜艇兵。就这样，一共挑了45个人，作为特种兵。我也圆了参军梦。

2. 融入军营，新兵训练

1974年12月23日，我怀着"谋求出路，入党提干，国家户口，吃上商品粮"的梦想，从家乡东阳的后山店村出发，在本村和南上湖乡政府干部群众男女老少放鞭炮敲锣打鼓佩戴大红花的欢庆气氛中，离开熟悉的山沟沟，离开朝夕相处的父老乡亲，踏上北行的军车。

那一天，军车开了400多公里，将近12小时才到上海市区。先到华东师范大学校内，按各兵种分兵，只有我们30多位特种兵被分到上海警备区后勤部船运大队新兵连。当我们到达吴淞镇的营地时已经是深夜了。新兵连有东阳兵30多人，崇明兵30多人，还有十几个山东兵。

来到繁华的大都市——上海，一切都是陌生的，一切从头开始。心里既充满希望，也有些许忐忑，就在这种对未来有点迷茫的期盼中，开始了我的军旅生活。

当时我的岁数比同是来自家乡的东阳兵岁数要大上2岁，所以显得比较成熟和老练些，再加上我12岁就踏入社会，学手艺——穿棕绷，所以待人处事

前排从左到右：施善祥、周荣根、姚根福、袁信芳、王章龙
中间排从左到右：潘正培、宋金如、杜桂潭、金树民
后排从左到右：朱建平、张金铭、宋延清、谢方科、李宗鹏

比他们要老练些，他们对我很尊重，不喜欢叫我的大名，而总是亲切地以"阿杜"相称。3个多月的新兵连生活，同吃、同住、同生活、同学习、同训练，许多战友，从不认识到认识，结下了深厚的战友情谊。在春暖花开的4月，我们新兵被分到各船艇部队，我被分到了机关修理所当一名车工，跟着绍兴兵朱建平师傅（他是我的入党介绍人）学习车床、刨床、铣床、钻床的技术。

我的个子比较瘦小，但干事情比较灵敏，喜欢动脑子，这可能是东阳人的缘故。家乡有一句老话："东阳的笔头，永康的炉头，义乌的摊头，兰溪的噱头，金华的派头"，说的就是东阳人爱动脑子。再加上我从小生活在农村，吃得起苦，工作认真，办事踏实；我性格开朗，做什么事都拿得起放得下，除了刻苦训练，还积极参加机关组织的各项文体活动，曾获得了八三三〇部队中国象棋比赛第一名。所以，给人的印象是一个精明能干的新兵。

3. 学雷锋：干一行，爱一行，专一行

由于我的勤思、踏实、机敏、能干，很快得到机关里战友们的认可、领导的重视。进入军营一年多时间，1976年下半年组织上考验我，安排去部队杨行农场养猪种菜。到1976年底，领导就让我担任了司令部直属单位采购员的工作。采购工作，很具体，很实在；部队的舰艇规格型号各不相同，采购的物资千差万别，容不得半点失误。当时我们部队有外海队营连级单位船艇17条，内河有39条，后来发展到100多条。物资采购量很大，每年都有上百万元价值的配件要采购。

采购的配件，量大面广，品种复杂，采购难度非常大。刚任采购员时，我两眼一抹黑，简直就是"赶鸭子上架"。但经过一个阶段的认真学习，刻苦钻研，较快掌握了各种快艇器材及配件

采购员工作证

的主要厂家的背景、地点，设备器材的性能、品类等，我都能做到了如指掌，烂熟于心。采购工作千头万绪，从何处着手？好在我是一个善于动脑、思路清晰的人，经过一番思考，很快理清了工作思路：首先对仓库里上千种日常库存物资进行盘点、分类。仓库面积有几百平方米，船艇物资有几千种，当时又没有电脑，一切全靠手写脑记，工作量大，困难重重。经过大家数日排摸整理，杂乱的仓库变得有序，各种物资分类整齐码放在一排排货架上，令人叹为观止（战友们的感觉）。

几个月全身心苦练业务，我从一个门外汉，成长为基本了解船艇物资采购业务的称职采购员了。我通过走访，对船用柴油机的型号性能进行了解，趁采购机会深入生产厂家，记住他们的地点和背景，了解他们的生产质量，知道一些配件的生产工艺，并和有关人员联络感情，处理好各种关系。部队用得最多的就是登陆艇上的12150型、拖船上的12135型、195型柴油机。天山路器材仓库、上海柴油机厂、江苏常州柴油机厂是我常去采购的地方，因为去得多，业务熟，关系好，衔接顺，所以采购工作进行得还比较顺利。

作为司令部船运大队的采购员，所采购的零件，一方面必须按部队审批的采购单进行采购，另一方面采购配件的品种、型号、规格都必须烂熟于心，不允许有任何丝毫差错，责任重大。

细节决定成败，做好小事成就大事。我在祖训里看到："做人须有慎独之心"的训诫。虽然我并不完全懂得什么叫"慎独"，但一个人在独处无人监督之时，更须谨慎从事，自觉遵守各种规章制度。做采购员经常一人独自在外，身边没有人跟着你，管着你，一切都靠自觉，也靠自我约束，自我管理。我们船运大队远在吴淞镇泰和路，而警备区后勤部在静安寺附近的愚园路，相距二三十公里的路程。每次外出采购，总要先到后勤部开调拨单。当时只有公交，每次要换乘好几辆公交车才能到达。早上从吴淞镇水产路乘51路或52路到老北站宝山路鸿兴路转乘18路到北京西路，再转乘20路或21路到镇宁路或江苏路下车走到后勤部机关大楼。所以时间要安排得十分精确，轧准班次，否则就会错过到批发部、商店开提货单的时间。为了完成采购任务，需要东奔西跑，有时还误了吃饭，当时部队规定，有2角钱的午餐费，我总是在小点心店

1983年时的上海市公共交通月票

要一碗面条或馄饨就对付过去了,有时为了赶时间,甚至饿着肚子办事情。这些看起来都是芝麻绿豆的小事,但你一疏忽,就会影响你工作!

那个年代,居民买粮油、肉、鱼虾、海蜇、豆制品等都是凭票的,食品供应非常缺乏。当时船运大队外海船艇经常出海训练,送战备物资到大小洋山岛等部队外出执行任务,部队船艇司务长会直接从岛上的渔民手中购买一些鱼虾、海蜇等海产品带回上海,让大家改善伙食。有时我也会随船前往,每当此时,我也会帮助警备区后勤部机关队的干部家属捎带些海产品(因干部家属临时来部队探亲,粮食鱼肉等部队没有专门供应),有时也会帮助有业务来往的地方物资部门工作人员捎些海货搞好关系,为了便于今后的采购工作。这样的事情,看似人之常情,但处理得好,也会对开展工作有帮助的。当时,我头脑非常清楚:一要不违反部队规定,二要手脚干净,三要乐于助人。

现在回想起来,这既得益于东阳这块风水宝地给了我一个聪明的脑子,也得益于祖训的教诲和老妈遗传给我乐于助人的品德。

有一件小事我记得很清楚,当时部队有一条士兵早要出操、晚要点名的规定,以培养战士良好的时间观念、组织纪律观念。有一天我从市区采购回到营房已是晚上8点,还没来得及吃晚饭,正赶上机关晚点名,我赶忙排进队伍。

当时主持点名的是机关管理员王必成，他叫我先去伙房吃饭，我坚定地回答："饭等点完名再吃吧。"也许是这是一件很小的事情，但对我来讲，养成讲究细节的好习惯是一种自我修炼，也是成事之道。

4. 不惧打击，坚定入党信念

我担任采购员工作的努力得到同志们认可，领导满意。但工作生活不可能总是春光明媚、阳光灿烂，也会遇到一些风浪挫折。说不定什么时候"风浪"说来就来。我入伍以后的第一次思想打击真的来了。

机关干部战士一致认为我工作表现出色，而且他们也看到，我思想上积极要求上进，行动上主动靠拢党组织，在积极争取入党，但由于采购员需要经常在外面跑，和上海警备区后勤部船队机关司、政、后三大部门以及机关直属电台、卫生所、码头管理所等单位以及本单位警卫通信班、炊事班等干部战士接触的机会不是很多。党组织考虑到，长此以往对我的发展和前途不利，出于对我的政治生命和发展前途考虑，就有意安排我到部队的杨行农场去养猪、种菜。对此，我毫无怨言，我知道这是组织对我的考验，也是让大家有更多的机会了解我。农场工作单调而枯燥，每天要从事打扫猪圈、种菜、挑粪、施肥、拔草等工作，非常辛苦。当时班长是王国祥（崇明人）负责全面工作，我们一共3个人，他们2人个子高大、身体健壮，对我很照顾，分配我拔草、冲洗打扫猪圈和买菜烧饭工作。作为一个从农村出来的孩子，这些对我来说算不了什么。5个月种菜养猪的辛勤劳动与艰苦生活，有目共睹，得到了领导的好评和同志们的称赞。在年底船队机关总结大会上我得到了嘉奖。

由于我的突出表现，当年机关党组织在讨论发展新党员时，支部下属9个党小组中有8个党小组一致同意发展我为预备党员，唯独我所在党小组组长施善祥（别名：施老大）有不同意见。他的理由是说我个性强，真让人莫名其妙。但是，就是这个莫名其妙的反对票把我挡在了党的大门之外，实在有点想不通！其间，所长袁信芳找我谈话，在肯定我工作努力、为人诚实的情况下，要我和党小组组长施善祥多交流，搞好同志之间关系。他的谈话，至今我还记忆犹新。

　　加入中国共产党，成为光荣的共产党员，是我入伍以后立下的夙愿。这突如其来的打击，一下子把我打懵了。入伍2年来，我思想进步，吃苦耐劳，工作踏实，还获得了组织上的嘉奖，为什么不能批准我入党呢？我到底哪里错了？百思不得其解。当看到比我晚一年入伍的新兵都入党了，我更想不通。

　　机关管理员王必成是个正直厚道的好首长，又是我们的直接领导，更是我信得过的人，于是我找到了他进行思想汇报："我为什么会被人不理解，1976年入伍的新兵都入党了，我这个1975年的老兵，却入不了党，这是为什么啊？"王管理员语重心长地对我说："生活中被人误解是常有的事，人生不会一帆风顺，要学会忍让，但不管遇到什么委屈，你入党的信念决不能动摇，只要你继续努力，好好工作，是金子总会发光的！"他还告诫我要多和自己所在的党小组组长施老大多沟通、多交流，多汇报思想，和其他战友一起学习，共同进步。王管理员的话让我豁然开朗，也更坚定了我的入党信念。

5. 任凭风浪起，越挫志越坚

　　1977年下半年，我抽调到机关运输处帮助工作。从吴淞营地搬到了愚园路上的后勤部，不但进了城，还住进了一幢小洋房里，条件好多了，工作改变了，既不需要像当采购员那样东奔西跑，也不必像在农场那样辛苦劳累了，但平台更大，要求更高，责任更重。在这5个月时间里，我认识了处长王立业、助理员张锦生（后到船队司令部任参谋长、大队长）。由于我工作认真、思想进步，后勤部政治处已把我列为提干苗子，姓陈的助理员也私下和我说，回船队后就要调我到部机关运输处接替张锦生助理员，分管船艇器材调拨管理供应保障工作。在回船队那天早上，我在后勤部机关食堂吃早饭时，向同坐一桌的助理员道别说再见时，当时正好一位准备计划转业的江苏南通籍助理员也在座，听我说"再见"，误以为他要转业，是我和他说再见。当天上午回处里上班就到王立业处长办公室吵闹说："帮助工作的小杜都知道我要转业了，你为什么不告诉我？"在隔壁办公的陈某助理员马上呼应说："小杜是知道他转业的事，因为政治处许干事是他的老乡。"王处长听了这句话后十分恼火说："小杜帮助工作几个月，就不注意保密，说话随意，不调动了。"事后，就调我所轮机技师亓宪法到处里任命助理员，我调动提干的事也就此"搁浅"。

1978年3月，因某种原因，第二批入党的名单里还是没有我。但是，想到王必成书记的鼓励和教导，我还是挺住了，没有闹情绪，仍然一如既往地积极工作，也多次在思想汇报中表示，自愿接受党组织对我的再次考验。在我人生最迷茫的时候，老家兄长杜承荣写信鼓励我，叫我不要泄气，坚持努力争取入党。

几经波折，终于在1978年9月9日（第三批）我被发展为中国共产党预备党员（此时施善祥是我的入党介绍人），并在一年后顺利转正，实现了我多年的愿望。我很高兴。这是我人生的新起点，努力有了新的方向。更令我高兴的是在入党过程中遇到的挫折与改变，让我学会了宽容和忍耐，坚持与信心。

由于业务关系经常和后勤部营房处打交道，跟分管物资的处长、助理员熟悉，他们也了解我的工作能力和思想情况。因此，在1978年9月后勤部营房处打电话到我部队司令部，要调我到该处工作。当时我刚刚成为预备党员，条件也具备。但又是节外生枝：机关通信班驾驶员老乡金钦云得知我要调动提干，到青浦内河队去放电影时，向内河队首长透露了此事。很快这个消息传到了部队首长耳朵里，为此在一次军人大会上，参谋长公开点名批评：现在部队保密工作做得极差，一个战士要调动，下面部队都已经知道了。后来才知道，部队因泄密决定暂不调动，准备部队自己提拔。这个结果又给我一次沉重的思想打击。

调动提干没能实现，失去机会也许是好事多磨，也许是阴差阳错，我的提干一拖再拖，最后拖成了一个"老大难"问题。

1979年我们船运大队30多个东阳兵中，已经有10多人提了干。虽然我为老乡提干而高兴自豪，但自己没能提干，心里总有几分不快。特别是外出办事时，看到别人都是四个口袋，只有我是两个口袋，心里难免会有失落感，觉得没面子。但我绝没有因此而愤愤不平，仍然保持着坦然的心态，照样继续为入伍获得国家户口的愿望努力工作。

到了1979年初，情况又起变化，部队干部制度改革，不能直接从战士中提拔干部，必须经过军校2年的培养。由于当时我岁数已超过报考军校的年龄，无法报送军校培养。眼看义务兵服役军龄到期，提干的大门已经被彻底关上，这对我来讲无疑又是一波新的打击，内心的煎熬可想而知。当时我的想法是：生活本来就是变幻无常的，熬虽然苦，但也是一种提升，也是一种历练。熬得住才能到最后，熬下来，你就是赢家。做不成太阳，就做最亮的星星吧；成不了大路，就做最美的小路；当不成干部，就做普通一兵吧。但上帝关上一扇门，同时也会为你打开一扇窗。

1979年2月南方战事发生，部队机关动员干部战士自愿申请报名上前线，保卫祖国。军人的神圣职责让我热血沸腾。在机关动员大会上，我强烈要求上前线，随时准备为祖国冲锋陷阵，请组织批准。很快机关的黑板报、墙报上都刊登了我申请上前线参战的决心书。后来因名额有限等原因，我的请求没有被批准。虽然我主动请缨参战、要用鲜血和生命履行军人职责的愿望没能实现，但我心里很踏实坦然，作为一名军人我做到了：只要祖国一声召唤，就毫不犹豫冲锋向前，我经受了祖国和人民对我的考验，当时的我是这么想的。就这样我又经受了近两年的考验。

1980年底，实现当初谋求出路、国家户口、吃商品粮的愿望的机会来了。司令部和大队部正副职首长提名，通过考试，经上海警备区后勤部批准，我有幸从部队1975年兵32名军龄满6年的技术工种老兵中脱颖而出（只选拔2名），正式转为志愿兵留队工作，心里有说不出的幸福感。回想这6年的苦和累，坚持忍耐的过程，自己不消极、不放弃、不断提升了自己。

6. 起起又落落，磨炼与成长

当志愿兵不久，军委又有新文件下来：志愿兵必须按留队时技术工种岗位开展工作，而我在部队是搞物资采购工作的，不符合志愿兵管理要求。于是，领导找我谈话，让我上军舰学航行，我也真的被调至3005修理艇，但工作还是采购员，吃睡都在船上，生活有点艰苦，但待遇很好，不但工资高，

1985年"八五式"军装留影

还能"吃海灶"(享受海军待遇)。

在当志愿兵期间,我总感到比当干部低人一等,因此努力争取转干,参加了南京军区物资后勤部干部培训班,报名参加南京军区步校、南京物资学校函授物资专业学习,以便创造条件转为干部。

1983年初,领导又找我谈话,调我到后勤部门搞三产,与上海水泥厂联营成立上海警备区后勤部龙华汽车修理所(龙水路58号),由我任军代表兼法人代表。这是我人生经历中第一次当法人代表,也是给我的一次磨炼。

在1983—1985年这段时间里,我一边坚持参加南京军区后勤部干部函授班学习,获得了南京军区步校和南京物资学校的毕业证书,一边为部队开源节流,因地制宜地开展多种经营模式。在改革开放的初期,上海基础建设如火如荼,在上海水泥厂门口运输水泥的各种大型货车排队绵延几公里,严重影响周边交通。我敏锐地看到了商机,与徐汇区交警部门沟通:有偿提供停车场地,既能缓解水泥厂主干道路及周边交通拥挤的局面,又能减少交通安全隐患,还能为汽车修理所带来汽车修理业务,这个建议被交警部门采纳。在这2年多时间里,通过停车、修车和仓储等经营活动,为企业积累了

1985年南京军区后勤函授物资系学员合影

几十万元的利润。

企业盈利，应该是皆大欢喜的事，谁知道一连串麻烦和误会接踵而来，让我猝不及防。

那是1983年底，在原工兵营（龙水路58号）清理营区场地时，发现有4块无主人防压块顶环（每块约4—5吨，4—5米高×宽）我汇报询问了船修所的丁所长，他说不是船修所的东西，可能是上海水泥厂的，叫我去问一下。于是，我问水泥厂劳动服务公司，他们说是水泥厂的窑洞门，就安排切割机，将4块压块顶环切割后，把这近20吨的废钢铁在黄浦江边码头装船，作为废铁从水路运往江苏某小型炼钢厂。

在这过程中，我提出：该废钢铁长期堆放部队营房，要求水泥厂劳动服务公司支付6 000元场地堆放保管费。对这营业外收入6 000元，我向大队部开源办打报告请示：3 000元按正常手续入账作为企业扩大再生产；另外3 000元，其中1 500元用于清理场地时聘请的劳务工和平整场地所用，1 500元入账后给员工发放补贴和奖金。此报告得到时任开源办负责人张春法老大队长的同意和批复。谁知两年后麻烦事来了，怎么也没想到这事竟然和我有关系，而且弄出了很大的误会。

事情是这样的：这4块人防压块顶环是市政府人防办当年委托船修所代为保管，有账本，因为堆放多年，船修所的丁所长忘记了这件事，所以当我向他求证时，他压根不记得当年人防办委托代管的这件事了。后来，市政府人防办来找这4块人防压块顶环时，才知道已经被切割当作废品处理掉了。此时，他为了回避责任，说他不清楚此事，是汽修所杜桂潭处理掉的。经他这么一说，市政府人防办马上上报到市政府，并立即通报上海警备司令部，司令部责成后勤部认真追查，严肃处理。部队同时做出让我停职检查，办理法人代表变更的决定，还核查汽修所的财务账本，让我移交所有工作，并要求写情况说明和检查。

我如实地汇报了事情的经过，在清理场地时我曾询问过船修所和水泥厂的有关领导，在无人认领的情况下，由水泥厂劳动服务公司派人切割处理、当废品处理的。可能因为战备物资责任重大的缘故，船修所丁所长竟然不敢承认我事先向他们征询的事实。

于是，责任莫名其妙地落到了我的头上，真是应了古人：人倒霉，"喝水塞牙，打屁绊脚"的老话，而且罪名是大得吓人："破坏战备物资"！这是一顶多大的帽子啊，谁顶得起！但我知道，身子正不怕影子歪，如果我有私心，从中牟利，或因手续不全，账目不清，随时可以追究我的责任。好在经过调查，没有查出任何问题，反过来，账本能证明而且记载了这样的"业绩"：由我担任法人代表和军代表以后，通过开源节流，为部队创收几十万元。

当时，在我受到严格审查期间，气氛高度紧张，有几次弄得我小便都失禁了。最后，我被安排在龙华码头看守退役船艇工作。

1985年，是军队全面整顿大裁军的一年，因为人防压块顶环的事已弄得我身心俱疲、心灰意冷，对转干的意愿也破灭了。于是，我主动申请转业，于1985年12月25日转业到东阳物资局工作。

第二节　老首长王必成的回忆：是金子总会发光

1. 历经40多年的战友情谊

40多年，也许只是人类历史中泛起的一圈波澜不惊的涟漪；

40多年，一定会在人生经历里留下一段刻骨铭心的记忆……

前不久，由老朋友、老战友——上海消防工程设备行业协会会长、上海环宇消防集团有限公司董事长杜桂潭发起，设宴盛情邀请后勤部原部长曹克武、财务处丁荣明、营房处王再球、徐泳河董事长等老战友，欢聚一堂，共叙战友情。

分开近四十年，彼此都老了，相见也少了，难了。

今天，看到当年的"小杜"事业有成，成为独掌一方的成功人士，我为他

团拜会上向老首长王必成敬酒

感到高兴、自豪,并向他表示祝贺!这是他努力奋斗的结果,也充分体现了他的人生价值。他是上海警备区后勤部转业军人中的一位佼佼者,也是我的老战友、好朋友。

虽然今天他已成为公司的"掌门人",但多年习惯叫他"小杜",改不了了,如今还是以"小杜"相称,反而感到更亲切,更自然。

2. 干一行,爱一行,成一行

回忆与小杜的交往,还要从1975年初说起。他是从新兵连分到我们船运大队机关工作的,在修理所学习车床、铣床、刨床等技术活。

我记得很清楚,当时他个子比较瘦小,但干事情很灵敏,脑子反应很快,给人印象是一个很聪明能干的小伙子。他不但工作认真、机敏,样样工作都拿得起放得下,在参加部队机关组织的各项文体活动中,表现也很优秀,他曾获得过八三三二〇部队中国象棋比赛第一名。

机关里的许多干部战士对他印象非常好,仅仅一年左右的时间,1976

年底，小杜就担任了司令部采购员。采购工作，千头万绪；采购物品，千差万别。船运大队有不同型号的船艇，外海有营、连单位船艇17条，内河有39条。当时就配件而言，外海为主的战备器材配件供应、物资采购量，每年都有上百万元的价值。这些配件，都由小杜负责采购。采购量大，品种复杂，采购难度可想而知。为了确保部队船艇战略物资供应和保障，当时部队仓库里日常库存种类有上千种之多。就拿12150型、12135型和195型柴油机来说，经常要到上海柴油机厂、江苏常州柴油机厂等单位采购；而每种柴油机的曲轴及配件螺丝、螺帽都不同，每种零件的品种、型号、规格都必须按部队司令部审批的单子采购，不能有丝毫差错，责任重大。小杜刚任采购员时，两眼一抹黑，对一位从农村走出来的青年来说，简直就是"赶鸭子上架"。但经过小杜的认真学习，刻苦钻研，很快掌握了各种快艇器材及配件的主要厂家的背景和地点，对各种设备器材的性能、品类都能做到了如指掌，烂熟于心。小杜，做战士，是名好战士；当采购员，是位合格的采购员。

3. 是金子总会发光

众所周知，部队组织纪律十分严明，当时部队有规定：士兵早要出操，晚要点名，以培养战士良好的时间观念、纪律观念。一天晚上8点，由我主持机关干部、战士的晚点名，看到小杜刚刚从市区采购回来，还没来得及吃晚饭，我对他说："你先去食堂吃晚饭吧。"小杜坚定地回答我："饭等下吃，参加点名要紧。"从这件小事就能看出小杜很强的组织纪律观念。

采购员因为经常在外面跑，和机关司、政、后三大部门以及机关直属电台、卫生所、码头管理所、三个连的单位和警卫通信班、炊事班等干部战士接触的机会不是很多。为了扩大小杜的联系面，党组织出于对他政治生命和发展前途的考虑，有意安排小杜到部队的杨行农场养猪、种菜。其实，这是对小杜的深入考验、锻炼的机会，更是培养他吃苦耐劳精神。农场工作单调而枯燥，平凡而艰苦，每天要打扫猪圈、种菜、挑粪、施肥、拔草，非常辛苦，但与部队各单位接触多了。在农场5个月的辛勤劳动与艰苦生活，小杜不但坚持下来了，而且还做得很好。在这段时间里，猪肥苗壮，得到了船队机关年底总结大会上的好评，而且还受到了组织上的嘉奖。正因为小杜工作学习的出色表现，当年机关党组织在讨论发展新党员时，支部下属9个党小组中有8个党小组全部同意发展小杜为预备党员，只因为小杜自己所在的党小组的一位职工党员、党小组组长"施老大"投了反对票，而使小杜的入党问题暂时"搁浅"。

由于申请入党这件事的意外"搁浅"，使小杜有点想法：一次，他向我汇报思想说："人家1976年入伍的新兵都入党了，我这个1975年的老兵2年多了，工作业务扎实，思想表现很好，也能吃苦耐劳，还获得了嘉奖，为什么不批准我加入党组织呢？"我鼓励他说："不管怎样，你只要有这个入党的信念，只要是金子总会发光的！"我让他和自己所在的党小组有工作关系的组长同志多沟通、多交流汇报思想，和其他战友一起学习，共同进步。后来与他同年入伍的崇明兵宋金如也入党了。之后他还是一如既往，不但认真积极努力工作，而且坚定不移地表示跟党走，几经波折，终于在第三批被列为发展对象。1978年9月9日光荣地成为中国共产党预备党员，并在一年后顺利转正，成为一名真正的中国共产党员。

4. 任劳任怨，始终保持军人本色

当时的采购工作中，交通是个大问题：小杜经常要从吴淞镇泰和路到上海警备区后勤部去开物资调拨单，他先从水产路乘51路到北站，然后换18路到北京东路站，再换21路到镇宁路后勤部大门附近，路上要近2个小时。每次外出采购开调拨单都要赶时间，赶班次，一定要赶在后勤部上班之前，否则处里的干部、干事就离开机关办公室下部队了，就白跑了，非常辛苦。并且所有军用物资都在后勤部营房处、军运处、财务处开好调拨单后又要到部队仓库和上海市地方物资系统的金属材料公司、化工轻工公司、五金交电公司、百货公司等几十家单位开发票、开提货单，用支票和付委卡结账。每次外出采购，中午饭一般都在外面的小点心店吃碗面或馄饨对付一下。当时部队给予每顿只有2角钱的外出补贴。

当时居民买粮油、肉、鱼虾、海蜇、豆制品等都是凭票供应的，部队是优先供应。商品也都是统一到指定的地方（后勤部的特供点是当时的三角地菜场），吴淞地区在吴淞菜场采购。由于船运大队外海船艇经常出海训练和后勤部门送战备物资到大小洋山岛等部队外出执行任务，当时部队船艇司务长直接从岛上的渔民手中购买一些鱼虾、海蜇等海产品带回上海改善伙食。小杜利用老乡和首长熟悉的关系，经常帮助警备区后勤部机关来队的干部家属带点海产品（因干部家属临时来部队探亲，粮食鱼肉等部队没有专门供应的），在不违反规定的情况下，有时他也帮地方上管物资部门的人带一些海货，来搞好业务关系，这样关系就更加和谐了，为以后采购物资办事也带来了便利。

5. 关键时刻，敢于担当，入党、提干的波折

1979年南方战事发生，部队机关动员干部战士自愿申请报名上前线，小杜是最积极的。在动员大会上，他主动强烈要求：申请上前线，请组织批准，并且在机关动员大会上发言表决心。当时我们机关大院里的黑板报、墙报上都刊登了小杜申请上前线参战的决心书。后来因名额有限等原因，没有批准他的请求。那时后勤部有位领导还开玩笑地说："好兵我们要自己留着，不舍得放出去"。这就说明，只要祖国一声召唤，履行军人职责，就是自己义不容辞的责任和担当。

当时，后勤部运输处曾调小杜到处里帮助工作5个月，临时安排住在后勤部前的小别墅里。后勤部楼副部长也曾经提起过小杜提干的事，要把小杜调到后勤部运输处去工作，但由于种种原因，没有调动成功，而小杜没有任何怨言，仍继续努力工作。

1979年部队干部制度改革，不能直接从战士中提拔干部，要经过院校2年培养才可以提拔。由于小杜自身年龄超过和义务兵服役军龄到期，无法报送学

上海警备区后勤部机关单位部分老首长、老乡战友相聚合影

校培养，因此小杜只能改为志愿兵，留在部队继续工作。

正因为有在部队里的工作历练，努力奋斗，磨炼了他的意志，所以小杜转业后始终秉持认真踏实、吃苦耐劳的精神，积极发挥退役军人的优良作风和共产党员的先锋模范作用，值得我们向他学习。现在小杜事业有成，家庭幸福，绝不是偶然的，而是因为对社会做出了更大的贡献。他不忘战友情、兄弟情，多次邀请我们欢聚，大家感到很欣慰。

王必成简历：今年86岁了，1952年参加抗美援朝（20军）。1962年上海警备区司令部管理处。1963年秋司令部机关门诊部。1965年参加地方搞"四清运动"，1967年被派驻铁道部上海通信工厂军代表。1968年去中央政治学习班（其中受到毛主席2次接见）。1969年上海警备区后勤部船运大队任机关管理员兼支部书记。1979年转业到杭州市发改委任驻沪代表。1984年负责组建杭州市政府驻沪联络办事处，1992年杭浦开发公司任副总兼一部经理主管业务，2000年退休。

作者感言：王必成管理员时任机关党支部书记。我感到自己从一个小兵到志愿兵（连副级转业），如果没有他在我的入党提干等问题上的关心、开导和引导，也许我也就没有今天的成绩。所以，我一直怀着感恩的心。

第三节 老乡马顺鑫的回忆：战友情，兄弟情

1. 新兵连结识杜桂潭

后排左起：马顺鑫、蒋世明、张立华
前排左起：黄桂苗、杜桂潭

1974年12月23日早上6点左右，天刚刚亮，在当时的东阳市"革委会"大门口，在还有"文化大革命"后期红卫兵几声枪响情况下，我们就登上了上海警备区来接新兵的卡车（50多辆解放牌、苏联卡斯51型军车、1 000多名新兵），离开了生我养我的故乡。开始了我们的军旅生涯，从那时起我们也就真正地进入了梦寐以求的军队大熔炉锻炼，开始了人生新征程。

那一天，军车开了400多公里，将近12小时才到上海市区，先到华东师范大学校内，按各兵种分兵，只有我们30多名特种兵被分到上海警备区后勤部船运大队新兵连（吴淞镇泰和路260号），当我们到达吴淞镇时已经是深夜了。现在这个地方已经成为黄浦江过江隧道入口了。新兵连有东阳兵30多人，崇明兵30多人，还有山东兵10多人。

我和杜桂潭就是在这个时候认识的。那时我们大多数新兵还是第一次出远门，到了一个陌生的环境，都有诸多的不适应，还有一丝丝乡愁，情绪难免低落。但我注意到，我们东阳老乡中有一个瘦小身材、脸上总是露出微笑的战友，他就是杜桂潭。他比我大两岁，但比我们这些人都要显得成熟和老练。后来熟悉了才知道，他12岁就踏入社会学手艺——穿棕绷，走南闯北，见过世面，所以待人处事有一种老大哥的风范，对我们这些小弟总是关心和爱护有加。记得一个战友的家人路过上海，来新兵连探望。结果被新兵连首长直接告知，新兵连不接待前来探望的家属。那战友委屈地哭了，我们这些人也只能陪着唉声叹气，只有杜桂潭显示出做大哥的气度，对我们这些人进行开导和安抚。从那时起我们这些战友就亲切地叫杜桂潭为阿杜。

3个多月的新兵连生活，同吃、同住、同生活，同学习，同训练，我和阿杜，还有杜茂新、何红灯、郭志明等许多战友，从不认识到认识，结下了深厚的战友情谊。在春暖花开的4月，我们新兵被分到各船艇部队，表现优秀的阿杜被分到了机关修理所，我被分到了3001登陆艇（美国制造、吨位100，是解放上海时，从国民党军队手中缴获的）。

2. 不怕苦和累、刻苦钻研的采购员

阿杜分到机关修理所工作后，因表现优秀，第二年就被选调为我们船运大队唯一的采购员，物资采购和管理隶属于司令部管理。这个采购员工作可是非常繁杂的，全大队包括内河队上百艘船艇的物资供应采购全靠一个人完成。我是枪帆兵出身，对枪帆较为熟悉。我们枪帆各种不同材质、不同规格粗细的缆绳就有几十种。各种船用油漆、工具加起来就有上百种物资。有一次我去大队部的物资仓库看望阿杜，看到

"八五式"军装留念

几百平方米的仓库，几千种船艇物资整齐码放在一排排货架上，着实让我震撼。这么大的仓库，这么多的船艇物资都是阿杜一个人采购的，太不容易了。20世纪70年代既没电脑，也没手机，成千上万的物资种类、规格、数据，成百上千的厂家和供应商，全靠手记和脑记。阿杜太厉害了，仅仅几个月就从一个门外汉，变成了精通船艇物资采购业务的优秀采购员。那时的物资采购，可没有现在这样方便快捷，用电脑发个邮件或用手机在网上下单，在单位坐等物流送货上门就行了，那时全靠人的两条腿跑。有一次，阿杜外出采购，我曾跟着他跑了一圈。一个下午就跑了三四个物资供应点，我都被转得晕乎乎的了，可阿杜还是精力非常充沛，我由衷地对阿杜的业务精通熟练、工作雷厉风行而感叹。阿杜工作还不仅仅是物资采购，还经常把刚采购的物资送到一线船艇，从不耽误船艇战备和出海执行任务。

3. 提前转业，下海创业

1985年，是全军整顿裁军的一年，我们船运大队也面临着整编。这一年阿杜主动申请转业，到东阳物资局工作。1986年我也转业回到东阳地方工作，被分配到东阳针织一厂工作。那几年正是国有企事业单位改革之际，很多国有企业日子不好过啊，一年不如一年，一月不如一月，一天不如一天。没过几年我们这个有着一千多名职工的国有企业就被破产转制。1997年我通过同学帮助调到了劳动人事系统，最终以公务员身份退休。阿杜所在的物资局情况也是一样，大概在1995年，物资局系统下属公司全部被改制、人员全被分流下岗。阿杜有先见之明，通过自身的努力，于1992年创办了属于自己的公司，开始了艰苦的创业之路。

4. 珍贵的战友情谊

阿杜，现在是我们战友中事业最成功的人士之一。我认为阿杜事业能有这样的成就，有一个重要原因就是阿杜能真诚待人。不管在事业有成前，还是事业有成后，他始终信奉着真诚待人的原则。阿杜现在所处的社会环境，所接触的人脉圈子，与以前当兵和在东阳时是不同的，但他不像有些成功人士那样会对以前圈子里的人避而远之，而是从不会忘记老战友老首长，总会尽量抽出时间聚会老战友老首长。对老战友老首长的困难会尽自己的能力给予帮助。我曾几次得到阿杜的帮助。大约是1997年吧，我和阿杜还都在东阳。我家里装修，那时我什么都不懂。有一天，我去物资市场采购装修材料，真是两眼一抹黑，不知从何做起。还好阿杜的公司就在物资市场内28号。阿杜就马上放掉手中的工作一个店一个店地帮我采购装修物资。还有一次，大约是2007年夏天吧，那一年我小姨子的一对双胞胎女儿高考到上海读书，我小姨子早年就丧偶，一个人在我岳父母的帮助下把一对双胞胎拉扯大，终于通过了高考，但在填报志愿时真是愁白了头。这事我和阿杜说了后，阿杜马上向上海应用技术学院的朋友求教。经过阿杜的帮助和指导，我小姨子的一个女儿志愿填报了上海应用技术学院，最终被学院成功录取，现在已经结婚。当然，也有极个别战友对阿杜颇有微词。那时阿杜已经在上海创业成功。有一次，东阳几个战友在一起吃饭，谈论起阿杜，大家都为阿杜在上海创业成功而由衷地高兴和自豪。可是有个姓金的战友对阿杜不以为然，说些难听的话语。其实大家心里都清楚，那时姓金的战友在搞私人借贷，欠了一屁股债，曾经开口向阿杜借钱而被拒绝了，由此心生怨气。从这事也可以看出阿杜是一个明辨是非的人，不会为了战友情谊而害了人家。

马顺鑫简历：上海警备区船运大队司令部军务参谋，转业后回浙江东阳，任东阳市人力资源和社会保障局劳动就业促进中心主任。

作者感言：40多年的战友和兄弟，我们一路走来，现在都已慢慢变老。战友情，就像一壶陈年的绍兴老酒，年代越久，情谊越深，纯正而浓厚。

第四节　老首长吴守德的回忆："人防压块顶环"事件遇挫折、受磨炼

我是1985年初从外海队调到上海警备区后勤部船修所任教导员。那时阿杜已经调到后勤部的"三产"——上海警备区后勤部龙华汽车修理所，他的组织关系和政治上由我所代管。据我了解，在1983至1985年这几年时间里，阿杜为部队开源节流，因地制宜地开展多种经营模式。例如，那时上海基础建设如火如荼，水泥成了紧俏货。在汽修所附近的上海水泥厂门口，每天运输水泥的各种大型货车排队绵延几公里，严重影响周边交通。阿杜敏锐地看到了商机，和当地交警部门沟通，有偿提供停车场地。这既能缓解水泥厂主干道路及周边交通拥挤的局面，又能减少交通安全隐患，还能为汽车修理所带来汽车修理业务。这个建议被交警部门采纳。当时龙华汽车修理所的位置是原警备区工兵营营房，空余场地相当大，但都被用来堆放船修所和原工兵营营房处杂物和水泥厂等单位的废旧物资了。为了清空出场地做停车场使用，经后勤部船运大队和水泥厂等单位同意，由各自分别处理闲置在汽车修理所场地上的废旧物资。就在清理场地的过程中，发生了人防防空洞"压块顶环"事件。这事件对阿杜打击很大。今天我作为知情人，回忆这件事，既是回忆我们的战友情，又当是给阿杜再一次正名。

防空洞"压块顶环"事件始末：1983年初部队决定让阿杜到后勤部门搞"三产"，与上海水泥厂联营成立上海警备区后勤部龙华汽车修理所（龙水路58号，原工兵营营房），阿杜任军代表兼法人代表。在对营地进行清理时，发现场地杂草丛中有十多块废旧钢铁，其中有4块压块顶环（每块4—5吨重，高和宽4—5米），没人认领。阿杜亲自到船修所丁所长处询问压块顶环是哪个部门的废旧物资，丁所长当时口头答复说："去问一下上海水泥厂是不是他们堆

放的，我所里没有这样的废旧钢铁。"后来阿杜联系水泥厂劳动服务公司，他们确认这4块压块顶环是水泥厂烧水泥的窑洞门。然后，劳动服务公司就安排切割机，将4块压块顶环切割后，雇人手拉肩扛地把这近20吨的"废钢铁"在黄浦江边码头装船，从水路运往江苏某小型炼钢厂，卖得总价6 000余元。因为水泥厂长期租用部队的场地堆放，阿杜要求水泥厂劳动服务公司支付3 000元的场地使用堆放及保管费。经上报部队开源节流办公室负责人张春法同意批准，其中1 500元用于场地清理时聘请的劳务工和场地整修等，另外1 500元财务入账用于汽车修理所扩大再生产。

在1985年4月，上海市政府人防办到船修所找丁所长，要取回委托船修所代保管的4块"压块顶环"。这时候丁所长才回想起来，当时阿杜去汇报问他的时候，他自己忘记了，因为他只记得船修所大院也堆放着这些防空洞压块顶环。为推卸责任，他否认当时阿杜曾经向他口头汇报过"压块顶环"处理的事，只是说被阿杜当废品处理掉了。"压块顶环"属于战备战略物资，却被当废品处理掉了！事情严重了！市政府人防办的同志直接向上海市人民政府汇报情况，由当时分管市人防办的副市长阮宗武签字反映到警备区司令部，司令部打电话到警备区后勤部，接着又指示船运大队和汽修所调查清楚此事。同时，做出杜桂潭停职检查、办理法人代表变更的决定，还核查汽修所的财务账本，并要求他写情况说明和检查。按照当时规定：私自买卖战略物资是严重的犯罪，贪污2 000元以上就要承担刑事责任，是要上军事法庭的，按照地方上的法律规定也是要判刑的！当时听说小杜移交工作后，写检查时，紧张害怕得小便失禁……

最后事件结果是这样的：由于船修所丁处长做事不周，没有将市人防办口头委托他保管的事记在心里，杜桂潭口头请示他时也忘记了，由此造成了对杜桂潭很大的误解。但鉴于杜桂潭在作为军代表兼所长的近三年时间里，确确实实为部队盈利了几十万元，并且所有账目清楚；在整个事件中，他没有参与切割和运输这些环节，从汽修所和水泥厂的财务账上核实了6 000元的账目金额，证明阿杜没有从中牟利。虽说只是一个误会，对部队来说是个小事，但对杜桂潭来说，却是人生中的一件大事。也可能就是因为这个误会，杜桂潭在1985年部队大裁军的背景下申请提前转业了。

老首长、老战友座谈会留影
左起：何红灯、刘明龙、马顺鑫、吴守德、郭志明

阿杜在转业后到浙江东阳物资局工作，再到自己创业，投身到消防行业，经历了不同的挫折，阿杜每次都把挫折当作前进的动力，一步一步走到现在，有了今天这样的成就，值得我们钦佩，我为有这样的战友而感到骄傲。祝阿杜继续展宏图、展伟业，为国为民作出新的贡献。

吴守德简历：1985年初从外海队调往上海警备区后勤部船修所任教导员。

作者感言：对于"人防压块顶环事件"，虽然最后部队没有给我任何处分和黑点记录，但对我人生是一次磨炼和思想上的一次打击，留下了不可磨灭的阴影与教训。让我学会了：做事要依法依规，谨慎稳妥不冒进。因此1988年我留职停薪创业和1992年下海经商时，也是一步一个脚印，脚踏实地地干。

第五节 人生情有千万种，最难忘的是战友情

为了更加真实地编写《阿杜故事》一书，我特意邀请曹克武、楼欣然、丁

荣明、王再球、徐永河、郭志明、刘明龙、何红灯等昔日战友，召开了多次座谈会。说是战友，其中有的是我当年的上级、首长，但他们都很谦虚低调，没有架子，自谦说是阿杜的战友。这既让我诚惶诚恐，又让我有暖洋洋的感觉。因为战友情是世上最神圣、最纯粹的情谊。

座谈会上，战友情始终撩拨着对部队生活的回忆和思念。也许人老了，话多了，心脆弱了。老人是怀旧的，老人是重感情的，大家回忆着昔日的军营生活，表达着彼此的深情厚谊，诉说着阿杜的重感情、懂感恩的故事……这种真诚淳朴的战友情温馨、浓烈、难以割舍。

只有走进过军营的人，才能体会到兄弟般的战友情意。军营12年，我们一起在鲜红的军旗下一路同行，情同手足，情深似兄弟。这种战友之情，只能用心去感受，用心去珍藏；这种战友之情，一旦拥有，就会铭记一生；这种战友之情，已经渗入我的骨髓，融入我的血液，永远抹不去，终生难忘。

年近古稀的我，在写《阿杜故事》的过程中，不禁又回想起我曾经一起工作、生活过的战友，想起在部队的点点滴滴。我们在部队这个革命大熔炉里共同度过了人生最美好的青春时光。火热的军旅生活，锤炼了我们的身体，磨炼了我们的意志，凝聚了我们的友谊。特别是在我人生和职业生涯的起点——军营，他们对我人生起步阶段的影响，是至关重要的。在我几十年创业的路上，我一直没有离开过这个分量最重的战友圈，并且还能经常得到他们的指点、帮助和赞扬，给我继续前行的力量。这就是我人生道路上遇到的"六种人"中的"友人"赞扬，没有战友的指点、帮助与赞扬，就不可能有我的今天。

下面摘录楼欣然、丁荣明、徐永河、王再球在座谈会上的发言。

1. 上海警备区后勤部原副部长楼欣然：

我1968年3月入伍，在上海警备区后勤部船运大队。1970年2月入党，同年3月提干。1973年2月调任上海警备区后勤部军需处任助理员、副处长、处长，生产处长兼警备区企业局局长，后勤部副部长，兼任上海市绿化委员会办公室副主任，上海市计生委办公室副主任，上海市长宁区政协委员、人大代表。

我和阿杜当兵都是在上海警备区后勤部船运大队，他曾经调到后勤部运输处帮助工作。我和他是在这段时间接触的。因运输处和军需处在同一楼层的两对门，工作上也有些往来。这么些年过来，感触还是颇深的。他为人处世好，办事能力强，口才好，也很有能量，说起话来一套一套的，你要是和他辩论，你不一定辩得过他。

他在后勤部运输处帮助工作后，曾经要调到后勤部运输处工作，但由于种种原因没有调动成功。但是他很努力，很坚强，最终在他自己人生道路上闯出一片天地来，确实很不容易。他有一个特点：比较讲感情、讲情义。阿杜几乎每年都会邀请我们后勤部离退休的一些干部、战友聚会，我记得去过3次。最重要的一点，他这个人决心、理想都很大。在改革开放初期，他就放弃国家干部的身份和待遇，特别是能放弃东阳物资局这么好岗位的"铁饭碗"，选择下海经商到上海发展，一般人是很难做到的，也是难以想象的。下海经商创办公司，靠着自己的努力，一步一个脚印，事业做得这么成功，这一点很多人是很佩服的。因为他刚来上海发展，人脉关系不多，业务渠道也不是很畅通。他到我办公室拜访和交谈情况时说，目前在上海发展困难多，想在上海宝山区落实他自己和儿子的蓝印户口，由于对蓝印户口等相关落户政策不熟悉不了解，遇到点困难，请我帮助联系相关熟人给予咨询解答。我就推荐了宝山区委一个领导同志，并介绍阿杜落实户口了解相关政策和办理条件的手续。后来，阿杜和他儿子户口的事情办成功了。还有一事就是2002年国家消防体制改革，公安部消防施工安装资质转入国家住建部管理，他善于抓住机遇，谋求企业转型升级发展。他来找我，希望帮助他指点解决申报消防资质审批中遇到的相关政策和手续办理问题。我和上海住建委的一位干部联系并介绍阿杜公司的情况，让阿杜直接去上海市住建委找这个干部咨询协调相关事宜，事情办得比较顺畅。经过阿杜自己的努力，消防施工安装资质成为国家一级资质。他每每讲到这些事，感激之情，溢于言表。我和他说："只要不违反纪律，不违反政策，作为战友、老乡，能帮的一定会帮的，是应该的，不要总是记在心里。"

阿杜这个人经济、政治意识强，工作能力强，学习能力强，能把握机遇，情商高，做事认真。公司的经济效益不错，同时公司的党建及公司文化建设也取得很好的成绩，受到了上海市有关部门的充分肯定。他的成功都是经过他自己坚持不懈的努力得来的。这就是"师傅领进门，修行靠自身"。

附：楼部长和阿杜之间小故事

小杜啊，我尽管不是你的入党介绍人，但过去对你的关心实在不够，如今你事业有成，工作那么忙，却还总是把我们放在心上。经常关心照顾我们，使我们这些30多年未曾谋面的老战友聚首"环宇"，共叙战友之情，真的很感谢你！我家里住房漏水，需要维修装饰，你闻讯后派员上门察看，并及时提供技术、设计服务建议和必要的帮助。一次，我老家有急事，须立即赶往浙江余姚处理，由于一时找不到快捷的交通工具，你二话不说立即派驾驶员开自己的奔驰迅速送家人回浙江老家。

作者感言：楼部长说只是帮我做了两件"不违反纪律，不违反政策"的小事：打了个电话，介绍了2位朋友，向他们咨询了国家的有关政策。但对我这个刚来上海创业、两眼一抹黑的人来说，却是大事，使我行动有方向，做事有规矩，我怎么能"不总记在心上"呢？俗话说"一饭之恩当永世不忘"，何况楼部长的这"饭"，是精神食粮，更显珍贵。

2. 上海警备区后勤部财务处原处长丁荣明：

我是1970年入伍，曾经在船运大队后勤处担任助理员工作，1976年底调到后勤部财务处。阿杜是1975年元月当兵分到我们船运大队机关。他在机关修理所工作时，和我在同一个大院内（吴淞镇泰和路208号）。平时工作业务上虽然接触不多，但是平时的学习党组织生活、军事训练、出操点名、在机关食堂用餐等都是朝夕相处的。当时他个子较小，但是做事灵活，我们对他的印象还是蛮好的。

他1976年底担任部队物资采购工作后，我已调到后勤部财务处工作。他经常来我们后勤部财务处审批紧俏禁购商品。当时船艇上用的扩音器、扩音喇叭、办公用品、打印机、录音机等都属于禁购商品，必须由后勤部审核批准才可到地方上去采购。因为这层业务关系，阿杜和我们接触就多了，处里干部对他也都熟悉了。每次他来机关财务处办事，为完成船队司令部交给他的采购单任务，为船队采购商品争取配额，确保船艇物资正常供应，保障船艇部队后勤物资供应，使船艇备战、训练正常出海航行，他尽心尽力努力工作。因此，后勤部的首长和我们财务处、营房处还有运输处等战友在这方面对他比较了解、比较信任的。阿杜这个人优点是热心，人家只要请他帮忙购买点日常用品或从船队带点海产品到后勤部机关，他总能在完成工作任务后，想方设法帮助别人，解决困难。今天的成功当然和他自己勤奋、努力分不开的。

　　后来我们都转业回地方了，我是转业到原来我们上海警备区"三产"企业绿地云峰集团任总会计师。当时我们集团下属一家房地产公司要开发"松江诺丁山项目、绿地国际山庄"等项目，我向他介绍了相关情况，杜总很努力、很快就对接上了，后来环宇消防集团公司与我们公司建立了业务合作关系。而且他的公司施工安装消防工程在保质保安全的前提下真正做到了：做一个工程项目，交一批朋友，赢一个口碑。在我们云峰集团下属公司交了像徐永河董事长等战友这样的朋友，合作得很开心。这充分体现了阿杜做人的人品和感恩的心态。

　　作者感言：记得著名数学家华罗庚教授说过"人家帮我永志不忘，我帮人家莫记心上"。丁荣明助理员却把45年前我趁工作便利帮助战友购买点日用食品的小事回忆起来，而将自己帮助我的事轻描淡写一笔带过，真让我汗颜。可见，战友情、战友情谊是多么珍贵，我要百倍珍惜。

3. 绿地云峰房地产公司原董事长徐永河：

　　我和阿杜都在上海警备区后勤部运输处的直属单位工作过。我在汽车连和汽车修理所搞汽车修理工作，他在船运大队搞物资管理采购工作。原来我们汽车修理所和他们船运大队以及船修所、天山路仓库都是警备区的直属单位。我转业后任绿地云峰集团房地产开发公司董事长。阿杜在船运大队搞了10多年物资采购，其间因工作关系，他经常到后勤部运输处申请调拨船艇器材和汽车配件，我们经常在运输处碰面，有时候他到天山路器材仓库提货，我们也经常碰到，这样一来二去，大家就比较熟悉了。

第一点：阿杜之所以有今天，最关键是有部队这段坎坷的经历和磨难，这对他的毅力是一种极大的锻炼。他转业回浙江东阳机关工作，放弃公务员的"铁饭碗"，下海经商创办公司，1998年到上海谋求发展到武警消防部队进入消防行业，这股子"顶劲""韧劲"与在部队那时候的磨炼分不开的。

第二点：善学肯钻研业务专业知识，掌握技术学习进步快。他是学习型的企业老总。当时，我们汽车修理所维修的小车有"上海牌"和"红旗牌"以及吉普车，大车有"东风牌""解放牌""卡斯51"等，相关汽车维修配件不像船艇器材那么多。阿杜能把这么复杂的船艇上的各种设备和配件品质、规格、型号都能摸清楚还能及时采购到位，完成战略物资需求任务，这点我是佩服的。

第三点：阿杜擅长交朋友，做人好，信誉好，朋友关系维护得好。答应做的事，肯定给你做到，能说到做到，不放空炮。我转业后到云峰集团房地产公司工作。2003年我们公司在上海、江苏、浙江有很多房地产项目在开发建设，阿杜那时候开始做消防工程了。他带着公司消防一级资质和相关资料来找我，我了解后知道他的公司是有能力承接我们开发项目的消防工程，我一看是阿杜，告诉他"同等条件下优先考虑，邀请招标"。那时候不像现在要公开招投标，我记得那时他把商务标、技术标送来，我表示同意。我们松江诺丁山项目、诸暨项目、常州项目等，好多项目我都直接向杜总发出邀标的，但还是再三叮嘱：工程质量要保证，消防部门验收备案资料也包干到位，要及时拿到消防批文。消防批文这事是决不能拖时间的，一定要办好。

阿杜在部队时为人实在、热情、信誉好，做事认真，这是阿杜的特点。我们后勤部相关业务部门上上下下都知道他，我和他在部队时因为工作原因直接打过交道，蛮熟悉的，我知道他不但能做，而且一定能做好。现在我退休了，我们两家都成为隔壁邻居了。

所以，阿杜的发展就是靠部队锻炼和平时关系的维护，人生的优势都是在部队青年时代点滴积累沉淀的。阿杜平时的朋友关系相处就像金字塔打基础一样，既坚实，又广而大，才能使他成为金字塔顶端的一个人。

作者感言：座谈会上，老首长徐永河董事长尽讲我做的好事，说我好话，让我受之有愧。但我还是只能留只耳朵听批评，半只耳朵听赞美。首长战友的赞扬，既是对我工作的肯定、为人的信任，更是对我的鞭策。

4. 南京军区后勤部上海房产管理局原局长王再求：

我是1970年的兵，1977年调到后勤部营房处担任助理员时认识小杜的。当时曹部长、丁处长还有王必成管理员和小杜他们是上海警备区后勤部的，后来我调到南京军区后勤部，负责南京军区后勤部在上海的房产管理工作。

我在上海警备区后勤部营房处工作时和曹克武部长、丁荣明接触比较多。阿杜那时候在船运大队做采购，经常到上海警备区后勤部机关、营房处、财务处、运输处开钢材、木材、船艇器材、五金交电配件等物质调拨单办事，在业务工作上时常有联系，虽然我和阿杜在船运大队搞采购是上下级业务关系，但是阿杜在当兵的这几年给我留下最深印象的是：

第一个非常聪明，聪明好学，原来一点不懂物资采购工作，在实践中摸索学习，要熟悉那么多东西，真不容易。他是一个虚心好学上进的青年，80年代还参加了南京军区后勤部物资干部培训班学习，参加了南京物资学校函授学习。

第二个是勤奋，这是他最大的特点。跑采购是很辛苦的，冬冷夏热，在外面奔跑，吃饭也在外面，他从不叫苦叫累。一个人能成才就必须靠勤奋，能吃苦、爱学习。

第三点，非常会做人，善于交际、讲感情、讲信誉。在部队里工作中的事儿，刚刚王必成管理员讲了很多、很仔细、很全面了。我就说说我们这退休了的几个老战友的看法，王管理员今年85岁高龄了，曹部长也81岁了，丁处长、徐董事长和我也都已经退休了，但阿杜还没有忘记我们这些老兵、老战友。逢年过节经常把我们后勤部的这些老战友聚在一起，畅谈回忆军人情谊，说明这个人非常重感情。从部队到地方，在地方上事业有成，都没忘记老部队、老首长和我们这些老战友。他的确是一位转业军人的优秀代表。

作者感言：感恩是中华民族的美德。平时，我喜欢记有关"感恩"的名言，以培养自己的道德和情操。在多次战友聚会上的发言，我总是感恩党的培养，感恩军营的磨炼，感恩战友的帮助。让大家都感觉到心里暖暖的，喜悦的心情溢于言表。

我这辈子最看重的就是战友朋友情义，尤其是军营里结下的战友之情，我永远不会忘记那些帮助过我的人，因为我深深懂得，没有他们，我将什么都不是。所以，我会找机会去感恩他们，这也许就是"滴水之恩当涌泉相报"的做人道理吧！

记得2005年有一次聚会，我邀请40多位老首长、战友在漕宝路莲花路口的佛跳墙饭店聚会，其中王立业老处长十分感激地说：我们有的战友二三十年都没有见面了，多亏了阿杜提供了这个机会。曾经多次反对我入党提干的施小组长当天晚上回吴淞镇家里后给我打电话表示歉意说他十分内疚，过去的事对不住了……在电话里大约谈了40多分钟。我说过去的事应该感谢你才对，你还是我的入党介绍人，由于你的严格要求，多次考验我，让我学会了忍耐，锻炼了我坚强的意志。

在这以后的10多年时间里，只要我有条件能安排，我总是尽力邀请他们一起聚会，因为他们都已经是退休老人了，更需要关心关怀。每到逢年过节，我总会邀请他们聚在一起，畅叙友情，回忆过去。他们也显得特别开心，看到我给他们送上的礼品，本来是我对他们表示谢意的，弄得他们反过来感谢我。这些老人真的很有意思，还经常弄得我不好意思，他们经常会说："阿杜这个人重感情、懂感恩，不容易！"听到这些"过奖"的话，总让我脸红而且感动。他们自己从来不居功自夸，从来不提自己当年给我的帮助和指点，这也正是他们高风亮节所在，这也是我要对他们感恩的原因。

有一次，我当时的一位领导激动地说："你在部队留队的问题上，我持不同意见，整党整风期间对你自己凭票购买自行车、缝纫机的事情还审查你，说你是不正之风。现在回想起来真不应该，你不计前嫌，我实在不好意思。但今天老战友儿子的事，他不好意思开口请你帮忙，我替他说了，他的小儿子是驾驶员，现在下岗了，媳妇是农村来的，家庭有困难，你看能不能帮助他小儿子到你公司找个工作？"听他一说，我马上同意解决。心想这位老领导当年在我要提干转志愿兵时，他一直都是关照我的，我有什么理由拒绝他呢？

第六节 我的军旅心得

部队大熔炉让我懂得忍耐、委曲求全的道理，锻炼了我一身正气、耿直的性格。让我渐渐学会和懂得了"吃苦与努力、忍耐与宽容、思考与自信、服从与自理、勇敢与拼搏、敬业与责任、合作与奉献"的内在联系。于是在《环宇报》上我发表了一篇《军旅心得》：

亲爱的战友、朋友：

军旅是一首歌，十八岁，我怀着美好的憧憬，带着父老乡亲的嘱托参军到部队。闪闪的红星、红红的领章映着我青春年华。虽然我没戴上大学校徽，但我为我的选择自豪。生命里有了当兵的历史，开始了新的人生，也便开始了新的一页，一辈子也不会感到懊悔……百听不厌是军号，长唱不衰是军歌；本色不退是军装，终生不悔是军旅；生死之交是战友，风雨不动是军旗，永远不变是军魂！

部队的磨炼与打拼形成了我独

外滩四号军用码头留念

立、自强、自尊、真诚、正气的性格。回顾军旅生涯，记忆犹新。

一、养成了独立的人格，做自立自强的人

军旅生涯使我懂得：一个缺乏主见、随风飘荡的人是不善于与人交往的，是不会得到真正友情的。人格至上，尊严无价。树立依靠自己的思想，减少依赖性，增强独立性；不因环境的变化而动摇自己立身处世的原则，靠自己的双手去创造新的生活，靠优秀的品质去吸引志同道合者。你敬我一尺，我敬你一丈，交往中只有尊重别人，自己才能得到别人的尊重。

二、始终坚守标准，以品识人

我认为，与人相处，结交朋友，一定要像孟母那样慎重选择。新战士要认真学习部队条令、条例和规章制度，为人处世，都要在纪律和规定允许的范围内。决不能把老乡观念、拉帮结伙、吃吃喝喝、哥们义气的庸俗做法带进部队，败坏纯洁的战友之情，甚至做出违反纪律的事。交朋友，对涉世不深的新战友来说，显得尤其重要。

三、待人处世要敞开胸怀，真诚待人

真诚是做人的常理，真诚是无法用含金量来计算的。我们每个人都生活在社会中间，没有友情的人生是一片沙漠。自命清高，孤芳自赏，是与我们这个时代不合拍的；虚情假意、实用主义，更为人们所唾弃；金钱铺路，互相利用，只能相处一时而不能天长地久。心底无私天地宽，严于律己，宽以待人，真诚处世，这样，你就能赢得真正的友谊，获得和谐的人际关系。

四、要谦虚谨慎，尊重他人

人们在交往中都需要彼此尊重。只有谦虚谨慎，相互尊重，交往才能正常进行。每个人都有维护自己的面子的本能，要尊重别人的人格尊严，给别人面子就等于给自己面子，做到不讽刺挖苦别人，不揭露别人的隐私，更不能谩骂侮辱别人。要尊重别人的生活习俗，要尊重别人的劳动成果。与人交往要一身正气，不卑不亢，不见风使舵，不搞歪门邪道。对上不阿谀奉承，不溜须拍马，不投其所好；对下不盛气凌人，不整人，不坑人。

五、要善于容言，更要善于容人

人与人交往中要善于容人，不仅要和自己性格相同、志趣相投、意见一

左起：亓宪法、杜桂潭、宋金如

致的人进行交往，还要和性格相异、志趣不同、反对自己的人共事；要念人之功，谅人之过，扬人之长；要善于容事，大事讲原则，小事讲风格。要善于容言，既能听得进表扬，更要听得进诤言和逆言；学会欣赏别人，身边的人都会成为美丽的天使，生活就变得无比欢乐、可爱；如果你只会挑剔别人，把旁人都当成了对手，这样很容易影响自己的心情与心态。

关于在部队期间的回忆，就此告一段落。下面请各位有兴趣的读者继续阅读：我转业在东阳物资局和下海经商初期的受挫受阻、受苦受累，不泄气、不服气的初创经历。

第三章

转业回地方，干上老本行
屡屡受挫折，倒逼去经商

我的下海经商是"逼"出来的。每次遭遇挫折，倒逼下海创业，都是因当时社会体制中存在政府部门工作效率低下、办事拖拉、作风不正等情况，内心感到十分不适应，正好碰上改革开放体制改革的好时机。因此，毅然决定挑战旧体制，挑战自己，自谋创业之路。这个"逼"包含两层意思：一是体制的"逼"。当时身在体制中的我，感到十分不适应；二是社会的"逼"。性格倔强、不会拍马屁的我，在当时世风日下、帮帮派派面前，屡屡碰壁，活得很累。于是，我果断与"当干部高人一等"的旧观念决裂。

本章讲述了我按副连级干部待遇转业到东阳物资局，并干上了老本行；我曾有提干升职的机会，但因莫名其妙的原因而搁浅，升职受挫，留职停薪，调动受阻，逼得我下海经商，并挖到了第一桶金。可以说"倒逼"贯穿了我长长的人生经历。

成功在于坚持

初创业者，不但要有梦想、理想，更要有行动。今天的成就、名气，并不是因为他多年前喊出来的，而是在社会底层，脚踏实地，一步一个脚印，坚持不懈干出来的。这才是创业者应有的态度。

——摘自《阿杜话语》

学 会 忍 耐

一、说实话是最低的成本，做好事是做人的最佳投资。

二、过高估计自己的人一定会低估他人。

三、不要给别人忠告，除非对方向你要。

四、成熟时学会咽下和忍耐，克制忍耐越多，人生能力越强。

五、生活不仅要学会给予爱，更要学会接受爱。

——摘自《阿杜话语》

第一节 三次调动工作,如愿干上老本行

1. 如愿干上老本行

1986年1月1日,我按副连级干部工资待遇转业回到东阳,任东阳物资局化工轻工公司仓库保管员。在此期间,得到战友葛德胜的舅舅、物资局局长胡忠富和金华市化轻公司总经理吕茂新姑父的帮助。3月初,局领导班子决定调我到局办公室担任机关后勤管理员兼出纳。5月,市政府批准我局分设办公室、财务股、业务股(后改为财务科、业务科)3个部门。由于我工作认真,

左起:韦江峰、蒋某、赵昭森、蒋书一、杜桂潭

与各方面关系都处理得比较好，加上在部队时参加过南京军区后勤部物资干训班，获得了南京物资学校函授毕业证书，并长期从事物资管理供应工作，因此我又被调到局业务科主持负责全面工作，终于如愿干上老本行。仅半年时间，我的工作岗位调动了三次，这让个别同志产生了妒忌心理。

1986年5月，物资局机关党支部改选，我被选为党支部委员，分管共青团工作并担任局团总支书记。在此期间，我积极组织团员青年参加滑冰、歌咏比赛等活动，也学到了一些搞好共青团青年工作的经验，认识了一批年轻朋友，得到了大家的认可。

在新的岗位上，我以旺盛的工作状态和丰富的业务专业知识赢得局机关和下属公司领导的认可。但也有与我同年转业分配到物资局的个别同志心里不服气。于是，他们就打小报告给局党组书记，说我转业后三级跳，连续调换了三份工作，个人活动能力和个性都比较强，像这样的人不能重用，要慎重。

为此，局党组书记申屠林生找我谈话，指出了我的优缺点并告诫我要注意的地方。因此，我在1986年6月—1988年7月两年的时间里，尽量和他们保持良好的工作关系。

2. 放弃下乡升职机会

1986年8月，我被市委组织部选派到市整党整风工作组。我和当时的副市长徐荣田、宣传部副部长郭金仪一起到城关区工作组，我被分配到洪塘乡政府，具体蹲点在洪塘村。洪塘村老书记思想观念保守陈旧，有打压年轻新干部的情况，还压制村里年轻人入党转正。我了解这些情况后，多次找老支书谈话，同时向乡党委汇报，并向市工作组领导请求指导。经过前后5个月左右的工作，终于解决了村里长期存在的新老干部团结问题。

由于我在下乡整党工作期间表现出色，被市委组织部评为优秀整党联络员。1987年下半年，市委组织部门派局党组书记找我谈话，征求我个人意见，是否愿意到乡下担任乡党委书记。由于当时我妻子刚生下儿子，加上我对去乡下当书记也有些想法，因此就放弃了这个机会。但局里人事部门根据我的学历和表现，还

上海市物资贸易中心总经理王银凤一行来东阳市物资局考察交流合作留影
左起：蒋书一、朱文浩、杜晓红、蒋明浩、王银凤、杜桂潭

是同意上报市组织人事局批准我转为干部身份。当时，我想这次以工代干的身份可以摘帽了。可是又碰到了一件意想不到的事。当时，与我同村同姓的一位主管干部的人事科科长，有妒忌心理，说我的毕业证书是部队发的函授毕业证书，地方上不予承认。真是莫名其妙。这样转干的事又搁浅了。唉！这也是命中注定。

第二节　留职停薪，下海经商

1. 升职受挫，留职停薪

1987年上半年，市委组织部来我局考察考评局领导班子成员。时任副局

被聘为《中国物资报》通讯员

长蒋某人，比我年长七八岁，我俩几乎前后几天进物资局的，他曾经担任县委领导的秘书，当过教师，有文才，指导我编辑《东阳物资工作简报》，我比较钦佩和认可他，两人的关系也比较密切。有一天他跟我说，如果组织部来考察领导班子成员，你要帮我加加分，下次我当局长的话就安排你去下属公司当总经理。因此，组织部到局机关和团总支考察考评他时，我竭力给他加分。后来大概过了几个月，1987年底，前任局长调任市工会主席，蒋某人担任了局长。又过了几个月，刚好下属公司有位总经理离职，我找他汇报要求下基层锻炼当总经理，他想了一下说，你去当个副总经理吧。当时我心里就感到不舒服，回头就走。经过再三考虑，决定留职停薪，自己干。1988年7月，我正式与单位签订留职停薪协议，时间两年（附协议书）。

2. 初试牛刀，挖到第一桶金

在1988年的那个年代，社会上"官本位"思想盛行，"铁饭碗"十分珍贵，而我却主动放弃"铁饭碗"做个体户，大多数人是不能理解的，包括亲朋好友。在这样的情况下，我首先向东阳市工商局申请注册登记了东阳第一张个体户营业执照"东阳市吴宁宏达化建经营部"（经营橡胶轮胎、塑料等计划外物资）。在这两年中我挣了10多万元人民币，挖到了第一桶金。在当时，能成为万元户是很不容易的，我感到十分满足。

每当我回想起这段创业艰辛和成功的喜悦，总有一种人生价值得到体现的感觉。虽然刚开张营业时碰到了资金、场地、业务渠道等困难，但却被我挺过去了，并获得成功。我记得留职停薪后，心里没底，总是忐忑不安，去做什么生意也没想好，只要有钱赚就做。当时，正是夏天炎热季节，有位开五金电器门市部的个体老板找到我说，夏天到了，东阳城区家庭居民喜欢购买上海华生牌的电风扇，城区人多有一定销量，问我能不能到上海采购一批。当时，我又得到东阳商业车队一个求购信息，要购一批日本进口货车750-20的钢丝轮胎。同时，我又得到东阳城区白云地区有一批开中型拖拉机司机在东阳与义乌之间运煤炭，送货物，购不到后驱动轮胎，当时物资部门化轻门市部计划外最高挂牌价为3 300至3 600元一套（对）。得到三个产品求购信息后，在停职的第二天我就出发到上海寻找货源。

  当我再回到上海吴淞镇曾经工作生活过的地方时，心里有种特别的感觉，好像这个地方就是我想要的地方，实现梦想的地方。夏天炎热，我根本顾不上休息，就立即找到了我在部队时认识的吴淞区五金交电公司经理，说明了我来上海求购华生电风扇意向。因为在部队时我俩关系较好，他同意帮助解决一部分，理由是支持乡下农业发展，作为支农物资批条。当时我立即打电话给东阳五金电器门市部老板，要他开一张介绍信到上海，并直接打款到上海吴淞五金交电公司购买200台电风扇。这次代购电风扇，我从中每台收取5元，共计1 000元的劳务费。办好了这笔业务后，我马上又到位于外滩延安东路附近的上海橡胶轮胎公司。因为我在部队时曾经认识该公司楼友德总经理，他是我老家附近的郭宅村人。我曾经到他办公室和家里去过好几次，也一起在他家里和单位食堂里吃过饭，同时认识了该公司办公室主任。因此，这次我就直接找办公室主任帮忙，要求他介绍我到分管业务批发的科室。当时那个科室负责人当即就同意批发50套750-20双钱牌轮胎和3套（对）中型拖拉机后驱动轮胎。东阳商业车队因为是国营企业，每套只支付我10元的费用补贴；而3套中型拖拉机轮胎（飞跃牌）我自己直接用现金购买，记得价格是1 680元/套。我拉回东阳后，暂时没有地方存放，只好借东阳商业车队仓库，存放了一个星期，以3 000元的价格出售了一套；还有两套，他们叫我马上从仓库提出，那么大的轮胎，我又没有地方放，后来把两套轮胎转移到另外一个朋友的地方。过了一个月，还有一套没有找到买主。此时，心里想自己开个经营部，既可存放，又对外零售,可以有更好的发展。于是10月份我注册了东阳第一家个体户"东阳吴宁宏达化建经营部",开始人生创业的第一步。这一次到上海跑业务,抽取提成费用1 500元,零售拖拉机后驱动轮胎收入约5 000元,除去车费等费用,两个月赚了近6 000元,挖到这第一桶金,我很开心。这给了我极大的信心和自信。

3. 申领民企第一张禁购物资营业执照

记得1988年10月刚租好场地,申领了东阳市工商局颁发的民营企业第一张(钢材市场外的禁购物资)营业执照后,第一次准备到金华市化轻公司进195型拖拉机前轮胎30套(价格每套近300元。业务上得到该公司总经理吕茂新的指导与支持),需资金近1万元。当时自己口袋只有7 000元左右,大约还差3 000元。我向家人亲朋好友借,只有我老婆的三姑拿着用10元、5元和1元的钞票凑齐的3 000元现金,送到我东阳卢宅经营部,当时我十分感激。在这样的初创困难时期,能慷慨相助,而且她是所有亲友中经济条件最差的家庭能借给我,使我终生难忘。第二天,我马上去金华进货,第一笔生意30套手扶拖拉机前驱动轮胎进货后,大约半个月就销售一空。赚了1 000多元,令我喜出望外。

那时,我住在吴宁西路(物资局大楼4楼),到吴宁东路卢宅三岔路口的经营部,大约有2公里左右路程。因我父母已不在,岳父母又都在山东潍坊昌乐地区工作,儿子只有2岁,需人照顾,于是请了保姆。因为儿子杜帅比较会哭闹,人家不愿意带,找了几个都逃走了,只好自己带。大冬天里,夫妻俩一大早吃好早饭,用围巾戴帽等方式包住孩子的身体和头脸各骑一辆自行车,一个人背上小孩,一个人带上儿子要用的东西,迎着刺骨的寒风去经营部上班。

后来生意好了,销量不断增加,考虑到带儿子和我们俩工作的方便,就在离经营部100多米的地方卢宅村农户家里租了2间房子,一间住人,一间当仓库,这样经营了两年多,这是后话。

经营部位于东阳城东面的环城路三岔路口,地理位置有优势。当时河南、安徽、江苏等长途运输车到福建、温州地区一带运输货物,或福建的货车到杭州、上海,都要经过这个路口。因此,销售汽车和拖拉机轮胎及零星汽车配件有一定需求。经营优势有：一是东阳市南乡北乡所有乡镇车辆及拖拉机都要经过这个交叉路口，所以，各种型号汽车、拖拉机轮胎客户需求量比较大；二是刚开始改革开放，私人买货车搞运输，买大客车、小型面包车载客运输赚钱，个体户买车逐年增加；三是我经营部出售的各种轮胎价格都低于东阳物资局营业部价格。又因为我是从物资局机关工作出来开店的，有一定的信任度，卖的都是真品，不会有次品或以假乱真的情况，因此生意越做越红火。特别是在夏天天气高温炎热时，车子经常要爆胎，所以生意特别好，收入最高时一个月净利润达到近万元。在那段时期，我心里十分高兴，甜蜜蜜的。

但好景不长，1989年春节前夕，由于我从机关出来后，工作十分劳累辛苦，经常往金华、杭州、上海等地出差寻找货源提货，饥一顿饱一顿的，在部队跑采购时落下的慢性胃炎、胃溃疡发作。一天早上发现大便发黑，由于缺乏医疗常识，当时自己也以为没什么事，认为是吃了猪血、猪肝等黑色食物太多所致。到第二天突然感到手脚发软无力，从吴宁西路物资局大楼的家到东阳人民医院大约200多米路，我坚持独自一人走到医院急诊室就诊，然后连忙向上海武警部队转业到医院保卫科当科长的战友吕贤松打电话，请他帮忙。他赶到时，医生正在帮我抽血化验。当时，我眼睛发花，脑子晃动，一下子晕了过去，什么也不知道了。在这个时刻，吕贤松叫医护人员把我抬进急救室床上。过10多分钟后，我苏醒了，医生说我胃出血太多，供血不足，加上劳累，所以发晕了。在这次住院一个星期时间里，我认识了同病房的一个病友，是东阳市公安局政委，年龄60岁左右，他也是老胃病。他向我传授了好多养身养胃的知识，使我懂得了怎样保养好自己身体和金钱再多也买不回健康的道理的重要性。从那以后，至今40多年来，我的老胃病（浅表性萎缩性胃炎）至今还是老样子。真是老天有眼，安排我在那次不幸中学会了身体保养保重的生存法则。

4. 遭遇人走茶凉的小事

1988年7月我办完留职停薪手续，离开物资局机关自谋职业不久，家里使用的煤气罐需要充气。按我留职停薪的协议第三条约定：乙方在留职停薪期间，正常的调资、晋级、住房等按上级的有关规定执行。乙方的劳保、家属子女劳保、生活补贴及其他福利等待遇不予享受，但液化气仍由甲方供应。当时使用液化气，东阳市只有物资局和商业局两个单位有，而且是要到嘉兴市、宁波市等地方去充气的。一天，我去物资局办公室后勤管理部门办理充气手续，工作人员说你已离开工作岗位，不给办理。当时我急了，没液化气烧饭，今后日常生活都成问题。于是我跟他讲道理，他说要请示局长，我当即就去跟局长说：协议明确约定的，怎么不供应了？后来局长答复说：按老干部每瓶25元购买，当时在职干部职工是每瓶12元。到1990年，我回物资局机关上班，我同此人同住物资局大楼，我住四楼西边，他住五楼东边。后来我调到物资再生公司担任副书记主持工作时，此人的老婆从东阳汽车中心站要调到我公司上班，他找到我，送给我酒和羊毛毯等礼物，叫我关照。我说，只要组织上调动手续齐全，我没有意见。当天晚上，我把他送的礼物全部退还给他。我说，我会秉公办事的。这件小事让我印象最深的是：世态炎凉，人一走茶就凉（《沙家浜》阿庆嫂台词中的话），让我在现实生活中真正体会到啦。

5. 再回机关上班，搞点副业开服装店

因为1989年中央1号文件，个体户雇工8人以上的是党员的要劝其退党。我是几经挫折、好不容易于1978年9月9日入党的，我不想退党。为此，1990年7月，我怀着初创成功的喜悦，重回局机关业务科上班。心里想反正我上班一辈子也积累不到这么多钱，我现在有了，今后安稳过过日子就好。那时局生产资料服务公司总经理单茂生调上来当了科长，已没有我的职务了，就叫我分管仓库安全和《物资工作简报》工作。由于分管工作轻松，事情也不多，我就萌生了再想办法搞点副业、做点小生意的想法。有一次，和我爱人同厂的一个女同事朋友谈起现在义乌小商品市场卖服装生意红火，而且义乌摊位上好多服装、西装、夹克都是东阳厂家生产后批发到全国各地的情况。在当时，一套西装出厂价在50至80元之间，但是从义乌批发到外地百货大楼及商场出售时，价格大约都在每套180元至300元不等，卖一套西服就可赚一个月的工资。我

灵机一动,把服装运到山东潍坊去卖,不是也能赚钱吗?于是我和爱人商量,让她以要带儿子的名义向家具厂申请办理留职停薪手续,去山东潍坊昌乐地区开个服装店。她爸妈和两个弟弟都在潍坊工作,也能相互照顾。于是10月份开始筹备,第二年春天我们在潍坊昌乐服装市场旁边注册登记了一个服装店,投资了流动资金6万元,专卖西服、夹克衫、运动鞋等。当时,我的丈母娘开玩笑地说"叫杜秋倩去卖服装,是在赶鸭子上架"。经营了大约两年多。其间,生活上得到两位老婆舅的帮助和照顾,生意经营得比较顺利。由于1992年10月我下海创业,服装店也就歇业了。在此期间投入的资金全部收回,略有些利润,但库存了上万元的服装、布料。后来把这些库存的服装送的送、卖的卖,处理了好多年。回想起这些事,当时我们送货坐汽车带上儿子要长达21小时,到山东潍坊来回也十分辛苦,有时候还担心托运时间长达一个星期左右,怕影响季节性变化、卖不出好的价格。所以自己亲自上阵,为的也是多赚点利润,减少库存。从这次开服装店我得到了三个经验:一是开服装店季节性很强,时间很重要,脱手要快;二是选店铺地理位置很重要,一定要选在人流密集、交通方便的地方;三是要有一定的服装专业知识。

1990年10月,我被局党组派到八达乡政府参加支农工作组,我遇到了贵人局党组书记朱文浩。虽然与他只有短短2个月时间同吃同住同工作,但这段时间我俩相互交流,思想上共鸣较多。他说局里年底要组建一个民爆炸药和物资回收再生公司,届时推荐你去当总经理兼书记。到1990年底局班子领导开会讨论人选时,朱文浩书记提议,赵照森副局长也明确表示同意,但就是局长一人固执己见。后经局党委讨论,出了个折中方案,让我去担任公司副书记主持工作。在担任物资回收再生公司副书记的近两年时间里,我也有不少收获。前几年(2016年)还有员工陈华来看望我,她说公司三任书记中我是最好的一个,听了这句话,也是对我的一种安慰。

6. 倒逼我下海创业的缘由

1992年7月,局调动我到下属服务公司,担任副书记兼副总经理工作。但由于前任总经理韦某是市委常委、副市长的老婆舅，对调他到局办公室工作心里十分不满意，吵吵闹闹，上访到组织部、总工会等部门不肯辞去职务，弄得我和总经理两个人都不能前去报到。为此，局领导班子临时决定让我回原公司主持书记工作。那时，我不好意思再去原单位上班发号施令，每天去市物资局大楼三楼办公室报个到，然后就回到同一大楼四楼的家里。上上下下几个月，我感到不对劲，当干部求官位的梦想彻底消失。1992年10月，我向局领导申请自愿到乡镇企业工作。记得那天早上8点一上班，我直奔主题，请求局领导开恩。局长也感到此事长期拖而不决也不好，反正我俩关系已搞僵，让我离开也是一种解脱办法，当场领导班子每个成员都同意我调往乡镇企业。于是3天时间就办完手续，10月份就趁着邓小平"南方谈话"的东风，调到浙江广厦集团公司挂靠成立了一家注册资金88万元的"浙江广厦集团公司物资经营部"，担任总经理兼法人代表（独立法人、独立核算），（借流动资金30万元，但只用了几个月），并学习温州模式——清水包，承包期间每年需上缴管理费10万元。我是整个广厦集团内部"清水包"第一人。由于广厦集团企业的中

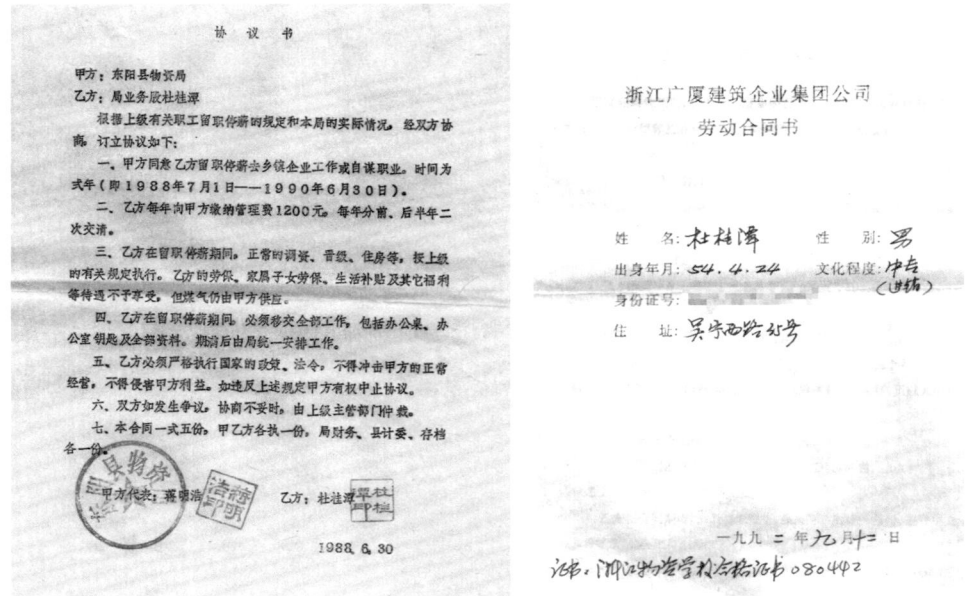

关于留职停薪、自谋职业的合同

层干部都是农民出身,小农意识十分强烈,号称是梁山英雄好汉108将,我感到不适应。1993年底上缴一年10万元管理费后离开了浙江广厦,把组织关系转到东阳市乡镇企业管理局。在此我感谢楼忠福给我这个跳槽的机会。

工作起起落落,生活坎坎坷坷,职位上上下下,复杂而艰苦的环境磨炼我成长,造就了我倔强而又稳重的个性。

第三节 始终铭记入党初心,申请成立民企党组织

1993年底离开浙江广厦后,我于1994年成立了乡镇企业管理局直属企业东阳市杜氏贸易有限公司。公司成立后,主动要求将我的党组织关系调入乡镇企业管理局,并在公司建立党组织,担任红帽子企业书记兼总经理。在当时,民企成立党支部担任书记是东阳市民企中最早之一。记得1994年底局机关推

东阳市杜氏贸易公司营业执照

夫唱妇随共创业

荐东阳市党代表人选时，机关党委把我推荐作为候补人选参加选举。结果在党员大会上我意外地被选上了。当时局机关有部分干部和直属公司党支部书记心里有失落感：怎么被外面刚来不久的党员选上了？说我没有贡献，又是刚刚到局里工作一年等理由……就到局办公室及党委提意见、闹事，要求改选。后来局领导为了团结和谐，征求我的意见：是否同意重新选举一次？我认为党代表既是荣誉，但更多的是责任，重新选举也好。第二次党员大会选举结果，我差了一票，而且就是差我自己没有在选票上画圈圈的那一票。

从浙江广厦出来到乡镇企业管理局创办公司，我先后投资3万元购买了东阳钢材市场28号房屋10年的使用权，花费1万元装了一门程控电话机（633408），又花费了近3万元购买了一部摩托罗拉8900大哥大。当时，大哥大挂在腰间，显得有点派头，在东阳钢材市场上近6年时间里（1992—1997年）被称为"钢管大王"。开展一业为主、多种经营模式，又注册成立了东阳环宇空调安装中心，并承接了东阳宾馆的中央空调通风系统安装业务。这为以后承接上海武警指挥学校、铁道部上海勘察设计院中央空调安装工程打下了基础。在此期间，得到了东义公路指挥部办公室主任、战友舒明生，东阳邮电器材公司总经理、战友陈华权等业务上的帮助。有关公司外联关系协调维护工作，得到了市政府办公室主任金福昌，宣传部副部长杜承鲁，法院少年庭庭长朱一向，财税局局长张军南、办公室主任郭梅龙，公安派出所副所长赵其洪，原劳动人事局科长金银志等战友的帮助，在此一并感谢。

第四章

高人指点，重回上海
三色文化，铸就"环宇"

1998年2月我重返大上海，5月注册了"上海环宇防火材料有限公司"；随后，不断发展，从"上海环宇消防工程有限公司"到"上海环宇消防集团有限公司"，至2020年，整整22年。这22年，也许只是人类历史长河中一朵波澜不惊的小小浪花，但对我个人而言，这22年，给我留下了一段刻骨铭心的记忆。

"环宇"的发展和数字"3"很有缘分。"3"往往代表的正面特质是：欢愉、热心、快乐、大方、对生命充满热忱。喜欢"3"的人往往具有创造力，并且擅长于激发他人、关心他人、适应力强。

"3"似乎是我和公司发展思路、规划中幸运的符号。从凝聚人心的"三色文化"（特色党建引领的红色文化，管理创新、科技创新的绿色文化，担当社会责任、构建和谐企业的蓝色文化）到企业发展"三部曲"，到质量管理规范化和标准化"3+1"模式，管理创新"三个平台""三个建设"，人力资源管理的"三个团队"，以及我人生感悟写的"三本书"，从三小企业、三流人才、三老书记到我后面要讲到的："企业-协会-联盟"三位一体的三重奏。都没有离开过这个"3"吉祥吉利数字。

本章由两部分的内容组成，前半部分"高人指点，重回上海"，叙述公司在党建工作的引领下，到上海[主要是"环宇"注册天目西路街道招商中心（简称"天目西"）]以后的成长经历和心路历程。创建特色党建引领的红色文化，为创业发展提供更好的平台和品牌，推进企业先进文化建设，能凝聚人心，促进企业健康发展，转化为生产力。"天目西"是"环宇"的风水宝地，我是"近水楼台先得月"；"天目西"的同志说"环宇"是天目西路街道党建的一张亮丽名片，他们是"春江水暖鸭先知"。后半部分特色党建引领的三色文化，推进"环宇"创新发展，其中有上海市社会工作党委原书记施南昌等领导对公司企业文化的评价。到底是我"先得月"，还是"天目西""鸭先知"，读过本章就知道了。

机会总是给有准备的人

改革不都是事先计划好的，是某个时机来了时，把前面的理念（计划）联系到一起，才能水到渠成！

只有对手比你更强大，你才有可能获得成功！

能当面批评你的人，看似敌人，实是朋友！

不要在意别人在背后怎么说你，事实所在，改变不了你！

人生不是坐着等待，好运不会从天而降，机会总是给有准备的人，努力与否结果会不一样！

——摘自《阿杜话语》

论"熬"

人生总有不如意，关键在于"熬"。

熬得住，出众；熬不住，出局。

熬，不是逆来顺受，不是对命运的妥协；

熬，是能量的储蓄，是生命的升华。

熬，是生命中最好的磨石，是生活赐予我们的最好的礼物。

让我们鼓足勇气微笑面对"熬"！

——摘自《阿杜话语》

第一节　重回大上海，跨出新步伐

1. 贵人指点我跨出关键一步

在创业过程中，我悟出一个道理：一个人的发展或者成功，必须要靠六种"人"指点、相助、欣赏、共同努力：即高人、贵人、友人、内人、敌人（对手）、个人。回想重回大上海至今的22年，我个人不断有进步和企业有发展，就是因为我拥有了这六种"人"！何谓高人和贵人，我认为，就是在你遇到困难迷糊不清或犹豫不决的时候，给你指明方向，帮助你走出困境的人。贵人不一定朝夕相处，也不是你到处寻他千百度的那个人，贵人是可遇不可求的，你没有想到的时候，高人却出现了。我之所以重回大上海，就是因贵人指点。

那是1996年春节前，我在上海警备区的东阳战友时任武警上海指挥学校调研室主任的郭某，开车回家乡参加弟弟的婚礼。农历腊月，雨雪交加，他开车不小心，翻下田沟，需到东阳修理厂修理。那天晚上，同村老乡战友杜加强

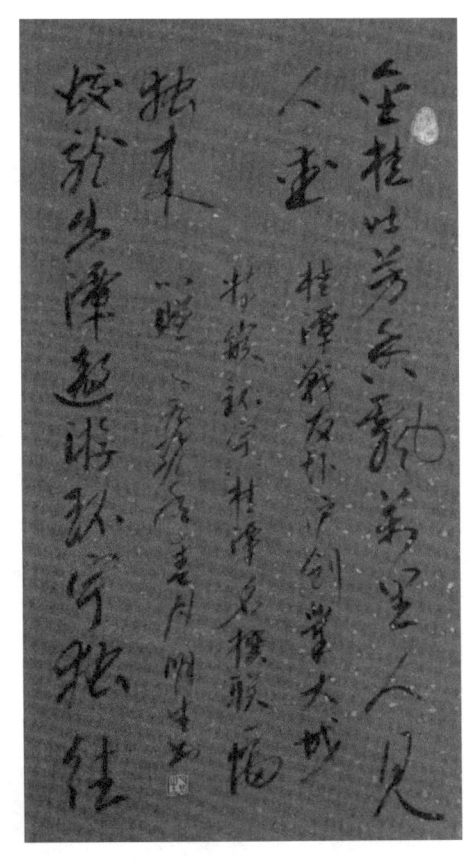

老乡、战友舒明生得知我要到上海发展，特意书写"嵌名联"一副：

金桂吐芳，香飘万里，人见人爱；
蛟龙出潭，遨游环宇，独往独来。

打电话给我说有个战友你认识的，住在东阳宾馆，你过来一下。我骑上重庆80摩托车（该车是城市信用社摸奖得来的）马上赶到宾馆。听他一说，我立即打电话联系我家属的表妹夫郭跃刚，因他老爸退休返聘在东阳机关修理厂当技术厂长，我要求他尽快完成修理，让战友回上海过年。同时，我又叫公司的业务人员杜红强到杭州购买桑塔纳2000型挡风玻璃。在大家努力下，仅花了5天时间，就把车修好了。腊月廿九，战友和家属冒着雨雪天气回沪过年。为此事，他十分感激。

我与郭主任的续缘是一次偶然邂逅，一次举手之劳的相助，他却记住了我。在随后的2年里，我们多次相聚、交流，推心置腹，共同商讨我到上海创办企业发展之事。就是在他的鼓励和帮助下，让我决心再次走出东阳，重回大上海圆梦。为此，我一直十分感激郭主任给我的指点与帮助。在这期间，他还给我推荐并介绍了上海消防局政委朱伟昌。可以说他是我重返大上海、进行第二次创业的引荐人物，是我遇到的一位好战友。由于遇到了贵人，让我到上海去发展变成了行动。1998年2月，我跨出了决定性的一步。

2. 出征大上海，众战友相送

1998年2月离开东阳老家前，我在东阳三建大厦23层旋转餐厅邀请10多位1975年一起参军赴上海的东阳战友共叙友情。其中有时任副市长王正明，市政府办公室主任金福昌，宣传部副部长杜承鲁，法院少年庭庭长朱一向，财税局局长张军南及办公室主任郭梅龙、赵其洪等。聚会期间，有人对我到上海发展说好，有人说我风凉话。记得当时有位战友说我杜桂潭很精明，做生意送人家客户四条香烟，送战友只有两条。我听了以后，也

和东阳市政协原主席王正明合影

不是滋味。但不管战友怎么想怎么说，我的理解是：从另一个角度告诉我，做人不能太精明。从某种意义上来说，我还要感谢战友的直爽和坦率。

20世纪初，我刚到上海发展，经常邀请一些部队老首长、朋友与领导到东阳横店影视城、卢宅肃雍堂参观交流。此时得到好多战友的相助，如东阳市政协原主席王正明，市政府办公室副主任吴德船，人大办公室原主任张国新、厉东海，建设银行原行长申屠风华等。

特别感谢王正明、申屠风华等战友，在我邀请上海武警消防部队朱伟昌政委等老首长到东阳参观时，他们在百忙之中到场，安排陪同接待，使我难以忘怀。由于战友们的相助支持，为我来到上海发展得到"贵人相助、高人指点"创造了条件。

左起：杜桂潭、申屠风华、朱伟昌、潘其昌、郭文高

3. 高人指点迷津

在郭主任的引荐下，1996年下半年我在上海消防局大楼（河南中路280号）拜访了一位没有架子、不打官腔、和蔼可亲的长者朱伟昌政委。那是一个傍晚，因为他和郭主任在武警学校是上下级关系，战友几十年感情深厚，也许

事先郭主任已向朱政委讲了东阳修车的事情。因此不需要开场白，也没有客套话，我邀请他到对面"老米蛇岛"餐厅聚聚喝茶。坐下来后，我点了一瓶洋酒和五粮液。饭局一开始，我拿着喝洋酒的高脚杯加冰块大约半斤左右敬朱政委。当时我第一次在上海喝洋酒，也不知道这酒的酒精度数和味道，看着颜色像绍兴女儿红的样子，于是我先干为敬，一口就喝了。为了表示诚意，我拿五粮液（当时不流行喝茅台）用小杯敬他，他很高兴。三五杯后，他看我有点晕，就叫我用啤酒漱漱口，于是我又喝了几杯啤酒清口。后来我才知道，朱政委是一个很会关心部下的首长，因此他就叫我不要再喝了。聚会结束，郭主任开车送我回彭浦新村场中路上的空军银星酒店。在车子从外滩经过外白渡桥后到四川路上的时候，我感到头晕无力，呕吐起来。第二天，朱政委还请郭主任打电话关心我昨天晚上喝酒后怎么样。当时我听到这个话，心里感到十分温暖。

过了半年左右，我第二次来上海时再去拜访朱政委。他把时任消防局生产管理局局长的金文龙、寰宇公司总经理徐振荣请出来，一起会面。朱政委到底是领导，站得高看得远，给我分析起消防行业大势：1992年邓小平南方谈话后，改革开放之火迅速形成燎原之势，一部分人先富了起来，不少人通过合法经商赚到了人生第一桶金。目前，改革开放已进入了新的阶段，你在浙江做钢材钢管贸易，积累了一些资本，但是东阳毕竟是个县级市，公司的发展难免受到限制。上海是国际大都市，经济和科技发展在国内领先，是可以走向世界的舞台。上海这个开放城市，市场前景广阔，特别是上海浦东改革开放走在全国前列，你来上海发展，会有更多的机会。朱政委对形势的分析让我茅塞顿开，也更坚定了我来上海发展创业的信心。

其间，朱政委向金、徐俩人介绍了我的情况，建议消防生产管理局聘请我为寰宇公司业务副总经理。在他的推荐下，为我顺利进军上海创造了条件。

事后，我直接把想来上海发展的想法和盘托出。朱政委耐心地听完后没有立即表态，而是询问我当年部队的一些情况。也许他是在有意考察我的思维是否敏捷，表达是否清楚，逻辑是否严密，像朱政委这样的老领导，阅人无数，在茫茫人海中就能掂量出每一个人的分量和能耐。看我叙述比较流畅，他边听边频频点头。从我的叙述中，可能是我坦诚和直率，得到朱政委的认可，于是他指点我：

"到上海来创业发展"，说起来是一句很简单的话，但真的做起来，会遇到一系列具体的问题：到上海做什么行业？怎么经营管理？乃至家庭怎么安排……问题一大箩筐，都要考虑清楚，安排妥当。

高人之高，不但在于他对大局大势的把握，还在于他对事情细枝末节的精细考虑。朱政委接着给我说起了他的想法，并且给我做了细致的安排。首先他建议我进上海应该"弯道超车"跨行业进入消防产业。因为，随着上海城市经济快速发展，高楼和居民中心、地铁越来越多，相对应的特大型城市消防安全日益突出，所以消防产业是朝阳产业，有很大的发展前景。朱政委真诚相帮的一片真心让我感动，让我更感动的是，他已帮我把进上海发展的路一步一步都考虑到了。

1998年2月我重回大上海，到上海消防局下属三产企业（上海寰宇建筑消防工程有限公司）报到上班。当时租借二楼两间房子做办公室。徐振荣总经理还帮我到汽训队借了一间房屋做宿舍；金盾艺术团的一位炊事班老乡志愿兵王加兴给我找了一张旧桌子当餐桌，其他什么也没有，吃饭等问题要么外面吃，要么偶尔在他那里搭个伙，吃个便饭，占点小便宜。记得当年5月份我回东阳家乡时，由于楼上自来水漏水，我办公室"水漫金山"，所有4张办公桌、椅子、柜子等全部浸泡了好几天。我回来时看到此情景，自我安慰：发财水了，哈哈哈！自己动手打扫后，仍坚持使用了一段时间才丢掉。现在想想当时创业之初的条件是多艰苦，但这也是我一贯能吃苦耐劳、勤俭节约的作风，能用的办公设备尽量使用，决不浪费……

4. 贵人相助，挣到回沪后的第一桶金

在上海寰宇建筑消防工程有限公司设立办公室刚开始起步的一年时间里，由于对消防业务知识不熟悉、人脉关系缺乏等原因，我先后开销花费达60多万元，但消防产品材料生意一分也没有做，我心里忐忑不安，十分着急。

1998年5月，在朱伟昌政委的建议和推荐下，我到宝山区月浦镇开发区成

立名为"上海环宇防火材料有限公司"的企业，创建自己的平台。公司用的就是我在东阳市注册的"东阳市环宇空调安装中心"的"环宇"字号。经市消防局上海寰宇建筑消防工程有限公司同意报市工商局备案后，注册了公司，并且成为"寰宇"公司的业务合作单位。记得注册公司时，注册资金不够，我向战友陈福兴借款30万元临时调转，他二话没说，就答应了，我至今还记得清清楚楚。2000年公司拓展业务碰到资金周转十分困难，日常开支都付不出时，东阳表妹夫郭跃刚借我公司5万元救急。对他们在我困难时刻的帮助，我感激不尽。

铁道部第一勘察设计院向武警指挥学校购地建造的大厦（岭南路1050号）中央空调安装项目我跟踪了将近3年，到最后该工程项目部胡经理透露信息说"只能给我做30多万元的塑料通风管道生意"。当时听到这个消息，我简直蒙了，急忙和战友郭某、胡某商量，请他们出主意、提建议。经过再三思考和商讨，我们决定直接写信向铁道部第一勘察总院（单位在兰州）一把手汇报上海的实际具体情况：理由一是该项目地皮是武警指挥学校转让的；二是该项目规划高度由于大场机场在附近，不能有超高建筑，该高楼超高是托人帮忙向宝山区规划部门申报审批的；三是消防设计审核验收，要消防部门帮助咨询服务完成验收，否则该项目会碰到一些困难。后来该院领导到上海与我和消防局领导见面洽谈。情况调查属实后，经过一波三折终于通知我中标了。当时我心里有多激动多高兴啊！终于承接到进上海后的第一个项目。这个工程虽然业务量不大（合同总价400多万元），但对我的发展起步至关重要。这个工程不但让我赚到了来上海发展的第一桶金，而且为后面的发展打下了坚实的基础。

5. 抓住部队脱钩机遇，公司转制地方发展

机遇有时会悄悄地降临有准备的人：1999年，国家军队体制改革，中央军委和国务院明文规定：部队不得经营"三产"。当时消防属于武警部队，消防局下属"三产"企业要在2000年底前完成撤并，而且要转给地方。"寰宇建筑"将被转制移交地方，这真是天赐良机。我抓住这次国家体制改革的机遇，

踩准了改革开放的步点，因势利导把原来注册的"上海环宇防火材料有限公司"在2002年更名为"上海环宇消防工程有限公司"；后来发展成为上海环宇消防集团有限公司。顺理成章"环宇"字号，名正言顺地成为上海武警消防转制企业了。

用了不到两年的时间，在寰宇公司专业技术人员的指导帮助下，我逐渐熟悉了消防行业的相关政策、设计规范及审核验收的相关程序。跨出到上海发展创业的第一步，打下"环宇"发展基础的第一根桩，始终离不开寰宇公司战友、朋友的帮助，他们是我重回大上海发展创业过程中遇到的最早的创业朋友，我永远感恩他们的指点和帮助！

6. 亲不亲，家乡情，缘遇老乡见真情！

1998年底，当我朝着创办公司、购房、蓝印户口、小孩读书等目标努力之时，懂我、帮我、给我机会的贵人，关键时刻又出现了。为了能把儿子早日带到上海念书，我通过上海警备区一位战友的关系，找到了东阳老乡、闸北区委组织部原部长应炳华。那天，我到他办公室刚说明我原是上海警备区部队的兵，是从东阳来时，他格外亲切。一听我来意，可能他自己也是10岁左右随父母从东阳来到上海，而我儿子当时也12岁，也许有一份老乡的感情和同情心吧，应部长马上答应帮我找市北初级中学徐阿根校长。1999年9月1日儿子顺利上学。

为了表示对应炳华老乡的感谢，那年过年期间，我带着家乡的豆腐干等土特产到他家表示心意，他无意中问我住在哪里，我说暂借住在武警指挥学校印刷厂的房子里。他说，这样小孩读书从彭浦新村到市北初级中学（西藏北路）来回不方便，小孩子很辛苦的，建议我在学校附近买房。当时，正好闸北区第一批商品房芷江西路普善路口的"北美风情"第一期刚刚打好基础，预计到2000年底可以交房。事后，他向区房地局季局长打电话说"有位部队转业的老乡要购房，请你给予方便"。随后几天，我去季局长办公室说明我的意愿，当时购房者不多，他当场表示可以把好的房型和地段卖给我。我十分感激。为了表示感谢，过了个把月，我又去了季局长办公室，送了一根军用皮带给他，他问我："你开了一辆武警消防的军车来的，你是武警消防部队的？"我说是在市消防局下属"三产"做消防工程安装的。他当场就说："那好，我们这项目第一期马上要消防工程招标了，你直接邀标参与建设吧，但工程款要用来抵购房款。"就这样不但做了工程，又买了房子，而且该项目一期、二期、三期全部都是我做的。我前后用了5年时间做了这个项目，正好把所有利润都抵了房款。2001年10月我搬进了梦寐以求的新房，终于在上海有个家了。

同时，公司在宝山区月浦镇开发区注册公司满3年，由于经营状况良好，符合申报蓝印户口的条件，我和儿子就把上海户口的问题解决了。后来把户口迁到芷江西路街道。当时购房还有2个蓝印户口指标，由于没有其他直系亲属，就放弃了。

在市消防局下属"三产"企业全部移交地方后，公司在应部长的关心下于2000年迁移到闸北区天目西路街道招商中心。

为了更好地开展业务，2002年我将公司更名为"上海环宇消防工程有限公司"。这一年，公安部取消消防资质证书行政许可（甲乙丙三级）审批管理权限，移交国家住建部，重新洗牌进行审核审批管理。为此，我抓住体制改革的机遇自立门户，在华东设计总院阎总的推荐下，我去市住建委资质管理办公室向马志强主任汇报了公司从武警消防部队转制后企业发展碰到的一些问题，请他给予指导。他当时答应给予大力支持，并把我引荐到资质办金晨科长办公室，请他们帮助给出具体意见。后来我又认识了审价协会秘书长，在他们的真诚给力和指点下，在公司员工的共同努力下，从2002年申报二级资质到2004年申报一级资质，前后经过3年多时间就获得住建部消防施工安装专业一级资质。随后公司又增项了建筑装饰施工和机电安装施工二级资质，为今后公司业务发展打下了基础。

1999年到2005年，在闸北区"北美风情"开始承接第一个消防工程施工安装的同时，我也结识了东方明珠房地产公司的赵总。他们公司当时正在开发松江大学城、复旦大学学生公寓、东华大学学生公寓、闸北区城上城等项目。经过应部长的推荐和我自己用心努力，这些项目我基本上都参与了建设。在我的起步阶段，除了得到朱伟昌政委、应炳华部长的指点和帮助以外，还得到过许多懂我、关心我的高人和贵人帮助和指点。经东阳老乡部队转业干部徐主任介绍，我还参与了浦东展览馆（浦东新区文献中心）项目的建设，这些项目都是进入消防行业的第一批项目，挖到了第一桶金。

重回大上海，我能很快站稳脚跟，企业稳步发展，靠的是朱伟昌、应炳华等高人、贵人的指点与帮助，靠的是自己和公司员工的共同努力。其实，高人和贵人不必是寺庙里的高僧、深山里的孤人、旷野里的行者、书堆里的国学大师等。真正的高人，就生活在喧嚣的尘世中，就在我们身边。所以做好每件事，善待每个人，在你迷惑的时候或碰到困难的时候，高人就会出手指点，贵人也会倾力相助，帮你走出迷途，开出一片天地。

第二节　特色党建引领的红色文化

1. 红色信仰记心上，引领"环宇"铸辉煌

我反复思考后意识到：自己是小公司、小人物，企业担当社会责任捐款捐物虽不能与大企业、大人物相比，动辄捐款几千万甚至上亿元，但我可根据企业的实力量力而行，长期做些力所能及的有益于社会应急消防安全和企业的事情。因为担当企业公民的社会责任，做公益没有时间表，做好事不能等，过了这个村就没这个店，不如识时务为俊杰，趁早快乐搞党建、创建联盟、成立协会、倡导消防志愿者队伍、大消防安全公益基地等社会公益团体组织，为社会送点温暖和为企业排忧解难，这也是一种不同的行事风格和方式。

"环宇"的党建工作是从东阳第一次创业时成立民营企业党支部后到2001年公司注册"天目西"开始的。经过武警部队上海消防局"三产"近2年的过渡学习，在闸北区委组织部原部长应炳华和天目西路街道傅林松书记的指导下，我和"环宇"在"天目西"这块风水宝地上，立足、发展、壮大。正如应

炳华部长对公司发展历程的概括:"他的发展分三个阶段:第一阶段靠吃苦勤奋,企业逐步成长;第二阶段抓住机遇,讲究诚信,苦练内功,企业健康发展;第三阶段党建文化,引领企业发展。最后他成功了。"

"环宇"成立以后,一切从头开始,从"零"起步。但我们很幸运,碰上了改革开放好时机。上海市政府出台了"拆除围墙、敞开通道、重点扶持、特事特办、公平待遇、综合配套"鼓励民营企业发展的好政策。政策归政策,路还是要你自己一步一步去走的。

那时,我作为从农村走出来的孩子,经过部队培养到地方锤炼,下海经商赚钱求生存发展是我的初衷,而坚持党的领导,以党建引导企业发展是我的初心。环宇公司从只有一张营业执照以外其他什么都没有能发展到今天,就是党建文化引领的结果。

2. 邂逅老乡傅林松,"环宇"党建引路人

左起:林丽蓉、杜桂潭、傅林松

回顾这段历史,使我想起党建引路人傅林松书记的故事。至今我还清楚地记得我俩第一次见面的情景。那是2001年,我在应炳华部长家里认识了刚转业到闸北区天目西路街道任副书记兼综合党委书记的傅林松。因为大家都是老乡,又都当过兵,所以共同语言较多。不久我和傅书记成了好友。

可能是大家都做过党务工作的缘故,认识不久,傅书记就和我说起民营企业党建工作的事情。我自小受母亲的影响,很早就得到党的教育,再加上部队党组织的多年培养,以及转

业到地方后当过团总支书记、公司党支部和党委书记等职，心里始终有着"听党话、跟党走、党的恩情永不忘"的情怀，因此，两人的说话十分投机、一拍即合。他让我在民营企业中带个头，成立民企党组织，搞好党建，我欣然同意。

于是，2002年底公司申请成立党支部，党建工作在"环宇"轰轰烈烈地开展起来了。当时注册在天目西路街道的民营企业有几百家之多，但建立党组织的没有几家。那个时期，中华优秀传统文化被淡化，西方文化不断侵蚀，一切向"钱"看盛行，而我们却广泛宣扬特色党建的红色文化，弘扬中华民族善、诚、道的美德，在许多老板看来有点另类，不可思议。

傅林松这个好书记、好朋友，因为我们对党有相同的初心，所以一交就是20多年。在"环宇"的发展腾飞的过程中，他提出的"党建品牌就是生产力"的一句话让我信心倍增。我觉得，他就是"环宇"党建的引路人和见证者。也可以说，没有他就没有"环宇"这张亮丽的名片。

其实，"环宇"党建是注册在天目西路街道几百家民营企业的一个缩影。随着和傅书记交往增多，他对公司的了解也逐步加深。有一次傅书记语重心长地对我说："一个企业要想发展起来，不能光做业务，要有先进的企业文化，没有文化的企业只是个躯壳，是没有灵魂的企业，这种企业也不可能做大做强！"他的这一席话让我茅塞顿开，我下定决心，要把"环宇"党建工作更上一层楼，投入更多精力财力去不断探索前行。以党建平台凝聚人心，拓展业务，树立品牌，勇于担当企业社会责任，积极参加社会公益活动，并在企业内部把员工关怀做起来。这些工作虽然烦琐，要投入大量时间和精力，但能获得很好的社会效益，获得政府和社会的认可。

3. 海纳百川启迪我，特色党建造就我

自从1998年重返上海进行第二次创业以后，我妻子在我耳边不止一次说过："阿杜，你在上海大都市这些年里好像变了一个人似的！"我觉得妻子的感觉是有道理的：海纳百川的大环境给了我丰富的营养，改造了我，提升了

我，造就了现在的我，让我眼界更开阔、胸襟更博大，也造就了"环宇"这个品牌。哲人云：外因对事物的发展有重大影响，有时能引起事物性质的变化。一个人工作生活的环境，对他取得成就起着重要的作用。大多数人体内都蕴藏着巨大的潜能，它酣睡着，它一旦被外界的东西激发，就能做出不平凡的事情来。我感恩上海，我感恩"闸北区天目西"！

党建工作在"环宇"扎实生根、开花结果，不是一帆风顺的，我自己有过一番思想斗争，这种阻力还来自企业内部员工的困惑。虽然我内心深处始终抱有"听党话、跟党走、党的恩情永不忘"的情怀，但作为企业，必须是以盈利为目的，赚钱是第一位的，搞党建要花费大量的人力物力——这可能也是大多数企业不愿意搞党建的原因。企业员工很现实，做业务，挣工资，搞党建是没有直接经济效益的。所以员工不理解，有人对我全心全力搞党建也不理解，说我傻，有点阿Q的味道。

傅林松书记发现了这个苗头鼓励我说："你这样做肯定是对的，民营企业家如果满脑子的'赚银子'思想，就容易走歪门邪道。搞党建，可以凝聚人心，让员工认同企业的文化，还能提高员工对企业的向心力。企业以人为本，把人的主观能动性转化为企业的生产力，以企业党建平台凝聚人心和关注社会公益，从根本上、从思想上为员工解决后顾之忧，让他们对公司、对所在的城市产生认同感和归属感，这也是很好的生产力！这种效益虽然不能马上看到，但它是长期的、可持续的！"后来公司党建做得有声有色的事实证明傅林松书记的话是对的。

4. 搞党建，遭嘲笑，坚持初心不动摇

党建工作经过近3年的努力，到2006年公司申报"上海'两新'组织'五好'党组织"时，由于当时公司规模小、影响力小、党员数量少，市委组织部没有批准。但我作为公司董事长兼党支部书记不灰心、不泄气。回想起我在部队入党、提干三次没有批，照样努力工作，提升自己，改变自己；还有在转业回东阳物资局机关后，几次转干调动，留职停薪都受到挫折，每次坎坷与

挫折都是给我压力和新的机会来改变自己。因为在我心里，始终有个"红色信仰"：听党话，跟党走。将党的思想工作方法和领导艺术运用到企业经营管理中，增强企业凝聚力提高经济效益，将事半功倍。我一直认为自己是个"不安分"的人，但也是个坚持讲求实干的人。

回想1994年创办"东阳市杜氏贸易有限公司"时，我一肩双挑，总经理身份主抓经营业务，党支部书记身份开展党建，成为东阳乡镇企业最早一家戴"红帽子"的党组织民营企业之一。在转入闸北区天目西路街道后，在分管民企党建工作的综合党委傅林松书记的指导与支持下，我在第一时间向街道党委申请要求成立党支部，这在街道上百家民企中是最早之一。应该说起步早、意识强。10多年来虽然花费了金钱、时间和精力，也许少承接了上亿元业务，但我始终坚持党建引领企业健康发展的理念。搞党建初期，有政府官员问我：阿杜你搞党建有什么好处？家乡浙江金华市驻沪办的一位女主任，在商会搞活动中当着我的面说：商会里搞党建只有阿杜会搞。言下之意，说我有点傻，人家不愿搞，我会去搞。事实证明，咱也不傻，现在回想起来"阿杜会去搞"包含两层意思：一是人家不搞，我会搞；二是人家不搞，我早搞。现在人家想搞，我已搞好，不但搞好了，还通过党建这个平台交了许多党建朋友，获得了上海市"两新"组织"五好"党组织、上海市文明单位、上海市政府质量金奖个人等荣誉。

5.党旗引领我成长，"环宇"走在大路上

党建工作创新是特色，是亮点。2006年5月，我参加了"中共中央党校民营企业党建与经济发展培训班"，使我对民营企业开展党建工作的重要性有了更深的认识。公司党支部不但努力完成上级党委交办的各项政治任务，而且积极参加市区街道召开的各项参观学习、座谈会等活动，主动与有业务工作关系的洪远集团、秦森集团等10多家党组织进行党建结对共建。通过互相学习交流，提高了认识，扩大了影响力，又促进了公司业务的发展。因此，公司从实践中总结出的"党建工作是催化剂，也是生产力"的论断，得到市区街道各级

中共中央党校民营企业党建与经济发展培训班（2006年5月）

党委的高度评价。时任闸北区委副书记陈永弟多次莅临公司调研指导党建工作；时任区社会工作党委副书记王必福多次莅临公司指导企业红色文化联动创建。在他们的热情指导下，公司在大统路办公楼30米走廊两边打造"十年党建路，一个'新环宇'"的走廊文化，得到共建结对友好单位的赞扬，市区街道党委多次组织民企书记到公司参观学习交流。时任街道党委书记戈永锠、分管"两新"组织的书记祁汉凤都给予指导和大力支持。经过5年左右的党建红色文化引领企业健康发展，公司终于在2008年获得上海市"两新"组织"五好"党组织称号。上海市委原副书记、上海市人大常委会主任殷一璀给我颁奖，我感到非常荣幸。她问我是哪里的？我说我是闸北区的。她又问我是哪家公司？什么职务？我一一如实回答。获得"五好"党组织称号后，我提出了"'环宇'走在大路上，三色文化筑梦想"的豪言壮语，不骄傲、不泄气、继续练内功。

2011年，在纪念建党90周年之际，公司党支部组织全体党员和员工开展了以歌颂党歌颂祖国为主题的歌咏活动。歌咏活动分个人学唱和集体会歌两个

时任上海市委副书记殷一璀颁奖

公司的诗朗诵表演《党旗引领我成长,"环宇"走在大路上》

阶段进行,选定了《没有共产党就没有新中国》《唱支山歌给党听》等8首优秀歌曲并印制这8首歌曲的歌词供大家学唱。6月30日下午,环宇公司全体党员和员工身着统一服装,精神抖擞地参加了闸北区"两新"组织纪念建党90

周年大会暨文艺演出。诗朗诵表演《党旗引领我成长，"环宇"走在大路上》，合唱《没有共产党就没有新中国》的嘹亮歌声，充分抒发了对党无限热爱的高尚情感，更坚定了心向党、跟党走的远大志向。

红色信仰成为企业的最高宗旨，镰刀、锤头为企业注入无法估计的力量。在环宇公司发展的历程中，始终把党建工作放在首位，"特色党建"始终影响着企业的品牌文化，成为企业发展的灵魂和动力。

获得荣誉后，出于对党建工作的热爱，我对党建工作创新探索新的方法感到十分有兴趣。曾经多次在党建工作座谈研讨会上提出自己的想法：一是各级党委要关心民企党建工作，要向民企老总宣传党建平台对企业凝聚人才、人心的重要性，并且要考虑民企搞党建所花费的经费支出。目前民企纳税这些费用不能税前列支，希望组织部门向税务部门反映，减轻企业负担。二是请组织部门研讨一下，民企党员交党费后，在党费的使用上应与国企平等对待。民企党组织根本没有党费经费收入开支，请组织部门研讨商量，给民企党组织活动经费补助。三是各级党委也可以委派机关干部、党建工作者蹲点到企业挂职指导工作，也可以委派党建志愿者到各单位、楼宇指导工作。以上建议提出后，得到相关领导和组织部门认可和采纳。在此期间，公司党建工作得到了时任上海市消防局局长赵子新、市社会工作党委副书记王希俊、区委副书记陈永弟和时任社会工作党委书记洪流等领导的考察指导与支持！

6."杜老板" & "小书记"，我甘心情愿当一名"小书记"

因为党支部是企业的战斗堡垒，是"环宇"的核心、主心骨。"困难面前有支部，支部面前无困难"——这是员工对党支部的评价。因为"环宇"的党支部一班人团结合作，企业搞得风生水起，获得诸多荣誉，凭着我这个"小书记"的头衔，登上荣誉的领奖台，获得上海市新经济组织、新社会组织"五好"党组织的殊荣，还走进中共上海市委党校和中国共产党的最高学府——中央党校的大门。对此，媒体作了相关报道。

2011年上海市委党校"两新组织高层次人才——第八期民营企业家研修班合影"留念

（1）《东方消防》2009年第9期：《支书的荣耀》（节选）

当下，在改革开放、发展市场经济的过程中，一些企业的老板把董事长或总经理的头衔看得很重，CEO常常成为他们挂在口边、津津乐道的时尚称谓。然而杜桂潭却介然不群，在其公司获得上海市新经济组织、新社会组织"五好党组织"的殊荣后，他尽享"党支部书记"的荣耀，满脸荡漾着幸福的笑容背后，始终保持着一颗平凡平常心。

虽然金融危机给众多企业发展带来诸多不利影响，但环宇公司党支部一班人，审时度势，坚定信心，确立了"内强素质、外树形象、深化改革、强化管理"的指导思想，实施了《全员承包制度》《三级管理模式》《工资分配制度》《员工考核五个等级制度》，从积极加强企业自身发展的管理措施上激发起广大职工爱岗敬业的工作热情和创新意识，特别是通过引进优秀人才，试行股权激励机制，克服了狭隘的家族式管理模式后，使工人当家做主的主人翁意识更具有了现实意义。

……

"听党话、跟党走，党的恩情永不忘！这是我一辈子的人生信念。"党支部书记老杜的铿锵誓言,让在座的党员振奋不已、豪情满怀。

(2)《组织人事报》(2010年2月9日):《用特色党建擦亮民企窗口》(节选)

总有一份责任担在肩上

环宇公司的发展始终和党建工作相随相伴。在党建工作的引领下,企业走上了科学发展的正确轨道,公司先后获得了工业废气化治理、油站油气回收装置等12项国家发明与实用新型专利,被中国工业协会授予中国企业自主知识产权创新奖、科技创新奖。为此,公司当选为上海市消防产业委员会第三届主任委员会副主任单位,上海浙江金华商会常务副会长单位,杜桂潭荣获中国民营企业优秀企业家称号。

公司从事的消防工程建设,关乎着国家和人民生命财产的安全。因此,杜桂潭提出了"零故障、零保修"的质量要求,严格按照国际标准进行质量管理。他倡导的"建一个工程、树一座丰碑"的理念,得到了广泛的社会认同。环宇公司参与建设的一大批消防工程,荣获市消防协会颁发的消防工程质量最高奖——麒麟奖。

民营企业要有长久的发展潜力,必须加快经济发展方式转变,一定要有高科技的支撑。2005年,杜桂潭成立了一家环保公司,专门从事环保产品、设备的研发和生产,因业绩显赫,公司成立的当年就获得了自主产权创新奖。2008年5月,公司又与华东理工大学联手,成立了产学研基地。基地的建立,使公司有了从事工业有机废气处理装置的研发、生产、销售的能力,产品的科技含量大幅度提高,并获得了独立知识产权。

党建工作还促进了企业的现代化管理。党支部和公司管理层一起着手研究,先后推出全员承包制度,以及实行各项目管理部独立运作、独立核算、独立发展的新模式,极大地调动了员工的积极性,也为下一步推进期权期股激励机制奠定了基础。

2006年5月,杜桂潭参加了中央党校首届民营企业党建和经济发展培训班,受到了党和国家领导人的亲切接见。那一刻,杜桂潭十几年创业的艰辛和甘苦,化作了推进和谐社会建设的责任。

为着这份责任，杜桂潭以极大的热情投入了关注社会、关注民生的实践。每年，他都要走进社区，走近民众，了解民意，倾听呼声。在社区"蓝天下的至爱"活动现场，他会投入数以万计的钱款，帮助那些面临辍学的学生。为了推进助老事业的发展，两年中，他向闸北区老龄委发起捐赠。据统计，仅2008年，杜桂潭就为地震灾区、家乡母校、助老帮困、学生结对捐献了20多万元。这些年来，他还先后提供了100多个就业岗位，缓解了社会的就业压力。

最近，杜桂潭在市消防协会与消防产业委员会的领导下，决定支持在市消防局麒麟网上开设"消防安全科技咨询平台"，在《东方消防》杂志上开展"环宇杯维修维保疑难杂症解答"服务，义务为市民和社会各方提供消防服务。公司还参与了世博会香港馆、"天下一家"外资企业会展的消防设施建设。为了赶在世博会召开前完成任务，环宇人正以奉献世博的一腔热情，克服种种困难，保质保量，按期完工。在距世博会开幕还有85天的时候，杜桂潭以强烈的社会责任感意识到，世博会的消防工作和项目质量，是个关系到"平安世博"目标实现的重大问题。为此，环宇公司联合另外3家消防企业在全市率先发出"倡议书"，确保世博消防安全，为"平安世博"作贡献。

党建工作使民营企业走上了快速发展的通道，杜桂潭说："公司能有今天，党的引领功不可没，这是一个聚沙成塔的过程，我杜桂潭不能忘怀。"

（3）《人民日报》（2011年1月14日）:《上海环宇：消防责任重于泰山》（节选）

特色党建促发展

2009年6月29日，上海环宇消防工程有限公司党支部从62万家参评企业中脱颖而出，被评为"上海市新经济组织、新社会组织'五好'党组织"，这是上海市消防行业唯一获此殊荣的企业。近年来，环宇公司党支部着力用特色党建"点亮民企发展的方向，增强引领力；裁量科技进步的轨迹，增强推动力；照亮和谐建设的道路，增强凝聚力"，做到科研促发展，党建保增长。

2010年初环宇公司成功举办了"党建与新闻媒体恳谈会"，探索民企党建和企业文化与经济发展相互依存的关系，摸索出了一条公司业务发展的新途径。以特色党建为亮点，先后在《解放日报》等媒体上刊登100多篇报道，广结良缘，推动发展。

"以党建促管理，促发展""企业服务于社会，党建服务于企业""将骨干培养成党员"等"特色党建"在环宇公司生动体现。杜桂潭始终把党建工作放在首位，"特色党建"始终影响着企业的品牌文化，成为企业发展的灵魂和动力。这支优秀党员团队与公司的经验特点结合起来，把党员责任与岗位工作结合起来，极大地丰富了"诚信、和谐、务实、创新"的企业文化内涵，是党员的先锋模范作用在工作中得到了充分发挥，确保了企业各项任务的完成，增强了企业的凝聚力和战斗力。

结合2010年世博会的契机，环宇公司按照闸北区社会工作党委和天目西街道党工委开展以"世博先锋行动"为主题的创先争优活动对"两新"党组织的要求，公司党支部结合公司实际情况开展争做"五先锋党员"、"五先进个人"活动，把培养一支"学习优、作风优、素质优"的干部队伍作为争创活动的重要内容来抓。2010年环宇公司参与了世博"世界贸易中心协会"馆、乌克兰馆、西门子公司"天下一家"馆的消防工程项目建设。面对工期紧、时间紧、要求严、标准高的困难，公司不惜工本狠抓施工质量与进度，保质保量地抢在规定的期限内完成任务，这期间公司党员很好地发挥了先锋模范带头作用。

常言道：先做人后做事才是正道。自从"环宇"获得上海市"两新"组织"五好"党组织荣誉以后，我一直在思考党建工作没有最好，只有更好。因为有这个想法，一直坚持为党建做事就是正道，才有"环宇"党建工作与企业发展同频共振，才有"环宇"特色党建独树一帜，才有获得首批上海市非公有制企业党建工作示范窗口单位、上海市企业先进文化示范基地等荣誉。

7. 创办《环宇报》，弘扬企业文化

我不是文化人，但我深深懂得文化的引领作用、文化的凝聚作用和文化的教化作用。作为一家现代企业必须建设属于自己的企业文化。我一向认为：

企业文化是企业的灵魂，没有灵魂的企业，一定目标不清、方向不明，就好像盲人骑瞎马，随时都会出问题。

企业文化，除了要制定目标，开展各种活动以外，还必须有承载企业文化的载体和平台。为了更好宣传特色党建引领企业发展的理念，我提议创办《环宇报》，以此来宣传和弘扬"'红色文化'，打造'环宇'品牌"，凝聚人心，传播正能量。我的提议在党支部和领导层班子内做了讨论，统一了思想，并请上海市政协原主席蒋以任题词。

2010年5月30日，我们的《环宇报》正式创刊。我多次修改《环宇报》的发刊词，附录于下：

《环宇报》创刊词

二〇一〇年五月三十日，莺歌燕舞。世博，百年盛会。当浦江庆典的礼花绽放在母亲河的两岸，当交织的光影照亮上海美丽的夜晚，当世界各国的朋友欢聚在浦东这块改革开放的热土上的时候，我们的《环宇报》问世了！

十年，人类生命长河的一瞬间。十年，"环宇"人孜孜不倦地追求，苦乐同行，用自己勤劳的双手耕耘出一片新天地，拥抱起一个崭新的生命，站上了光荣与梦想的舞台，发出了时代的呼唤：十年党建路，一个新"环宇"。

"环宇"人崇尚科学，致力于科学发展。怀抱着科技兴国的理想，把科研促发展，党建保增长奉为企业发展的信念，凝聚优秀人才，打造核心团队，促进企业持续健康发展。

"环宇"人敢于创新，不畏艰险，勇于攀登。在深化改革的路上，抵御金融危机的影响，逆势而上，创造骄人业绩，为社会和谐添砖加瓦。

"环宇"人脚踏实地，以奉献社会为己任。年初"迎博"，公司联手多家上海消防骨干企业，倡议"共筑世博消防安全的百里长堤"，得到全市同行的热烈响应。建设世博场馆，公司全力以赴排除种种困难，唱响把风险留给自己，把成功献给世博的旋律。

"环宇"人诚实守信，把工程质量视作自己的生命，把确保消防安全作为自己神圣的责任，把实现消防工程的"零故障、零保修"作为企业的质量标准。

　　宁肯自己吃亏，要让合作伙伴先赢、多赢；宁肯利润不多，决不让客户受损，影响工程。坚持做到"做一个工程，交一批朋友，树一座丰碑"，"环宇"人乐善好施，大爱无疆。汶川地震捐赠，玉树受灾捐款，帮困助学尽力，尊老扶贫尽责，为社会和谐我们捧出自己的一片爱心。

　　回眸十年的历程，我们无怨无悔。我们要以海纳百川的胸怀，百折不挠的毅力，与时俱进的精神，站在新十年的起点上，再创明天的辉煌。

　　《环宇报》在上海市工经联等部门领导、商会同仁、老乡友人们的鼓励关心下创刊。其旨有二：一是搭建一个平台，借此向同行、专家、各界朋友求教取经，恳请匡正赐教，同时与同仁志士交流切磋、取长补短、敬请智者点拨；二是树一面镜子，在此镜前，自亮家底、敢于言真，探讨工作各抒己见，激励正气，针砭弊陋。

　　《环宇报》开辟了"公司视角、特色党建、股权激励、招贤纳才、企业文化、改革视点、节能减排、环保科技、消防安全、消防咨询、产学研报道、工会新闻、乡情乡音、合作交流、热点新闻、图文集锦"等栏目。我们力争把报纸办出特色，成为思想碰撞、文化交流、党建共建、典型宣传、坦露心声、凝聚人心、推动发展、促进和谐、友好往来、广结善缘的港湾，成为大家的精神乐园。

8. 荣誉面前不停步，"三色文化"筑梦想

　　2013年公司又获得了"上海市非公有制党建工作阵地建设示范窗口"荣誉称号。那天是在市科学礼堂召开上海"两新"组织庆祝中国共产党成立93周年座谈会。时任上海市委副书记应勇在会上做报告并为获奖者颁奖。这以后，党支部又提出了"党建引领的红、绿、蓝三色文化"，带领党员和员工"'环宇'走在大路上，三色文化筑梦想"。在党建工作取得成效的同时，公司的业务量也节节攀升。现在公司已连续7届获得上海市文明单位荣誉称号，公

时任上海市委副书记应勇授予"两新"组织党建工作示范点荣誉称号

司业务营业额也从2000年几百万元到2010年的几千万元,到现在的几个亿;我先后获得上海市政府质量金奖个人、上海市119消防奖先进个人等荣誉。我认为,所有荣誉的取得,都是由于党建平台的充分发挥正能量起了很大的作用。

"环宇"党建,我们始终初心不变。"环宇"以党建为引领企业先进文化,不但在企业内部开展各种丰富多彩的企业文化活动,而且还积极参与社区红基因传承的公益和文体活动。我们把红色文化内化于心、外化于行的企业文化得到原闸北区天目西路街道近20年来蒋思尧等5任书记、领导班子的指导与肯定。原闸北区天目西路街道综合党委副书记祁汉凤在题为《十年党建路 一个新"环宇"》一文中对"环宇"有许多溢美之词,我实在不敢承受,但说我"是一位勇于创新、不忘初心、牢记使命的党务工作者"我能接受,说"环宇""不忘初心""一贯坚持"之类的话,我觉得讲得中肯到位。时任闸北区社会工作党委副书记王震说:"我就觉得做党建,初心意识要很强。'环宇'十几年这样做下来,风风雨雨从来没停过,不管领导重视我还是不重视我,都能坚持初心一直这样做下来很不容易。"2016年我被推荐为闸北区静安区(拆二并一)新一届新静安区党代表。这也许就是党和政府对"环宇"长期以红色文化引领企业发展的充分肯定和高度信任吧。

9. 党建，是我人生永远的财富

　　这是我于2014年6月25日在闸北区委党校"两新"组织书记培训班的交流发言。

　　由于"环宇"党建品牌打响了，企业也得到很大发展。这张党建名片也是越擦越亮。

　　1. 党建这个平台给我一个交流分享"环宇"特色党建故事，传播"环宇"党建声音的机会，我感到很荣幸！讲讲党建10多年来的体会和感悟，以及十分成功的经验案例，我实在想不出，何况我又根本不是什么成功者、名人。我这样的小人物，在今天这个平台上，如能给大家带来一片小小的红色彩云飘过，讲一下故事，留下一点回忆，那也十分满意！

　　2. 有两点体会与大家交流汇报：一是意识；二是特色。我怎么会有强烈意识，长期坚持"环宇"特色党建，这来源于我的人生经历。我来自浙江东阳农村，是在党和军队培养下成长起来的。我当过兵，做过公务员，在企业上过班，是六小人物、三小企业、三流人才，人生经过三次转变，练就了能忍耐、能坚持的个性。正由于我这样的人生阅历，铸就了我对党、对开展特色党建有十分强烈的意识。

　　3. 环宇公司在民企党建工作中起步早、意识强。当时有政府官员问我阿杜搞党建有什么好处？我们浙江老家有个驻沪办主任说我：民企搞党建工作只有阿杜会去搞。言下之意，说我有点傻，但我自己心里明白，傻就傻，事实证明，其实咱也不傻。现在想起来，"阿杜会去搞"包含两层意思：一是人家不搞，我早搞、我会搞；二是现在人家想搞，我已搞好。不但搞好了，还通过党建这个平台搞了个"五好"党组织、上海市质量金奖、搞了个"环宇"消防集团。

　　随着"环宇"特色党建的开展，我始终认为：党建做实了就是生产力、做强了就是竞争力、做细了就是凝聚力！"环宇"的特色党建工作，扎扎实实地做了20年，时代造就了一个新的"环宇"，激励了一个新阿杜。

　　回顾特色党建这段历史，党建工作一步一个台阶，扎扎实实地开展，搞得红红火火有声有色,"环宇"的规模也越做越大,经济效益越来越好。我可以这么说,是特色党建助推了"环宇"从艰难起步—健康发展—企业腾飞的"三部曲"。这"三部曲"发展离不开朱伟昌、应炳华等人,他们是我人生遇到的高人和贵人(后面我还遇到了其他高人和贵人,限于时间顺序,容我后面再讲)。我对他们的体会是他们脸上不写字,身上没有标签,根本看不出他们的高明之处,他们克己助人,低调,不居功,不张扬,只是用心帮人,也只度化有缘人。"用心帮人",说明他们认真;"度化有缘人",关键是一个"缘"字,他们不会度化所有的人,只会度化有缘之人,只会度化"懂"的人。我很在乎他们充满睿智、启人思考、给我鞭策的评价与点评。

10."高人"对"环宇"红色文化的点评

(1)上海市社会工作党委原书记、市政协常委施南昌归纳了"环宇"党建的三方面的特色,并寄以新的希望,提出新的任务和要求。

明确的定位,党建工作促进企业发展;加强党支部自身建造,为企业发展提供组织支持。

打造坚强团队,由公司董事长担任党支部书记,党政工作双肩挑,一手抓党建,一手抓企业发展,有力整合党建、行政两方面的资源,着力打造"十年党建路,一个新'环宇'"党建走廊文化,充分发挥党政阵地两方面的资源。

规范组织活动,细化内部分工和制度搭建;引领企业文化建设,为发展提供思想支持;引领发展共识;引领思想共识;引领文化共识;引领职工队伍建设,为发展提供人才支撑;实施选人育才工程;实施学习型创建工程;围绕职工需要,保障职工合法权益。

"环宇"党组织的党建工作创新探索,是上海民营企业党建工作探索的一个缩影,丰富了基层党建的经验宝库,同时也为进一步加强民营企业党建引出了三个思考。

一是民营企业党建的功能定位问题:民营企业党建工作重点应放在拓展政治功能层面上;民营企业党建的重点是团结凝聚职工群众,加强和改进思想政治工作，密切联系群众，注重人文关怀与心理疏通，促进企业健康发展。

二是民营企业党建与企业文化建设问题：党建工作要坚持与建设先进企业文化结合起来。

三是民营企业党建如何协调企业效益与群众利益的关系问题：通过党建工作，维护各方合法权益，积极反映群众诉求，畅通和拓宽表达渠道，依法维护职工群众的合法权益，促进企业与社会稳定。

总之，从"环宇"的实践看，民营企业党组织是党在企业中的战斗堡垒，要在职工群众中发挥政治核心作用，在企业发展中发挥政治引领作用。

（2）天目西路街道综合党委傅林松书记的点评："党建助推企业腾飞"。

杜总把企业党建当作事业来做，当作科学来研究；
以企业党建平台凝聚人心，关注社会公益，把员工关怀做起来；
"环宇"的党建品牌就是生产力。

（3）原闸北区天目西路街道综合党委副书记祁汉凤为"环宇"特色党建归纳了5点：

党建工作与企业发展同频共振；形成了以"党建引领，文化为魂，诚信为本"的理念，充分发挥了党建文化引领的作用；打造阵地建设，营造企业氛围，党建工作搞得有特色、有亮点，真正体现了"小'环宇'，大党建"；热心公益，主动承担社会责任；"环宇"党支部的党建创造性提出的"党建工作是催化剂，更是生产力"得到了实践和验证，打造了"环宇"企业文化品牌。

（4）时任闸北区社会工作党委副书记、现任静安区红十字会书记王震把"环宇"党建工作归纳为三强：

一是初心意识要很强。"环宇"十几年这样做下来，风风雨雨从来没停过，都能坚持初心几十年一直这样做下来很不容易；

二是责任意识很强，特别是杜书记这个带头人的责任意识很强；

三是创新意识强。杜书记把党建和企业发展结合得很好，现在通过党建带动企业发展，年产值从几百万发展到几个亿了。

（5）闸北区天目西路街道党群工作事务所书记顾丽惠说"阿杜搞党建是用心的"：

杜总搞党建是用心的。他有一种使命感，这种特殊感觉不是外部强加给他的，而是他发自内心的，把党建工作放在首位，在公司各项工作中得到充分体现。现在杜总把自己的儿子培养成党员，培养他为接班人。他儿子留学6年回国后，杜总就经常安排他儿子参加我们街道的各项党建活动，"正本清源""净化思想"、保证"根正苗红"，让他学会跟党走，承担社会责任，发挥他的留学专业特长，发展自己的优势，把企业发展起来。

作者感言：《增广贤文·朱子家训》云："滴水之恩，当涌泉相报。"在我阿杜的人生词典里，"感恩"的分量很重很重。我阿杜之所以有今天，都是有高人指点，贵人相帮。他们的点评，他们的赞扬，每个字、每一句，都让我感动，都是对我的鼓励，都是我前进的动力。

11. 党建结缘，荣获"创新浙商"称号

2006年5月，在参加中央党校民营企业党建与经济发展培训班学习期间，我有幸结识浙商研究会上海分会秘书长魏移新，从此我俩成为好朋友。魏移新说："阿杜是浙商中的'创新浙商'代表人物"。虽然对这个称号，我受之有愧，但我知道他是真心的。与魏移新结交纯粹是工作关系。当时，他兼任会刊《新浙商》执行主编，因为工作关系，经常要到商会会员单位采访。我公司是浙江商会的会员，因为"环宇"的党建工作名声在外，有幸得到他的采访，我

们就这样相识、结缘了。

记得当年在中央党校毕业典礼上我交流发言是这样说的:"参加培训班,不但学习了党的基础理论,提高了觉悟,还结识了一批以党建为平台的同志。同志是天,同学是地,有了同志、同学就能顶天立地;同志是风,同学是雨,有了同志、同学就能呼风唤雨;金钱不是永远的朋友,同志、同学却是永远的精神财富!"其实,这是我有感而发,真情流露,只是加了些幽默元素而已。但同学们觉得我说得很精彩,给许多同学留下了深刻印象。到现在为止,我们这一期党校同学偶尔聚会的时候,大家都能回想起这段阿杜话语来。我在培训班毕业典礼上的发言,也给魏秘书长留下深刻印象,后来他成了我和"环宇"的好同志、好朋友。

为了加强合作,让工作更顺畅,让交流协调更方便,我还专门为浙商研究会上海分会提供办公场所等设施,免费提供办公用具、用品。在这期间,我们共同做了许多课题,并在研究会刊物《浙商研究与咨询》上多次发表和报道。

2018年11月11日,由浙江省社科联、省侨联、省市场监管局指导,浙商研究会主办的"纪念改革开放40周年2018浙商(秋季)论坛"上,我作为上海市优秀浙商代表,荣获"创新浙商"荣誉称号。

杜桂潭(右一)获得"创新浙商"荣誉称号

第三节　管理创新、科技创新的绿色文化

1. 创新管理制度，为企业健康发展提供保障

消防行业作为公共安全领域内一个重要部分，关乎千家万户生命财产安全。深感消防安全责任重于泰山，深知我们肩上所负担的责任与义务。因此，我们创造的每一个工程、每一个产品、每一个灭火装置，都必须具备匠心精神，每道工序、每个环节都必须保质保安全。

特色党建红色文化是"环宇"的定海神针，而"管理创新、科技创新"的绿色文化是创建百年老店的基石，管理创新是公司发展的保障；科技创新是公司发展的核心竞争力，这两者相辅相成是公司发展的"命根子"。

为了不断推进管理创新、科技创新，公司提出"把技术骨干培养成党员，把党员骨干培养成管理人才"的战略思路，制定了一系列的改革创新管理制度，如《全员承包制度》《三级管理模式》《工资分配制度》《员工考核五个等级制度》以及廉政建设"四不做"原则等，从根本上极大地激发了员工爱岗敬业的热情。

为了树立民营企业的良好形象，面对消防行业中的一些挂靠"乱象"，经过深入的考察调研，公司制订了"四不做"的原则：业主单位信誉低、严重亏损的不做，业主单位不合理低价的不做，违反建筑行业要求施工单位挂靠的不做，业主单位有违反腐倡廉要求的不做。这个原则具有建筑消防行业的针对性，一家民营企业主动推出自律规范的制度，在社会上产生了强烈反响，有人看着"环宇"有工程不做，有项目不接，有钱不赚，有人说我傻到根子里了！

2. 充分发挥人才潜能，管理制度是根本

在我看来，不管是国有企业还是民营企业，员工都是企业的主人。作为企业家必须充分尊重员工，把他们当作企业的主人，给他们发展的空间。因此，管理制度的人性化非常重要。比如在物质奖励和精神激励、提供各种成长平台与发展机会、注重企业与个人的双赢战略、帮助员工制订人生规划等方面，公司制定了一系列的规章制度。为了给一线施工队伍鼓劲、打气，激发每位员工的最大的工作积极性，公司制定了对施工队实行人性化绩效考核"清包工制度"，完成工作任务的施工队给予额外奖励的制度，以及跑市场业务人员不受考勤多劳多得等激励制度。

公司八年庆典暨迎新春晚会

在公司十周年庆暨"产学研基地"成立推进大会上讲话

2006年在锦江饭店举办公司成立8周年庆、2008年在东郊宾馆举办公司成立10周年庆的会议上，这些制度的承诺都得到兑现。每半年和年终，公司都要召开总结表彰大会，评选优秀员工、优秀项目；平时工会组织员工去旅游，让激励制度落实到位；年终给后勤部门员工发奖金；给项目业务人员合同提成等，都能说到做到。

公司的人性化管理，还体现在关心塑造员工内心正能量、关注员工家庭生活。我经常说："公司就是你们的家，我就是你们在上海的家长，碰到任何事都不要害怕，有公司在呢！"

公司人性化管理的推行，成果丰硕：一个个优质工程脱颖而出，公司的业务量从每年几百万增长到几个亿，一个个荣誉和奖牌接踵而来……我感到非常欣慰。

3. 推行项目部"3+1"管理运行模式

2010年上海"11·15"特大火灾后，公司更加注重质量管理，在不断完成许多"高、大、难、精、深"消防工程项目建设后，工程质量和服务都得到了监理、业主及消防部门的一致好评，在社会中享有广泛的声誉。在成绩面前我始终有"如履薄冰，如临深渊"的感觉，始终牢记消防工程质量责任重于泰山的使命，不敢有一点松懈。在公司大小会议上我反复强调：质量是我们"环宇"的立足之本、生存之本、竞争之本，质量意识必须融入每一个员工的心中。全员参与，持续改进，关注细节。质量，是我们"环宇人"发展的生命。

为了推进安全质量管理制度的落实，公司先后多次召开规范化运作推进工作会议，提出了"以党建为引领，以企业文化为根基，狠抓质量"的工作思路，瞄准行业管理短板，审时度势，说干就干，推出项目部"3+1"管理创新运行模式。

经过反复讨论，仔细研究，认真论证，带着明显"环宇"特色的项目部"3+1"管理运行模式正式出台。我曾在多个场合说过："环宇"工作管理创新，是质量安全责任的真正落地。为了便于理解，我把"3+1"简称为（整合、监管、品牌+诚信）：

（1）整合：每个项目部必须具备施工员、质量员、安全员、资料员和材料员等技术人员；同时，技术人员必须持证上岗，在签订劳动合同的同时，统一发放工资卡，购买社会保险，对其他人员也必须持证上岗；

（2）监管：项目部的设备材料由公司统一审批。对材料、设备、品牌在实行申报制度的同时，试行统一采购，杜绝伪劣产品进入工地；对项目部、施工、安全、质量、材料、进度等实行全过程的监督、监控管理，确保工程顺利竣工。

（3）品牌：公司要求项目部有100万元以上资产和资金作抵押风险金，有效地规避企业经营风险，并为保持工程质量安全加了一根高压线。

（4）诚信：是对责任承包人要考察，选聘有诚信、有业务开拓能力、有综合管理水平的人担任，以免给企业经营造成亏损，给企业带来不必要的经济损失。

2010年的那场"11·15"特大火灾，一把大火，烧醒了许多对消防漠视、存在侥幸心理的"梦中人"，也唤醒了消防企业质量底线意识，质量是企业的生命，更是消防企业应尽责任与义务。

火灾发生后，上海市建筑行业全面整顿巡查组到闸北区和普陀区检查时，我作为区消防企业的代表，作了《消防行业施工企业加强行业规范，健全创新项目部'3+1'管理运作模式》8分钟交流发言，得到了巡查组领导的好评。巡查组成员黄肖强当场就叫我留下了解情况，我汇报了相关具体措施和内容。事后又到公司实地调研，经市区质监局业务主管部门的认真考察考评，2011年我获得苏浙赣皖沪四省一市质量工作先进个人。这个荣誉的获得，使我更增加了管理创新"3+1"管理运行模式的信心和决心。

2011年12月28日下午，由上海市消防协会牵头组织的"建筑消防施工企业依法规范、标准化管理研讨会"在公司会议室举行，会议由市消防协会胡亚明秘书长主持，市建筑市场整顿办公室副主任、市消防局副局长顾金龙，市质监总站查处二科科长徐建伟，市工商局李通处长，市工商检查总队胡关德副队长，市消防局防火部建审处赵华亮副处长以及沪上部分壹级资质建筑消防企业参加了研讨。我作为消防施工企业践行依法规范化和标准化管理工作的代表作了交流发言，并呼吁："要依法规范消防企业的经营管理，确保消防工程质量安全！"会上，有人对我企业针对行业挂靠等潜规则提出的"3+1"（整合、监管、品牌+诚信）管理运行模式，提出了不同意见，认为"3+1"管理运行模式只是变通，是不合规的，应该由市工商局、市消防局监管部门充分利用行政执法手段取缔挂靠人员。经过大家的充分讨论，我公司倡导的"3+1"模式还是得到了多数与会者的认可和好评。

2012年，公司及时召开"年终总结暨项目部'3+1'管理模式推进会"。会议总结了"3+1"管理模式试行后公司业务增加、经济效益提高的经验，并提出新的管理要求。这些经验和要求得到了与会员工的认可与热烈反响，现把发言摘录于下：

各位老总，各位朋友，各位员工：

盘点2012年，展望2013年，大家给了我很大的支持和信任，我十分感激。今天的年终总结暨项目部"3+1"管理制度推进会开得成功、及时、有效、有活力。再次感谢各位的给力和鼓励。

下面我就项目部管理制度探索改进完善的工作提几点意见，与大家共同探讨：

一、项目部要试行个性化服务方式

个性化服务分以下三类进行分级服务考核，经初步考核筛选：对已选出的项目部、分公司要按"3+1"管理模式，每年进行一次考核考评，筛选评出第一类是优秀项目部，第二类是潜力股项目部，第三类是准项目部。按三个类别进行分级服务，公司以业务分第一类（年业务量3 000万元以上和诚信度高）、第二类、第三类，实行等级差异化管理。年产值在3 000万元以上的项目部，给予10万元的奖励，并给予人脉关系、技术配置等资源支持。

二、公司计划在2012年20个项目部、分公司的基础上，5年计划达到30个项目部、分公司的目标，争取总产值达到翻番的目标（即3亿元），不断提升完善项目部管理制度，争取今年6月前完成PM管理软件系统的运行，希望大家群策群力，多提建议和意见。同时也计划选择几家优质项目部和分公司试行质量安全、材料资金网上运作管理，与总公司PM系统对接，为今后全面推行系统管理、方便快捷、省时省力合作互赢打下基础。

三、要把公司的"环宇"品牌与先进文化、诚信经营融为一体，把企业品牌与工程质量管理有机统一，坚决自觉依法依规贯彻消防工程质量终身制，互融互利共发展，共生共荣。希望各项目部、分公司自觉遵守国家法律法规和公司的各项规章制度，做一个优秀的"环宇"人。感谢大家对我发言的支持和认同，感谢大家对"环宇"发展的大力支持。

在"11·15"特大火灾之后，我们"环宇"能走在全市消防企业前头，率先推出"3+1"管理模式，依据《建筑法》规定企业资质必须与技术人员资格证书主体一致的要求，在行业内率先提出了整合、监管、品牌+诚信三点企业项目管理工作的底线要求，似乎我把管理创新的理念"传染"给我的员工了，我为此感到欣慰。

4. 对项目部"3+1"管理运行模式的再思考

"11·15"特大火灾悲剧之所以发生的主要原因，是建筑市场层层分包、挂靠、不合理竞争等行为所致。政府相关部门要加强监管，各消防企业必须规范自律，各司其职，落实责任。对施工单位进行收编、监管、品牌管理，能对放养的运行模式起到制约和引导作用，推动行业内的有序规范发展。

"3+1"管理模式关键在于全员参与，持续推进，扎实落地。在我看来，必须做到人人知道，才能持续推进，真正落地，因此我又在公司"全面推进'3+1'管理模式动员大会"上提出六点要求：

（1）项目部和公司管理制度依法规范、标准化管理的建议。项目部的成立，首先必须是依法，要依据《建筑法》、企业的资质要和技术人员的资格证书主体一致，也就是五大员的配备，这是红线、底线。

（2）工程质量、安全、资金材料的全过程监管问题。公司从财务和项目过程监管将逐步推行软件管理，以合理、公正、客观地解决一些矛盾和问题。

（3）公司树立全力为项目部服务的理念。公司管理部门，要以服务第一的理念开展一切工作，对各项目部的问题要尽力尽快支持帮助解决。当然，能出力的就不要太计较收费不收费，先干了再商量、边干边商量。

（4）项目部要大力开拓市场，拓宽业务渠道。对每个成立的项目部原则上要完成1 000万元以上合同总额，最低不低于500万元；完成较好的，采取奖励的方式激励优秀项目经理。希望大家在遵守双方协议的同时，也请大家遵守公司的有关项目部的制度，也请大家一起来共同探索和制定一些新的管理制度，共同制定，共同执行，共求发展。

（5）共同打造"环宇"品牌的问题。希望大家进了"环宇"门就把自己当成"环宇"人，不要身在曹营心在汉，脚踏两条船，要融入"环宇"的企业文化中来，使自己的身心健康和"环宇"的肌体融为一体，为"环宇"更美好的明天，担当责任，共创辉煌。

（6）公司今后的服务支持和发展目标是：三年内打造成服务型的管理公司。要体现三个支持：一是资金支持；二是技术服务支持；三是政府部门关系的资源支持。三个发展相关行业产业链的连接：一是消防行业内防火产品设备材料的连接；二是有二级三级消防资质的消防公司的对接合作；三是发掘有业务开拓能力、有专业管理水平的优秀人才的加入。

实践证明"3+1"管理创新运行模式（托拉斯平台）确实有效。该平台确保所承接的每项工程质量和安全，也使经济效益实现了翻番目标。实践证明效果明显：工程项目连续三次获得消防工程麒麟奖；我个人也获得上海质量金奖个人、"119"消防奖先进个人、上海世博工作优秀个人等荣誉。

5. "3+1"管理运行模式向3.0版本升级，规范化、标准化向更高目标推进

标准化良好行为企业，是指按照《企业标准体系》系列国家标准以及行业相关标准的要求，运用标准化的原理和方法，建立健全以技术标准为主体，包括管理标准和工作标准在内的企业标准体系，并有效运行；生产经营等各个环节已实行标准化管理，且取得了良好经济效益和社会效益的企业。

也许是我希望不断突破、追求完美的秉性，造成自己始终是处在"不安分"的状态之中。在公司实行"3+1"管理模式并取得一定成果后，2013年我

学习了国家有关政策和文件，对公司提出了更高要求，开始新一轮攀登：在相关业务部门领导和专家的指导下，运用物联网科技手段，提出了"3+1"管理运行模式3.0升级版，即"3+1"PM管理体系，并向上海市质监部门申报"标准化良好行为企业"3年行动计划。

为此，公司专门召开"'3+1'PM管理体系暨创建标准化良好行为企业动员大会"，全面部署、深入持久地在企业内开展3年行动计划，引发了全体项目经理、分公司、企业管理人员的全面觉醒，获得全体员工的理解和支持，共同践行企业规范化标准化发展新路子。

经过3年的实践推广，2016年8月10日静安区市场监管局林文龙副局长、朱昀科长和市质监局项目专家组庄国钢等5人一行，对公司进行了"标准化良好行为"企业标准化体系验收。公司中高层管理员及相关人员全程参加了验收会议。

在评审会上，我代表公司对标准化工作的推进过程作了汇报：

为了创建"标准化良好行为"企业，公司成立了以董事长、总经理为主任委员的管理小组，建立了标准化项目小组，并在各部门任命兼职标准化人员，还派出标准化工作人员积极参与组织ISO 9001、GB/T1.1、GB/T321-2005、Q/HYXF Z1.1 1—2016等系列标准的学习培训。公司已经建立并健全了以技术标准为主体，包括管理标准和工作标准在内的企业标准化管理体系，能够满足公司生产、技术和经营管理的需要。自2013年全面开展标准化工作以来，公司服务质量不断提高，也获得了多项荣誉，为企业

提升市场竞争力提供了保证。为把公司的标准化各项管理工作落到实处，公司通过近三年来的持续改进，已形成132项以技术标准为核心，以管理标准、工作标准为支撑的企业标准体系，为规范企业管理、保证质量充分发挥了标准的技术支撑和保障作用。

专家组通过听取汇报、查阅资料、查看现场、询问有关人员等方式，对公司标准化工作的基本要求、体系构建、标准实施、评价与改进等方面进行了全面查评（新能源分公司作为实施现场一并参加评价）。专家组认为，公司在标准化工作方面形成了"领导带动、全员参与"的工作氛围，标准体系建设完善、切合实际、运行有效、持续改进，标准化工作特色鲜明、成效显著，最终评价总分为407分。专家组对公司的生产现场管理和企业标准体系运行情况给予了充分肯定的同时，也向公司反馈了确认过程中发现的11个问题，并就扣分项目提出了改进建议。最后，专家组组长庄国钢宣布：上海环宇消防集团有限公司顺利通过验收，成为"3A"级标准化良好行为企业。专家组向公司全体员工表示祝贺，会议室响起雷鸣般的掌声。会上，区市场监管局副局长林文龙又对"环宇"集团提出了新的希望和要求，希望标准化良好体系通过后要运用这个体系规范消防工程施工工作，运作中发现问题要即时改进，不断完善，使标准化行为真正地融入设备中、工作中，同时也对"环宇"消防提出了"带动""示范""引领""辐射"的八字要求。至此，公司的"标准化良好行为企业项目"申报工作取得了阶段性的成果，这是对"环宇"集团全体员工持续坚持标准化工作的肯定，同时也会激励公司在今后的管理工作中更好坚持"有法可依、有章可循、有据可查、有责必问、有错必纠、有洞必补"原则，初步实现了企业从人治到法治的转变，为企业的飞速发展提供了有力的保障。

做企业，搞工程，质量是立身之本。为了提高工程质量，我注重充分利用现代物联网技术手段对"'3+1'模式PM项目管理系统"全程管控，确保每个工程质量和安全，低成本高效运行。公司获得国家标准化委员会颁发的"标准化良好行为证书"等荣誉。"说到做到，不放炮"就是我的工作作风。

6. 制度创新助推公司健康发展

俗话说:"无规矩不成方圆。"民营企业是经营性社会组织,同样有一套适合企业、员工认可、可以执行且行之有效的规章制度。因为制度是约束组织成员的行为规范或评价准则。

回顾公司发展的第二阶段,正如应炳华部长所说的"用制度管企业,用制度管人"阶段。但这个阶段绝不是与第一阶段有明显的界线,其实许多规章制度,公司建立之初就有,就是随着公司发展需要,不断完善创新。因为在家乡东阳我就创办过企业,我也曾在物资局国企搞过经营管理,学习掌握了公司经营管理的规章制度,但我没有完全照搬照抄,而是根据消防行业特点、民营企业实际情况制定并推行一系列符合民企发展规律的各项制度。

公司提出"把党员培养成技术骨干,把技术骨干培养成党员"的战略思路,制定了一系列的改革创新管理制度,如《全员承包制度》《三级管理模式》《工资分配制度》《员工考核五个等级制度》等,极大地激发了员工爱岗敬业的工作热情。环宇公司在试行全员承包制的近三年来,深入贯彻落实"环宇"消防人的立身处世原则,在"做精、做细、做透"上做文章,围绕"精"字,工程要"精心组织、精心施工、精心服务";在细节上充分认识"细节决定成败,细部反映全部,细微体现精神"的重要性,并落实到工程的各个环节。近年来,公司消防工程验收合格率100%,连续两届获得了上海市优质消防工程麒麟奖,获得了全国"安康杯"上海赛区优胜单位奖,施工的工程质量、服务、配合等都受到了业主的广泛好评,给政府管理部门、甲方、总包都留下了良好印象,真正做到了"做一个工程,交一批朋友,树一座丰碑"。

7. 科技成果转化失败的教训

2000年10月,我搬新家到北美公寓,跟隔壁邻居金富华相识。他在上海市经信委下属申鑫公司任董事长,我们相处融洽,推荐我到他的兄弟单位房产公司参加消防工程招标，为公司发展助力。

2005年，在他的推荐下，我又认识了当时经信委下属企业上海市机电设备研究所所长王金玉。王所长说："我所正在进行改制撤并，有个环保型油污水分离设备已获得多项国家发明专利，并获得国家科委科研经费360万元，经过多年的研发，样机已在大庆油田进行油污水分离试验，基本达到科研课题要求。目前正在寻找合适企业共同进行成果转化推广应用，需继续投资几百万元资金技术改进和推广。"他问我是否有兴趣投资合作开发应用。因为在2004年我曾参加北京中小企业发展促进会在人民大会堂举办的报告会，从国务院发展研究中心专家邓寿鹏的报告中获悉，环保事业已列入国家发展战略规划。于是我对此项目很感兴趣，并答应与他合作成立上海环宇环保设备成套有限公司，注册资金500万元，送他20%干股，送相关技术人员10%干股。同时我也招聘五六名相关技术人员，重新进行技术改进、工艺流程和分离原理，借大场一个仓库场地生产样机。为了掌握基本技术，我和他的技术人员一起去大庆油田实地调查了解该设备运行情况。得知确有该设备，但不十分成熟。因此经过一年多的图纸修改和技术攻关，申请了2项国家发明专利，样机出来了，经一家代理销售公司寻找到浙江舟山一家修船厂进行油污水分离试用。双方签订合同，以最优惠价格10多万元卖给代理公司。2008年公司与华东理工大学共同在东郊宾馆召开了产学研推进会，认为该项目推广应用是有希望的。谁知2008年底2009年初，公司向代理公司要求支付设备款时，对方说设备投入使用后油污分离效果不佳，拒绝支付。为此公司与代理公司诉讼法院，判决结果：拉回样机。为此王金玉干股自动退出20%，技术人员10%干股也退出，我也心灰意冷。后来得知该设备在大庆油田验收时，该所技术人员偷梁换柱，拿自来水当分离水化验蒙骗验收专家组。其实这是个很不成熟的技术。

在研发推广油污水分离设备期间，经华东理工大学催化所专家卢冠忠推荐，我公司购买了"环保型无毒无味灭火剂"专利，同时合作推广应用"环保型工业催化剂"，双方签订合作分成协议，共同向发电厂、焦化厂等单位推广使用。公司也招聘了四五个研究生等技术人员进行改进推广应用。刚开始，对环保型无毒无味灭火剂进行了一系列的灭火实验，送公安部天津消防检测中心检测，并已出具了相关技术检测报告，指标都符合环保灭火等级要求。但在那个消防产品实行强制性认证管理的年代，要报公安部消防产品合格认定中心拿到证书和备案是困难重重，关口多多。为此，公司想变通到国外拿到UL认证后再到国内报备认证推广此产品，但也碰到困难，因此该灭火剂产品成果转化就泡汤了。由于厂家对该催化剂了解不多，虽认为产品质量是好的，但就是成本价格较高。在那个不重视环保、喜欢打擦边球、得过且过的年代，大多数厂家为节约成本都不愿意购买使用该产品。到2012年12月，该产品刚刚开始有点市场，但由于技术完全掌握在学校催化所人员和公司技术人员手里，公司辛辛苦苦共同技术改进推广了4年的项目，却因3个主要技术人员转投催化所而夭折。当时我还蒙在鼓里。后来才知道，由于合作方是我的战友，我想干脆注销公司算了，不和人家计较了。退一步海阔天空。后来于2013年上海环宇环保成套设备有限公司变更为上海环宇安明消防检测技术有限公司。

总之，科技创新这条路我走得很苦也很累。从失败中吸取教训，感到外行要成为内行不交学费、不学专业知识真的不行，只有热情是不够的。

8. 吃一堑，长一智，科技创新结硕果

8年的科技创新，让我尝到了苦头，但也悟出了一点心得：应急消防领域的产业发展是完全依靠法律法规、政府政策出台后才有机会的，不能冒进，更不能违规。因此，2013年打造公共安全应急预警物联网云平台时，我就很小心了。从一开始，只招收2个技术人员，资金设备投入也是一步一个脚印地慢慢坚持，走一步，试一步，看一步，我始终认为：坚持到底就会胜利。

到了2015年，上海市科委批准成立"应急产业（大消防）技术创新战略联盟"，公司作为联盟理事长单位。在市场有需求、企业有追求、政府有要求的大背景下，我们这个"公共安全应急预警物联网平台"获得了转折性的大发展，有55家消防、安防、人防、物联网科技成员企业来共同研发创新，并把

项目名称改为"智慧消防物联网平台"。

2015年11月15日工博会期间，在市科委、市经信委指导下举办智慧城市公共安全应急预警物联网云平台暨高峰论坛。在会上，我代表主办方作了交流发言。

尊敬的各位领导、企业家、朋友们：

今天论坛的顺利召开，我代表主办方向指导单位、支持单位、参展和会员单位以及社会各界表示衷心的感谢！筹备召开本次论坛的初衷，是我们行业协会为了贯彻落实市政府提出的安全工作是一切工作的底线要求，贯彻落实中国制造2025战略纲要规划。本届高峰论坛在于领导重视、社会关注、企业期待，意义在于推动政府职能转变提要求、企业转型发展有追求、互联网转热市场有需求，实现城市公共安全与物联网有效对接。此时此刻，我感慨万千，感谢之情无以言表，相比论坛的成功举办，我更在乎大家对本届论坛的成果评价与今后发展的感受，因此，我想说点感受与各位分享，回想近8个月的筹备过程，心里一直忐忑不安，围绕论坛主题是以社会公共效益重要还是企业经济效益更重要，筹备组在征询政府、协会、社会各界、会员企业近300家单位意见时，记得有一次，到一家协会走访学习，对咨询召开论坛和建立公共安全应急预警物联网这个命题时，有位同行说："现在政府对安全工作说起来重要，做起来就不那么重要了，市场最重要，你要有个度，但我会一定大力支持。"听了这话，心里有喜有担心，因此，论坛主题一直紧紧围绕企业市场化运作，运用科技手段与政府信息管理资源进行有效对接这个中心，牢牢把握政府有要求、市场有需求，企业有追求这条主线，让政府在职能转变中能得到更有效的监管，实体企业转型也更能从中受益，百姓得安康。因此，我要说今天论坛的成功将为政府公共安全管理提供了一种新的服务模式，将为传统企业华丽转身提供更具优势、更具竞争力的舞台，将为城市安全运行、百姓生命财产安全多了一份保障。

我深信：应急产业物联网未来十年的发展空间广阔，海纳百川的上海足够容纳各行各业、企业家施展才能、开拓创新。最后，让我们拥抱互联网时代，高呼：企业合作互赢，联盟抱团共赢，应急安全物联网必赢，让城市更安全，为追逐应急预警物联网梦想，我们共同努力吧！此次论坛的成功举办得到政府业务主管部门领导和消防行业内会员企业的支持。

"智慧消防物联网"项目经过近5年的探索开发，2018年公司与中科院上海微系统与信息技术研究所合作成立了环宇九阳消防科技有限公司，2019年又与上海大学合作共同推广应用，并获得了上海市科委科研经费470万元（项目名称：面向消防管理的新型智能感知设备研制和基于物联网的社区智能消防技术体系构建及应用示范）、静安区发改委科研补贴170万元（项目名称：消防物联网平台研制与应用示范）。目前已有近100家企业在示范应用。

智慧消防物联网平台建设在中科院上海微电所的支持下，公司获得了《基于水压采样数据的供水管网状态监测方法及装置》国家专利，有近100家单位互联互通与消防支队连接。行之有效的一系列的创新举措，在云计算、大数据、物联网、人工智能兴起之后，紧跟时代潮流我迅速组建环宇九阳科技有限公司组成的"物联网团队"；将应急消防设备（水、电、烟、火、电梯、人流密集监控等）融入物联网平台对接政府大数据平台，为城市应急安全和消防提供大数据支持。

以上深刻教训告诉我：科技创新对企业来讲很重要，科技是竞争力，但万万不可浮躁、冒进，欲速而不达；要稳扎稳打，脚踏实地，一步一个脚印。现实很残酷：花钱买教训，不懂行就得交学费；大环境不好：科技造假，学术投机时有出现，科技创新这条路有时真的很凶险，我走得很苦也很累。但从失败中，我也吸取了教训，深深感到光有热情是不够的，外行要成为内行不交学费、不学专业知识真的不行。

联盟成立5年来，成员不断扩大，科研创新成果丰硕。公司作为联盟理事长单位2018年、2019年主编和参与了16个《无线消防物联网技术规范》等团体标准制定，申请各项专利20多个，为应急安全与应急产业融合发展做出了努力。

第四节　担当社会责任、构建和谐企业的蓝色文化

1. 回报社会在担当

大自然中，蓝色象征大海和天空。我喜欢大海和天空的蓝色，不仅仅是因为它美，而是它的辽阔和博大。它象征着海纳百川、通达天下的博大胸怀、面向世界的情怀。因此，我始终坚持倡导勇于担当社会责任、构建和谐企业的蓝色文化。始终相信：眼界决定境界，情怀决定胸怀，格局决定结局。

消防企业的社会责任，其核心就是"安全第一"，把人民的生命财产放在第一位。作为消防人，要坚持质量第一，"环宇"消防责任重于泰山；要积极普及消防应急知识，"环宇"消防责无旁贷。

我要求公司的每个部门乃至每个员工，必须始终坚持以建设和谐企业、主动承担社会责任为己任。坚守道德底线比"多接项目"更重要，担当社会责任比多"赚银子"更重要。做到"企业成长于社会，服务于社会"是每个"环宇"人的责任和义务，让蓝色文化深入人心，做一个名副其实的社会公民。我根据企业发展经济效益增长和自己社会担当意识的提升，一年又一年地坚持，一如既往捐款捐物，当好志愿者，支持商会到成立行业协会等公益事业，都是量力而行，贵在坚持是我的特性。

2. 商道根本在诚信

多年以来我一直强调：积累商道的根本在于诚信的积累。我衡量工作成败的标准之一，就是能否获得社会和客户的信任、员工和股东对公司的信任与

支持。这是我阿杜人生几十年反复思考想清楚的一个问题。对一个企业的信任才是企业的真正价值所在。企业要获得成功,诚信、天时地利人和缺一不可。做到"人和""企业和谐"是一种"蓝色文化"。

我的用人之道是"用人之长,容人之短"。"用人之长"不用多说,因为每个人都有其"长处"和"短处",作为一个管理者,要尽可能发挥每一个人的长处。但同时必须具有宽容之心,最大限度地宽容别人的短处,甚至要有"能容别人难容之人,能忍天下难忍之事"的胸怀。我虽然没有经天纬地的才能,但我拥有宽厚的性格,博得员工的尊重,赢得同行的认可。管理者实质就是修己安人,正所谓:正人先正己。也许正是因为我的勤奋、节俭、诚信、担当、低调、宽容、正气被大家逐步接受。

做人要学会感恩,"滴水之恩,当涌泉相报"。我常常对项目经理说:"业主给工程做,给你赚钱,多辛苦一点,客户就少麻烦一点,要有感恩心态。"对客户是这样,对内部员工也是这样。员工有困难需要用车,公司一律无条件派车;每年的半年总结和年终总结后,公司都安排大家到饭店聚餐增进友情。有位姓宋的员工的母亲患了癌症,我带头动员大家捐了1万多元。2003年有位女员工生小孩,因她家在外地,就给她近4个月产假(当时规定产假2个月),不但产假期间工资、奖金分文不少,而且还给小孩送了红包。老家有个亲友家小孩家境困难面临辍学,我从1995年开始资助他上学近10万多元,现在那孩子已经大学毕业参加工作了。

在工作中,我尽量把感恩之心传递给每位员工,传递给每一个合作过的人。有人问我为什么要这样做,我的回答是:"企业是个家,发展靠大家。我不仅要让员工感到'家'的温暖,增强员工对企业的凝聚力,更重要的是,我要为和谐社会多做点实事、善事,这也就是饮水思源吧!"

3. 上海"环宇":消防责任重于泰山

记得当年我刚走进消防行业时,朱政委就告诫我:选择消防,就是选择责任,责任重于泰山。多少年了,我始终抱着对消防行业的敬畏,如履薄冰,如临深渊，责任在肩，不敢有半点懈怠，因为消防是离人民生命财产安全最近的一项工作，最后一道防线。

我始终认为，消防消防，以防为主，防患于未然，所以我非常重视消防宣传，只要是消防安全宣传，哪怕要贴钱，哪怕再费力，我一定身体力行，积极参与。经过一系列的爬坡过坎，今天的"环宇"发展了，壮大了，身上所担负的社会责任就更重了，就应该有更多的社会担当。

2010年的"11·15"特大火灾，让我十分震惊，在第一时间，我就全面认真贯彻落实市府市消防局、市消防协会会议通知精神，总共大约向1 500多家企事业单位发出"关于为各企事业单位提供消防知识咨询服务的函"，向闸北区工商联、街道社区等30多家单位赠送消防安全知识普及读本，主动提供消防维修保养知识的服务指导。

公司总工程师刘洪全还接受了东方卫视的采访，上海电视台新闻综合、央视12台节目相继播出。我本人还接受了《人民日报》的采访，后来《人民日报》作了题为《上海环宇：消防责任重于泰山》的报道。《建筑时报》《浙商杂志》等媒体相继转载。

在2010年上海世博会期间，我还联合消防行业内兴盛、国泰、上消4家龙头企业联合在《东方消防》杂志和《建筑时报》上发起《为世博消防安全共筑百里长堤》的倡议书，为世博消防安全保驾护航。

4. 我是消防志愿者，我骄傲，我荣耀

为了更好地向市民宣传安全第一的理念，普及消防安全知识，2011年3月在区宣传部文明办、天目西路街道和闸北公安消防支队的指导下，由"环宇"倡议成立了上海首支"消防志愿者"队伍。

当年7月份，我以志愿者身份带着8名消防志愿者参加闸北区"城市公共安全"消防实事项目推进暨消防器材进社区启动仪式，时任区委副书记陈永弟、区委常委许谋赛、区公安局长陆民、市消防局总工顾金龙等300多位领导和社区、企事业单位人员参加了此次活动。并向居民社区单位发放由公司出资

参加"城市公共安全"志愿者活动

与时任市消防局副局长顾金龙(中)合影

公司赞助编印的《消防安全知识普及读本》发放5万份

的《上海市家庭消防安全知识读本》1 000多份,受到广大居民的欢迎。

在公司,我还发动总工程师及技术人员、办公室人员等员工参加志愿者队伍。在参与清剿火患活动中,配合区公安消防支队普及消防安全知识,并为闸北区八街一镇三个层面(各部门科室、各社区居委、各学校)开展消防安全知识培训活动,内容包括家庭常见火灾防范(家庭水、电、气)、商场火灾逃生方法以及小区物业消防安全管理知识。同时还为天目西路街道番瓜弄小区、铁路新村等70岁以上独居老人免费安装独立式火灾烟感报警器100多套,受到居民小区老人的欢迎,区电视台、闸北报等媒体对此都作了报道。

在此期间由公司出资与区文明办、区公安消防支队联合发动区政府机关工作人员、街镇干部及社区居民开展全区性"环宇杯"消防知识竞赛历时两个月,其中协同消防支队穿插进行消防知识讲座、消防演练等活动,最后通过公证处公证的形式产生了一、二、三等奖及鼓励奖,通过电视台、报纸覆盖全区各部门层层发动,企业、社区居民10万多人参与竞赛活动,市区两级相关业务部门都十分重视,并举行了隆重的颁奖仪式。公司志愿者的公益活动奉献也

市消防局局长赵子新将军颁发119消防奖先进个人证书

得到居民和市消防局的认可。

2012年11月9日,传统的119消防宣传日活动,在上海复兴公园举办的以"人人参与消防、共创平安和谐"为主题的消防宣传周活动启动仪式上,首批119消防奖先进个人走上领奖台,我从上海市消防局局长赵子新的手中接过奖状。我获得了上海市首届119消防奖先进个人这项荣誉,有些意外,也确实在

2012年上海市"119消防周"启动仪式

意料之中。为消防安全科普知识宣贯做一点应该做的事，能得到政府和领导的认可，让我感到高兴。

纵观获奖名单，单位和部门多，个人也以单位具体负责消防工作的部门负责人居多，像我这样以董事长身份入选名单的仅我一人，所以让我感到有些意外。作为董事长，不但管企业的重大决策和发展方向这些大事，也管消防宣传这些所谓的"小事"，这在有些人眼里，消防宣传无非就是普及一下消防知识，是"小儿科"，不值得企业董事长那么重视。但在我眼里，消防安全无小事，我不但重视，还亲力亲为。我觉得，这样的"小儿科"最接地气，科普知识关键的时候能救人性命，这样的"小事"不小。它牵着千家万户，牵着社会的一方平安，责任重大呢！

5."平安是福"，参与为荣

2011年11月12日上午，闸北区在大宁剧院举行以"全民消防，生命至上"为主题的"119消防宣传周"活动启动仪式，活动由区公安分局孙伟国副局长主持，区领导在会上致辞并宣布2011年闸北区"119消防宣传周"活动启动。

在启动仪式活动中，我公司消防志愿者和武警消防支队的官兵还一起在现场向与会者分发《消防安全知识普及读本》等宣传资料。数十幅消防宣传展板在会场入口整齐摆放，老年腰鼓队的现场表演气氛十分热烈。

启动仪式后，参加宣传活动的管理人员和工人代表观看了由上海金盾艺术团奉献的"平安是福——'清剿火患'消防安全大宣传"文艺演出。演出通过数来宝、小品、歌舞等多样的艺术表演形式向大家宣传了消防安全的重要性及消防安全知识。一首歌舞《平安是福》结束了当天的演出，"平安是福"，我们"环宇"消防志愿者觉得能够参与这样有意义的社会公益活动，是满满的缘分！

随着中国国民经济城镇化建设快速发展，消防产业也逐渐发展成型，整体规模扩大和企业数量增加，但缺少引领行业自律规范发展的引领者。

"环宇"在党建和企业的先进文化、质量安全管理等方面在行业内有一定

我是消防志愿者

知名度、影响力，但我始终认为还有短板，离时代的发展、科技的进步的要求还有差距。因此，我在公司发展战略上，明确提出公司发展要以质量求生存，以规范化、标准化发展为目标，努力成为消防行业内的引领者。在这方面，我始终坚持从我做起，从小事做起，从基础抓起。消防科普公益宣传，科普宣传费力花钱，许多单位不愿意做，我却乐此不疲。

从2013年起，几乎每年119消防周期间，我都动员下属4个子公司、分公司、项目部等30多个部门总经理和员工，参与由消防支队、居民小区和物业举办的各种宣讲消防常识演练的活动。

从2017年开始，公司全员参与出钱出力，连续三届支持协会主办"上海国际应急与消防安全博览会暨高峰论坛"，受益者达几十万人次。上海电视台综合频道、看看新闻网等媒体都做了报道。公司连续三年发动员工参与上海市人社局批准的"城市应急安全、坚持预防为主"的高级研究班学习培训，得到市应急管理局、市人社局的悉心指导与大力支持。

6. 使命高于生命，责任在于奉献

2013年5月16日，在《2013上海市企业社会责任报告》首批发布会上，上海汽车集团、上海核工设计院、光明食品集团、上海银行、"环宇"消防等60家企业发布社会责任报告。我代表公司在发布会上作了8分钟的交流发言，受到了社会各方的关注和肯定。5月26日，"环宇"消防等7家企业被推选到北京人民大会堂发布社会责任报告。

公司创办以来，从小到大，从弱到强，到今天的跨越式转型发展。"环宇"消防始终坚持"使命高于生命，责任在于奉献"，引领公司在消防行业内获得了三个唯一：一是获得了消防行业内"两新"组织"五好"党组织、首家"上海市创先争优党建工作示范点"荣誉称号；二是在转型发展、管理创新中获得了2012上海市政府质量金奖个人奖；三是在担当社会责任、服务社区、平安消防中获得首批上海市首届119消防奖个人奖。

中国工经联会长李毅中为董事长杜桂潭颁发社会责任报告证书

有人说我是个成功的企业家，其实，我只是个永远负重，走正道的生意人。随着"环宇"规模越做越大和社会影响力、知名度越来越高，社会上的各种荣誉、奖杯越来越多，但我始终保持头脑清醒，我始终拎得清（上海话），自己是一个普通人，出身农村，当过兵、做过公务员、创业求生存的六小人物、三小企业、三流人才，多次人生转变角色，练就了能忍耐、能坚持、熬得住的倔强性格，铸造了我勇于担当社会责任的强烈使命感。

7. 老员工的心声：企业就是我的家

"企业就是一个大家庭"，这个比喻好！把企业办成和谐的大家庭，员工与员工犹如兄弟姐妹，老板好比家长，大家共同努力，出人才，建团队，把企业做大、做久、做强，这也是企业公民应尽的社会责任之一。

在我几十年办企业的过程中，始终认为企业的发展离不开人才，人才是企业中最重要的资源。对媒体我喜欢用拆字方法，来向他们说明人才的重要性。每当有人要我谈谈企业重视人才的话题，我总是让他们试着把"企"字拆开，"'企'字上面是个'人'，下面是个'止'，意思很清楚：没有人，企业就要停止"。由此可见，人才决定企业的未来，而人才与企业的关系，不仅是雇佣关系，更重要的是合作关系。

俗话说：鞋合不合适，脚最清楚；老板好不好，员工最清楚。员工林丽蓉因个人原因已离开"环宇"7年多了，但她的党组织关系还在"环宇"，每年公司年终总结表彰大会、组织生活等活动，公司总会邀请她参加，她一直说："'环宇'就像是我的家一样！"张霞经过8年的努力已成长为上海环宇消安企业管理有限公司总经理、公司党支部副书记、工会主席。现在让我们来听听她们的心声吧：

（1）林丽蓉：念念不忘公司情

杜总雷厉风行的军人作风对我的影响很大

杜总是军人出身，身上保留着军人雷厉风行的作风，是个有想法就要马上行动的人。杜总常说:"开展工作,对方肯定要设置门槛的,我们也肯定会遇到一些困难的。但解决困难的方法肯定比困难本身要多,所以只讲困难不努力,这是懒的借口,只是你没有多动脑筋去想解决的方法而已。"

2002年国家公安部消防局把消防施工安装专业承包资质移交给国家住建部后,所有消防部门颁发的甲乙丙级资质全部取消,重新向住建部门申报,杜总抓住机遇带领我们从零开始立即行动,想办法努力把施工资质从低资质到二级,我作为办公室主任还参与成立公司党组织,而且成为公司党支部成立后发展的第一个党员。

杜总的脾气是直来直去的,对我们员工的要求都很高,我们基本上都被他骂过,当时感到很委屈,但这是为我们好,是逼我们进步。现在的我做事严谨,经常得到同事们的夸奖,回想起来都是受到杜总的影响。

边干边学,不断进取

杜总总是鼓励员工不断提升自己的技术水平。在我进入"环宇"后,从文员开始起步,对办公室管理、行政管理、施工企业资质和人员资质都一窍不通。杜总培养我提高自身消防专业水平和职业能力,简单来说就是"不懂就学",最有效的方法就是:直接让你做。在学习中摸索,在实践工作中成长,他常说:"不会、不懂都没关系,你只要肯做,可以一边做一边学,做不好不怪你,做错也没关系。"在他的鼓励下,我养成了不会就学、不懂就问的好习惯,这个好习惯让我终身受益。

老板的言传身教让我学会了诚信做人原则

公司经营管理制度改革,激发员工积极性。为了给一线施工队伍鼓劲、打气,激发每位员工最大的工作积极性,杜总承诺对施工队实行绩效考核,完成工作任务的施工队给予额外奖励;为了不断扩大公司知名度和影响力,2006年在锦江饭店举办公司成立8周年庆、2008年在东郊宾馆举办公司成立10周年庆;每年年终评选优秀员工;平时组织员工去旅游,享受优秀员工福利;年终给后勤部门员工发奖金;提成和奖金额度很大,对公司来说也是一笔很大的支出,但杜总讲究诚信,二话不说,说到做到。事后他对我说:"说话不算数,以后谁还会相信你!"

一位像父亲一样的老板

我来上海找工作，没有专业技术经验，没有高学历、没有工作经验，举目无亲，是杜总的接纳我进入"环宇"，并像严父一般地对我的工作提出要求，在工作中给予我帮助和指导。在"环宇"的11年，是我最青春的11年，是从懵懂无知的青年成长为职场专业人员。在我遇到困惑时，我向杜总倾诉，寻求心理安慰和方向指引。杜总说："你的年纪和我儿子差不多，就像我的一个女儿一样……遇到困难跟我提，没事的，有我们在……"在一个外出打工的女孩子心里最困惑、最需要帮助的时候，杜总的这句话，当场就让我泪奔了。现在每次想到这里，我都鼻子发酸。为了买房，我还向杜总借了10万元钱，他不像别的老板，要签借款合同（在工资中抵扣借款）或者提供什么抵押物，当场就借给我了。

（2）张霞：从员工到股东的人生蜕变

跳槽应聘心忐忑，当场拍板进"环宇"

我是在2012年春节前到"环宇"面试的。我从大学毕业后一直都在消防行业工作，因为家住宝山区，前一家公司是在闵行区吴中路，离家很远，每天是东北角到西南角上班两边跑很远也很累，为了照顾孩子上学，想换家单位。那天面试时公司人事部门、业务部门层层把关，很严格，再由预算部和财务部面试，最后才到杜总这边做最后复试。本来不抱什么希望，想不到杜总当场拍板说："你也不要说回去考虑了，就今天定下来，什么时候能上班？"虽然是第一次认识杜总，但是杜总这直爽的性格当场就打动我了！我这个人脾气也是比较直的，觉得杜总是个爽气的人，帮杜总打工，肯定错不了。因为原来单位挽留我不让我走，这个情况我向杜总汇报了，杜总直接说："那就这样，刚开始的时候你就两边做，那边有事你就过去处理一下。"这样到了4月份的时候基本上定下来了到"环宇"这里上班，杜总很大度，没有因为我这段时间来回跑两家单位而扣我工资。就这样我成了"环宇"的一名员工。

初出茅庐遇困难，老板培养我成长

刚到公司，杜总安排我的工作是与"环宇"下属的几十个分公司、项目部

环宇圆梦之路：举着党旗去旅行，静安有我更美丽

对接，为分公司、项目部服务好。这对我无疑是巨大的挑战。刚开始，因为不熟悉、不习惯，更不会做，没有管理经验，杜总总是言传身教，手把手教我。那时由于我经验还不够丰富，各方面显得很"嫩"，遇到困难和不会做的事就会缩手缩脚不敢做，杜总鼓励我说："没事的，你大胆去做就好了，如果有什么事我会帮你顶的！"在他的鼓励下，局面打开了，工作顺利开展了，个人也成长了。

杜总的人才管理理念就是：把公司的员工技术骨干培养成党员，然后把党员骨干培养成管理者。我就是在杜总的这个理念的指导下，成为公司的管理者的。2013年6月份，杜总让我担任工会主席工作。因为我从来没做过这方面的工作，又产生了畏难情绪。杜总耐心地对我说："多个机会锻炼锻炼自己，对个人成长很有帮助。"与此同时，杜总还在政治上关心我，要求我积极向党组织靠拢，鼓励我主动递交入党申请书，亲自做我的入党介绍人。在杜总的帮助下，2015年7月，我光荣地加入了中国共产党。在公司党支部的培养和推荐下，我多次参加区党委组织的党建活动，锻炼了自己，提高了自己对党的认识。2019年6月，公司党支部推荐，经天目西路街道党委批准，我担任了公司党支部副书记。

特色党建是生产力，也是催化剂，更是一张亮丽名片

我从1996年学校毕业，踏入这个社会到现在20多年来，也去过很多家公司工作，"环宇"给我留下的最深印象是把党建、工会这些工作当作一个专项来做的，杜总首创的"党建引领企业发展的红色文化"，让我受益匪浅。我知道消防公司大多是私企，很多老板只要赚钱就可以了，不会把心血和精力放在党建这些工作上面，他们觉得没意思、没有用，但是杜总这方面和他们不一样，杜总觉得党建既是生产力也是催化剂，又是汇聚员工智慧的凝聚力。这十几年工作实践证明，"环宇"在党建引领下，一步一个脚印，逐步发展壮大。目前，公司推行股份制，项目部、分公司都在拓展，取得越来越好的经济效益；在赚钱的同时，公司也非常关心员工，每年为员工安排旅游、健康体检等福利。用杜总的原话来说就是"金杯银杯不如百姓好口碑，赢一个好口碑，比多赚银子更重要！"

公司还组织员工参加社会公益事业：参加静安区组织的"举着党旗去旅行"、静安区体育局举办的"为爱奔跑"定向赛等活动，给贫困大学生资助、捐助天目西路街道孤老、资助云南少数民族的贫困大学生，成立上海市首支消防志愿者队伍，免费为孤老安装独立式烟感探测器等。这些年来，"环宇"的志愿者用自己的奉献回馈社会，反哺社区，让"环宇"的特色党建成为天目西

路街道一张亮丽的名片，作为参与者，作为"环宇人"感到光荣而自豪。

"环宇"环境助成长，江西小丫成凤凰

我觉得我的成长是离不开"环宇"这个平台，也离不开杜总的培养。我现在非常认同原同事林丽蓉说的"'环宇'就像是我的家"的说法。我老家是江西，到上海读大学，毕业后回老家工作，一个月工资才170元，我觉得没法养活自己，所以我才下决心来上海找工作。现在除了我婆家，我在上海也没其他亲戚。现在杜总和我也不仅仅只是老板和员工的关系了，就像父女一样，他的年龄和我爸爸差不多的，我工作上、生活上遇到困难的事情都会向杜总倾诉，杜总也耐心地为我答疑解惑。杜总和我还像是老师和学生的关系，是他把我从一名做行政工作的江西小姑娘，培养成公司高管，现在我担任党支部副书记、工会主席，近几年来我连续两届获得"静安区优秀工会工作者"荣誉称号，去年集团公司又成立了下属子公司——上海环宇消安企业管理有限公司，杜总提拔培养我当总经理，我还是公司的股东，现在我不单单是为杜总打工，也是为自己打工了。感谢杜总给我的关心和指导，把我培养成为一名合格的企业管理型人才。

听着员工发自肺腑的声音，我心里热乎乎的；看到员工的成长和进步，我兴奋不已；展望"环宇"的未来，我信心满满。我始终认为，做企业就是做人，人生在世做人始终是第一位的，正如应炳华部长说的"做人不能有事有人，无事无人"，一个人始终坚持广结善缘，做好自己，求新求变，做实事，干好事，这才是正道，才是一个企业家的社会责任。

"环宇"注册在天目西路街道，这是"环宇"的幸运。"环宇"发展不忘街道，努力回馈与反哺街道，积极参与街道组织的各种公益活动，"环宇"员工为闸北区老龄委和困难弱势群体献爱心助学捐款，为地震、台风、冰雪灾区重建家园捐款等公益活动，捐款总额达数十万元，并解决社会劳动就业岗位180多人……这是应尽的义务，应担的责任。

原闸北区消防支队支队长周全明曾这样说："我认为像杜总这样花精力、花时间、花人力财力去做社会公益事业、做安全知识竞赛普及消防自救知识，一般人很难坚持下来的，也不会去做的。因为杜总心里有为社会做贡献的高尚情怀,才能坚持了十多年下来,真的不容易的。"

8."高人"对"环宇"蓝色文化的点评

(1)闸北区文明办原主任项凯说:企业文化有氛围,社会责任有担当。

我认识阿杜10多年了,阿杜给我最深的两个印象:一个是对事业孜孜不倦的追求,尤其是企业的党建工作和文化建设这两个方面,一步一个脚印,做得很扎实,取得了很大的成效。

在"环宇",无论是企业的环境布置,还是企业的管理模式,都浸润着企业的三色文化。尤其是一份《环宇报》让人印象深刻,当时我几乎是每期必读,特别是"阿杜话语(山寨版)"很有哲理,对做事和为人都是很有启迪意义。企业的文化建设推动了企业的团队建设,在提升员工素质和企业凝聚力的

左起:项凯,王洪太,杜桂潭,应炳华

同时，推动了企业向更高的层面发展，取得了实实在在的成效。

"环宇"的企业宣传有许多做法是通过履行社会责任实现的，比如2010年上海世博会开幕前夕，区文明办与区消防支队等联合举办全区性的"环宇"杯消防知识竞赛，历时约2个月，覆盖闸北全区。通过层层发动，企业职工、社区居民等参赛人数近10万，其中还穿插进行消防知识讲座、消防演练等，最后通过公证的形式产生一批获奖者，并举行有市、区相关领导参加的隆重颁奖仪式，这一活动在宣传普及消防知识与理念的同时，也在更广的范围内扩大了"环宇"消防企业的影响力。

（2）天目西路街道党工委原书记戈永锟把"环宇"的企业文化概括为："一强两高"：

"一强"即党建意识强。环宇公司采用了"两手抓、两手硬"的方式发展企业。尤其是注重把优秀的青年员工培养发展成党员，使党支部成为企业的核心力量。

"两高"即智商高和情商高。智商高体现在"环宇"像个温暖的大家庭，对员工能做到关心人、了解人、帮助人和凝聚人，使员工与公司能够心往一处想，劲往一处使，公司的发展呈现出众人拾柴火焰高的态势，"环宇"的规模逐年得到发展。情商高体现在社会交往活动中，为人谦和低调处事，亲和力强；热心社会公益事业，勇担社会责任。思路决定出路，脑袋决定口袋。雄鹰把最好的羽毛放在翅膀上，所以能展翅翱翔；"环宇"把劲用在凝聚人心上，所以人心齐，泰山移，企业获得大发展。

（3）原闸北区委常委、宣传部部长王洪太说我有四"心"：

我和杜总认识20多年了，感觉他对党忠心，对人有爱心，对社会有责任心，对工作尽心。他做人做事感人，他有事有人，无事也有人，最后才有事有人帮衬。现在朋友多了事业也兴旺，他做事做人，感动了别人，才有别人来帮助。杜总小时候在农村长大，从小爱学习，爱劳动，爱动脑筋，更爱军装，阿杜从小有一颗童心梦想当兵，最后实现梦想当兵来了上海警备区后勤部。杜总转业后又来上海进入消防行业干了类似当兵的消防工作。消防工作就是给百姓做好事，排忧解难，消除隐患，平安幸福。他编写的《城市应急安全通识》实用手册，指导人们学习防范技能，预防避免一些意外灾难，增强居民的消防安全知识，为居民带来一些对美好生活的追求。这是做好事善事。阿杜既对消防事业尽心尽责，也对家乡的发展很有贡献。为家乡修桥、筑路出钱出力，村民非常感谢上海的企业家。

（4）原闸北区委组织部部长应炳华的评价：

阿杜为人的"四个善于"：

一是"善于学习"。阿杜是个学习型企业家。我认为一个人要成功首先要有学习力。学习力由三个要素构成：即学习的动力，学习的能力，学习的毅力，阿杜都具备。

二是"善于交朋友"。朋友是天，朋友是地，有了朋友顶天立地；朋友是风，朋友是雨，有了朋友能呼风唤雨；财富不是永久的朋友，朋友却是永久的财富。

三是"善于吃苦"。他重回上海一路走来，从购房、儿子读书到承接工程、学习消防专业知识，从申报上海市文明单位、人民大会堂发布社会责任报告到筹建上海消防行业协会等，都遇到坎坎坷坷，但他凭坚强的毅力克服了种种困难，硕果累累。

四是"善于创新"。创新是一切事物发展的源泉和动力。阿杜他紧紧抓住各种机遇进行创新。

阿杜业务上的"四不做"原则上体现了他的创新理念。

作者感言：应部长是我老乡领导，也是多次指点帮助过我的贵人。正是在他的指导与关心下，"环宇"工商注册到风水宝地原闸北区"天目西"，公司的发展才风生水起。感恩是我阿杜的处世哲学。每当"环宇"有进步、有发展，我总不忘高人指点，贵人相助。

（5）上海市消防局原政委朱伟昌的评价：

阿杜这个人很实在，他的企业为什么在消防行业发展中能健康地走到现在？

第一个是悟性好。虽然参军和转业后都没有接触过消防行业和相关的专业知识，是个局外人、门外汉。但是他做事很用心，很用功。他到消防行业后，能很快进入角色，成为消防行业内的行家里手。通过20多年工作实践和沉淀，还出版了《城市应急安全通识》等三本书。

第二个是能勇往直前，永不停步，有一股韧劲。他从一开始在消防行业学习和摸索，就有他自己的目标。他从消防工程施工安装管理、企业制度管理、企业规范化建设、诚信体系建设等方面着手，一步一个脚印、脚踏实地地认准目标永不停步地去干，追求自己的目标和理想。

第三个是他做人做得好，情商高，广交朋友。他尊重以前直接或间接地培养过、帮助过、指点过他的上海警备区后勤部老首长、老同志、老战友，真诚对待，以心换心。他逢年过节也都会约一些战友、朋友在一起聚聚，座谈战友情谊，不是那种"有事有人、无事无人"的人。他的为人"像一滴油，滴到水里，就能产生油花一片；不是酒精，滴到水里，消失不见"。还有对中国的传统文化理解与感悟比较深，做到能尊老爱幼、不忘本，永怀感恩之心。

第四个是政治敏感性强。经过部队锻炼和地方政府机关工作过的人，对党意识强、觉悟高。阿杜是个有文化的人，这个文化不单单是他学历的文化，而是社会大学的文化，从国家方针政策、"两新"组织党建方面的学习和掌握，到率先建立民营企业党支部，企业"三色"文化建设、申报上海市文明单位等都走在前列。倡导企业红色文化建设等，这在当时只有国营企业和政府部门才做的事，但是阿杜觉悟高、意识理念超前，他倡导的"十年党建路 一个新'环宇'"以及党建引领公司发展的"红绿蓝"三色文化（即党建引领企业健康发展的红色文化；管理创新、科技创新促企业升级转型的绿色文化；担当社会责任、构建和谐社会的蓝色文化），"环宇走在大路上，三色文化铸梦想"这些党建和企业文化建设的实质内容都体现了他的"文化"内涵，这是阿杜创办企业并成功发展至今的政治基础。

第五个是有谋略、有思想、有长远计划，从现在反过来回顾看他的发展历程，当时到我们消防局下面"三产"企业"上海寰宇建筑消防工程有限公司"任职时，他就认定了自己的发展方向，从先人一步注册"环宇"字号，随着部队体制改革转制变更发展到现在上海环宇消防集团有限公司，从谋划建立上海消防科技园到成立上海消防工程设备行业协会、成立上海应急产业联盟，到紧跟国家深化消防执法体制改革的步伐，进军"应急安全与产业领域"成立上海应急消防工程设备行业协会，到提出倡议并参与筹划上海长三角应急产业联盟，等等，这一步步走来，不正是恰恰证明了阿杜正在一步步实现自己心中的"长远计划"和未来的梦想。

作者感言：朱政委是领导，但没有官腔，平易近人；是高人，但指点迷津，通俗易懂。正是他领我进入消防行业，经过20多年的艰辛努力，才有"环宇"品牌，我的今天。虽说"师傅领进门，修行靠个人"，但不知"门"在何处的迷茫的我，师傅的"领"是关键，是起点。我感恩，谢谢领路人朱伟昌！

第五章

发起成立协会和联盟
担当社会责任新起点

　　经过20年的艰苦奋斗，从东阳到上海创业，"环宇"不断爬坡过坎，发展壮大。我发现，"环宇"需要争取更大的发展空间，有更大的施展平台。于是，我想把企业的蓝色文化延伸到社会组织，为构建和谐社会出力，为"环宇"品牌打造一片新天地。2013年，习近平总书记发出"全面深化体制改革"的号令，给了我打破旧体制的动力和勇气。结合本人工作经历，我清楚地认识到：政府职能转变还未到位；社会上的潜规则禁而不止，民企营商环境待遇不公，企业经济负担不减反增；政、社不分，带红帽子协会商会利用权力乱收费现象严重，乱发证书；政府有关部门不担当、不作为、不会为，甚至乱作为，造成产业链腐败。政府有关部门不但设立"三扇门"（玻璃门、弹簧门、旋转门），完全违背"法无禁止均可为"的工作原则，还各自定标准或规定，用条条框框来"卡""拉"距离、"拖"时间，爱理不理，逼使企业通关系、找熟人请客送礼，对上路子就"ok"。对这种"卡拉ok"现象，我内心感到十分痛心。为此，我暗暗下决心要凝聚行业内企业，发起成立行业协会组织，搭建企业与政府的沟通平台。在提升会员自身素质的前提下，讲好民企故事、发表民企声音、争取话语权，向政府反映诉求，不断呼吁，能为会员企业健康有序发展做点有益的事，自己感觉也值啦！于是，我产生了为企业解困和承担更多社会责任的想法和念头，抓住行业协会（商会）改革实行"一业多会"的注册制机遇，发起成立上海消防工程设备行业协会和上海应急产业（大消防）技术创新战略联盟、上海应急产业联盟，实现了从企业-协会-联盟"三重奏"。

　　本章除了回顾参与商会、协会筹办发展历程以外，还原汁原味摘录了有关领导的讲话与评价。其中有故事，有曲折，有弯路，且让我慢慢讲来。

商会工作原则

一不为名利，二不盲从，三不伤人。

服务企业要有具体措施与办法：

一是中介作用，桥梁作用；

二是维护企业合法权益；

三是服务企业，支持企业的作用，保持行业协会商会的独立地位、自主和自律的权益。

——摘自《阿杜话语》

协会之我见

协会发展模式：入会体验，交费自愿，赞助不限。

协会发展理念：协会之间相互尊重、各有侧重、互为补充发展、合作多赢、和谐为贵。

协会发展内涵：党建引领，标准制定，教育培训，课题研究，会员互动，科技交流，互联互赢。

——摘自《阿杜话语》

第一节　热心参与商会，屡次受挫

1. 热心参与商会，合理建议受挫故事

2001年民政部办公厅《关于设立"异地商会"有关问题的通知》颁布以后，各地纷纷在上海设立商会。2003年的一天，东阳市驻上海办事处主任许旭光找到了我。他原来是东阳市政府机关事务管理局局长，我转业后在东阳物资局工作时与他有工作上的来往，比较熟悉。他来上海上任不久，就来我公司说起计划筹备东阳市上海咨询委员会的事。因为我是东阳人，对家乡有感情，大家又熟悉了解。我平时比较关心政治时事的学习，关注国家有关政策，我知道，商会是商人依法组建的、以维护会员合法权益、促进工商业繁荣为宗旨的

上海振兴东阳咨询委员会合影留念（2007年2月12日）

社会团体法人；而异地商会，则是由相同籍贯的、在外地投资举办企业的商人自愿发起组织的联合性、非营利性社会团体。我更清楚，商会是市场经济条件下实现资源优化配置不可或缺的重要环节，是实现政府与社会、商人与商人、商人与社会之间相互联系的重要平台、桥梁和纽带。所以，我当即表示以东阳人的热情尽力支持。

记得不久后的一个夜晚，我陪同他到东阳老乡应炳华部长家里咨询。在应炳华部长热心指导与大力支持下，2004年首先成立了东阳市上海咨询委员会。成立后，我让公司在人力、物力等方面都给予大力支持。2005年在东阳咨询委员会的基础上筹建东阳上海商会时，我公司一如既往仍然给予人力物力全力支持，无论从筹备成立到开展各项活动，都以最大的热情投入。在商会的选举中，我公司有幸被选为常务副会长单位。

在此期间，我曾写了一份调研报告，建议商会主要领导决策拍板筹建东阳大厦（地址在广中路沪太路口）。当时，该大厦彭浦镇政府刚批给一个开发商，因为该公司老总与我关系很熟，他同意以9 000元左右/平方米的价格整幢楼转让给我们。我还联系了海天上海建筑公司郭总经理等人，他们表示愿意一起购买，同时建议商会也购买200平方米作为办公室。这么好的一个方案，却被当时个别人从中作梗，导致该建议"流产"。

2.《东阳商报》遭夭折，换届选举起风波

4年后第一届商会期满。换届选举期间，我计划为商会印制一份《东阳商报》的报纸，今后可以为商会会员提供信息交流服务。而且我已招聘了两名专职编辑人员办报纸，估计每年要花费近20多万元。报纸的第一期内容已经初步排版成形，并准备请全国政协副主席厉无畏题词，却遭到了商会个别人的明确反对。当驻沪办主任把这个消息告诉我时，我感到很惊讶。经过几天的思考，既然有人反对，商会的报纸不办就不办吧。人员招聘好了，第一期稿件也做了，已经有了一些办报体会和经验，加上在东阳物资局时，我也编辑过《东阳物资工作简报》，编报人员我们"环宇"自己用，于

是我决定公司创办《环宇报》，并请上海市政协原主席、市工经联会长蒋以任题词。《环宇报》就在这阴差阳错中诞生了，现在《环宇报》已发行了近100期。

在2010年商会换届选举时，商会提名推荐我作为下一届会长候选人。但是在推选过程中，商会内部出现搞关系、拉选票的不正常现象。在换届改选大会上，我直言不讳地提出要按照商会章程规定进行民主选举，我直来直去的性格使部分会员表示不理解。现在回想起来，我每次受到打击挫折都倒逼我成长，这要感谢他们给我这种挫折和压力，让我学会忍让退一步处理，把压力变成动力，改变自己，提升自己，才会有新的契机。

3. 换届遇挫作反思，柳暗花明又一村

回顾我的成长过程，每一次的成功都是被逼得山穷水尽疑无路，倒逼自己闯出一条新路来。当年在东阳，不让我当总经理，结果下海自主创业当小老板；《东阳商报》没有办成，却成全了《环宇报》；地方商会分会长没当成，竟登记了一个省市级行业协会。我发现每次遭遇困难挫折，陷入困境，只要自己不绝望，不后退，把压力变为动力，就会柳暗花明又一村，真所谓"东方不亮西方亮"。

通过商会换届选举风波，让我深刻地了解到社会民间组织虽是一种新生事物，但在运作过程中，由于政府与社会组织、企业与商会、老板与老板、人与人之间各方的利益不同、观念思路不同、看问题的角度不同等原因，存在着各方利益的矛盾和冲突，大家心中都有自己的盘算和诉求，因此参加社团组织必须有担当，但在某些具体问题上也不必那么较真，有时得装点糊涂。从那以后，我认真思考，总结反省自己，像我这样正气直言有个性的人，的确不适合在那样的商会当会长，那就改变自己吧。2013年底，习近平总书记发出"全面深化改革"的号令，继而出台了有关行业协会和商会可以"一业多会"的政策。我审时度势，抓住机遇，于2014年初发起成立"上海消防工程设备行业协会"。这件事情想想也蛮有趣，又是一次货真价实的"倒逼"让我遭挫折受

打击，压力变动力。真是进不了一间房，我却更上一层楼。"山穷水尽疑无路，倒逼无路闯新路"。

4. 浙商的文化理念和文化特色

经过几十年的观察、实践、思考，我认为，浙商的文化理念和文化特色有以下几点：

浙商要少一份功利，多一份责任；少一分浮躁，多一分宽容。

浙江人大都有"儒商"气质。在商不言商，是在推广一种文化价值、文化理念和文化特色。

对内重义，让股权和财富由管理者、经营者和员工共享，充分调动参与者的积极性、主动性和创造性。形成在参与中共享，在共享中参与的格局。

不求首富求群富，财富分享机制极大地激发员工的主动性、创造性，促进企业竞争力的提升。

企业的进一步成长，取决于企业内部的治理结构。

英雄式垂直领导或管理不可取。

参与式管理是企业管理的最佳方式。企业的生命力在于员工，企业是一个互动的网络。企业领导人要贯穿全局，挖掘人的潜质，发挥人的特色，彰显人的主体性。

正常情况下：

机会太多等于没机会；朋友太多等于没朋友；主张太多等于没主张；钱太多等于没有钱（不是你的钱）。

企业文化虽看不见、摸不着，却能给我们带来无形的效益，创造无限的价值。重视文化，企业才有根。光求稳不行，没有发展的稳定是持久不了的。企业的发展得益于党的改革开放政策，得益于社会各界的支持。感恩社会，善待员工。

商会要尽力去了解中小企业，照顾中小企业，理解中小企业，反映会员诉求。商会会长不能太轻松，目前商会活动多，互动少，交流缺现在有些干部（人）台上台下不一样，人前人后不一样，白天晚上不一样，想的做的不一样，就是大家所说的"多面人"。领导要慎言、慎独、慎微、慎欲。

第二节　发起成立协会，探索新的作为

1. 迎改革春风，筹建行业协会

2013年11月15日，《中共中央关于全面深化改革若干重大问题的决定》正式公布，标志着从1978年开始的中国改革开放进入新阶段。春风拂面，号角吹响。强烈的政治敏锐性和责任感激发我想大干一番的欲望：成立行业协会，把消防工程设备行业推进到规范有序、健康发展的更高阶段。

2014年元旦期间，我参加金华商会在浙江省浦江举办的一个活动，认识了当时在市社团局基金处的老乡马国平。在相互交流中，我向他咨询国家社团体制改革的有关情况，得知2014年4月1日开始可以一业多会实行注册登记的政策。他表示可以从业务上指导我去民政局办理登记。随后我向市经信委分管行业协会的副巡视员史文军汇报要求办理行业协会的想法，他表示大力支持。春节期间，通过天目西路街道戈永锠书记推荐，我又向闸北区民政局蔡局长咨询了解注册办理社团的相关程序和手续。同年3月中旬，我向市经信委、市社团局打了报告。经过多方咨询，并联系了10家发起人单位和65家会员企业后，4月1日注册登记工作正式启动。

但是，意想不到的事发生了。因当时对有关办理流程和手续不熟悉，我们提出的协会名"上海消防行业协会"在网上一查，与已经注册登记的"上海消防协会"名字重合而被否定。社团登记处认为，消防协会是消防部队投资注册登记，几十年一直都是市消防局局长兼任法人代表，担任会长的。这个特种行

业，注册一个同类协会，与相关政策不符合。面对困境，又是"高人"指点了我。我把情况反映给上海市经济团体联合会副会长孙环葆、党委书记胡云芳，经他们与市社团局副局长徐乃平汇报协调后，徐局长提出：各有侧重、互为补充、错位发展、合作共赢的思路。因此，经过几番来回商讨，最后，核准为"上海消防工程设备行业协会"。可以这么说，在申请发起成立协会的过程中，这些"高人"功不可没！

经过半年左右的筹备，在2014年7月26日召开"上海消防工程设备行业协会成立大会"，我有幸当选为会长。上海市政协原主席、市经济团体联合会会长蒋以任以及上海市安全生产协会、上海市消防协会、上海物业管理行业协会、浙江上海商会等十几家团体发来贺信表示祝贺。

上海消防工程设备行业协会成立大会

在成立大会上，作为新当选会长，我发表了就职演说（以下是摘录）。

各位领导、专家、各位会员：

大家好！这次协会的成立，感触很多！正在企业渴望有自己的舞台的时候，今年 4 月 1 日起，社团组织直接注册登记的重大举措，给了我们机遇。因此，对我来说，这个机遇既是新的挑战，又是新的尝试，心里总有些担心和顾虑，担心协会这面旗帜不能像我搞党建工作一样搞得有声有色、红旗飘扬。另外，此时此刻，我担任第一届会长，我感到担子特重，因为是第一届，又是我第一次挑重担，我只领导过一个单位，但要领导一个行业、一个领域，深感肩上担子沉甸甸。当前又面临消防行业市场竞争不规范，消防产业发展结构不合理，科技发展不平衡，尖端消防科技、新产品新设备新材料研发滞后的世界大背景，作为一个行业协会，完全有责任充分发挥行业协会的独特优势和作用，来协调处理好政府与企业、市场与企业、行业与行业之间的关系，做好先导和纽带作用。

今天，协会成立了，我表个态：我们将尽最大的努力，搭建好三个平台：一是会员企业信息交流合作的平台；二是企业与政府、与社会对接的沟通协调平台；三是规范行业自律、健全市场秩序、保障会员企业权益的平台。为会员企业服务，维护企业声誉，做个称职的会长。

各位会员代表，你们是协会的主人，我是为主人做好服务的自家人，希望你们把协会当成家，有正当诉求，一定通过正当途径来向协会和政府反映，获得我们自己应有的权益。

我深信，创建协会是好事，但要做好也不是一件容易的事。在各级政府和各位领导的指导下、兄弟协会的支持下、各会员单位的共同努力下，我们协会一定会越

> **贺　信**
>
> 上海消防工程设备行业协会：
>
> 　　值此上海消防工程设备行业协会成立之际，我谨代表上海市经济团体联合会致以热烈的祝贺！
>
> 　　消防产品的生产在上海有着悠久的历史，但与高科技结合的现代消防工程设备产业是上海近年来发展起来的新兴产业，也是关系到城市公共安全的重要产业。目前上海已有2000多家各类消防设备企业，正在形成比较完整的产业体系，但与国际高科技消防设备比还有很大的差距，还不能满足城市公共安全的需要。上海消防工程设备行业协会的成立对加快产业整合、促进技术创新、推动转型发展具有重要意义。
>
> 　　本次大会选举产生了新一届协会理事会，我向理事会全体成员表示诚挚的祝贺！相信协会在新一届理事会领导下，进一步发挥党建在社会组织中的作用，按照"**服务企业、规范行业、发展产业**"的宗旨，加强自身能力建设和规范化建设，搭建好服务平台、创新平台、产业集聚平台，为上海消防工程设备产业发展作出努力贡献。
>
> 　　　　　　　　上海市经济团体联合会会长　蒋以任
>
> 　　　　　　　　　　　　2014 年 7 月 26 日

办越好，谢谢！

在协会成立大会上，市社会团体管理局副局长徐乃平的讲话。

各位嘉宾、各位会员：下午好！

经过半年多的筹备，在市经信委、市经团联等部门的支持推动下，在筹备组成员的辛勤努力下，上海消防工程设备行业协会今天正式成立了。作为社团登记管理部门，我们积极支持行业发展，也为上海消防工程设备行业协会的成立感到高兴。

当前，在改革不断深化过程中，社会组织作为一支重要的力量，行业协会是本市经济社会发展的生力军，是社会组织发展的排头兵，具有行业代表、行业自律、行业协调、行业服务"四项职能"的行业组织，一定能为行业的健康有序持续发展作出了积极贡献。

我们希望行业协会成立后以服务会员、服务产业、服务社会为己任，利用行业协会的信息、人才、专业优势，发挥更大的作用。

徐局长对协会提出了三点希望：

一是创新工作方法，充分利用行业协会的行业优势，多组织业务培训，提高从业人员能力水平；

二是加大调查研究力度，贯彻落实国家有关方针政策，反映行业诉求，提高协会的影响力；

三是搞好自律规范，加强民主自治，接受社会监督，不断扩大会员的覆盖率，提升协会的公信力，走持续创新的可持续发展之路。

2. 明确定位，勇于探索

协会成立后，舞台更大了，身上的责任也更重了。协会定位：入会体验，交费自愿，赞助不限。同时我这个门外汉也碰到了一些前所未有的困难和问题，有喜也有忧。

记得有一次，我把协会定位从科技发展、行业标准、人才培训、产品展览会、公益基地等整体思路入手，向时任上海市消防局局长赵子新将军汇报时，他明确表态：这个协会是国家体制改革后"一业多会"的探索，表示同市消防协会一样，两个协会都支持。他的表态，给了我强有力的精神支撑。

同年，根据协会会员企业是消防设施工程安装和设备产品材料为主体的实际情况，为了更准、更快、更好地服务会员，发挥搭建桥梁和纽带、平台的作用，我主动联系上海住建委副主任金晨（时任秘书长），在他的指导和大力支持下，我向市住建委政策研究室主任徐存福汇报了协会成立以来的发展规划和探讨社会化市场运作模式，在政策上得到他的解读与指导。同时，多次邀请应急保障处长陆建标、标准化处长陈蕾等相关工作人员到协会调研指导，并于2019年立项开展《本市城市综合平台与智慧消防平台对接机制》课题调研工作，得到了业内的好评。

为服务会员，提升工程质量，加强行业自律。2019年，在消防企业从消防部门移交至住建委管理初期，消防工程公司申报消防设计审图验收时，碰到了有的区县还没移交，有的区县虽移交了但住建委不受理验收，而有的区县消防部门还在受理的情况，下面会员企业和业主对"两边跑、办不了"的现状很有意见，十分着急。为此，协会急会员之所急，及时向市住建委质安处汇报。经协调后，市住建委根据国家住建部要求给予了延长至2019年12月底的答复。同时协会对消防施工企业今后如何提升施工质量、加强行业规范自律提出了相关建议。

协会发展过程中，社会上和行业内有不同声音和意见，同行有人说：阿杜搞协会又不赚钱，阿杜那么起劲，为什么？表示不理解。后来又有人说阿杜搞协会是为名，人家搞协会是为利。真是不可思议……

协会得到市消防局局长、市经信委业务部门领导及各方面的支持。2015年在市经信委综合规划处立项开展了《上海消防产业科技现状与发展趋势》的课题调研，并于2016年完成了协会成立以来的第一个课题调研报告。2017年，在综合规划处领导建议下，协会又向市经信委经济运行处申报立项《上海应急产业现状与发展趋势》课题调研，得到了该处领导的大力支持，并在上海社科学院专家的指导下完成课题调研报告。报告内容包括：① 加强应急产业的调查摸底，行业目录调查研究工作；② 充分发挥社会组织行业协会行业自律、协调服务功能；③ 加快培育成立应急产业示范基地；④ 完善应急产业、防灾减灾技术标准体系建设；⑤ 加强应急产业人才队伍建设等。该课题报告建议内容被市经信委采纳后，报上海市政府办公室，2017年8月1日《关于加快上海应急产业发展的意见》（沪府办发〔2017〕48号）正式发文。协会为做好政府助手、帮手，为政府决策提供依据，充分发挥行业协会专业优势起到了应有的作用。

说实话，协会在开展工作中不是一帆风顺的，也有阻力。当时个别干部由于对社团改革和深化消防执法体制改革理解有偏差，在消防协会会议上说："阿杜的协会是属于消防协会下面的协会，今后我们消防协会要成立上海消防行业联合会，下面可以有若干个像阿杜这样的协会……"当时我听到这样的说法，虽心里不是滋味，但也不好多辩，觉得和为贵，团结合作才能办大事。于是，我主动到市消防协会、市安全生产协会、市物业管理行业协会、市建筑行业协会、市建筑安装行业协会、市物联网行业协会、市防范防灾报警协会等协会专门走访学习，并和业务相关的协会签订党建共建战略合作协议。到今天为止，我会已经与上海物业管理行业协会、上海法学会联谊会等10多家协会签订了党建共建促发展的合作协议。由于充分发挥党建结对平台作用，5年来，协会牢牢围绕行业社团标准、人才培训、高峰论坛、科普宣贯、展览会、公益基地等六个主要方面开展工作，制定了18个行业团体标准，申报了上海市消防产业高技能人才培养基地，成功举办两期"公共安全与城市发展"高级研修班培训近千人次，应急消防安全科普专业委员会宣贯近几百万人次。举办了三届应急安全与消防博览会暨高峰论坛。

在开办上海市消防产业高技能人才培养基地时，也遇到过困难。例如在开发"消防设施检测维护保养"培训项目时，由于人社局有关领导专家对深化消防体制改革了解认识不足，他们提出该项目需报市消防部门审批后才能立项。论证会上，我提出公安部、宣传部、教育部等12个部门联合发文已明确全民消防及消防工作社会化，充分发挥社会力量办学的相关规定，无须市消防部门审批。他们叫我把该文件拿出来。会后我把文件复印给他们，通过不断努力终于在年底获批人才培养基地。2017年完成该项目立项、题库、师资培训、教材等工作。2018年7月25日，上海市消防产业高技能人才培养基地——"消防设施检测维护保养"专项能力培训班开班仪式在上海市工业经济管理进修学院大礼堂举行。上海市经信委有关部门领导、上海市职业技能鉴定中心副主任等出席开班仪式。

我以协会会长的身份在开班仪式上讲话。

各位领导、各位学员：

大家好！

今天上海市消防产业高技能人才培养基地第一期培训班举行开班仪式。这是贯彻落实中办国办《关于推进城市安全发展意见》和《关于提高技术工人待遇意见》文件精神的一项具体举措；也是消防行业内首个专项技术人才培训班，是在提高消防技术工人技能和待遇发展过程中一个具有里程碑意义的大事。在此，我代表上海消防工程设备行业协会向上海市经济和信息化委员会、上海市人力资源和社会保障局领导莅临指导与支持表示衷心的感谢；向大力支持基地建设与发展的上海物业管理行业协会、上海市消防协会以及帮助基地开发题库、教育大纲的消防职业培训学校表示感谢。

在政府放管服改革春风鼓舞下，培养基地成立两年来，迎难而上，历经风雨，克服了许多困难，走过了从无到有、从不懂到懂的艰难路程。今天"消防设施检测维护保养"专项开班，第一期学员就有100多人参加。近日，国家应急管理部制定的国家职业技能标准《关于消防设施操作员征求意见稿》（以下简称《征求意见稿》）已明确设立了"消防设施监控"和"消防设施检测维护保养"两个职业方向。这表明协会培养基地开发"消防设施检测维护保养"培训项目正当其时，是得到国家政府相关部门许可的。事实证明市人保局、市经信委处室领导率先批准协会成立全国首个消防行业内培养基地，具有改革创新超前理念，充分反映了建筑消防行业内职业教育有市场、有需求，农民工有求技能、求知识的渴望。在市经信委人教处处长汪羽和调研员张玥、市人保局鉴定中心主任孙兴旺多次来基地考察指导，市人保局职业建设处处长顾卫东十分重视新项目开发的情况下,基地培训部长蒋晓艳、协会办公室主任李红等工作人员边干边学、不耻下问,克服了人手少、专业基础差、资源少等困难,与人保局、经信委等相关业务部门的老师密切配合,用辛勤的汗水换来了今天正式开班的喜悦。

  今年,在国家大力发扬工匠精神的新时代背景下,协会基地审时度势,正在安排开发新的"应急消防安全指导""消防设施安全巡检"两个项目,实施方案和题库开发正在申报审批之中,这完全符合国家应急管理部《征求意见稿》文件精神,预期明年上半年开班。今年下半年还计划开发"消防物联网技术人才"专项培训。目前正在与市人保局等相关部门共同推进之中。8月22日—24日协会主办的"应急安全与城市发展"高级研修班,也将如期开班。这充分反映了市人保局与市经信委领导对消防行业内技术工人技能提升的重视,也是贯彻落实中办国办《关于提高技术工人待遇的意见》文件精神的具体体现。

  当前,根据中央文件的要求,我们行业协会要抓住机遇,加大劳动和技能竞赛培养培训,加大选拔技术工人工作力度;要为农民工提升技能、提高待遇作出努力;要站在改革的前例,为完善技术工人平等享受国家待遇政策,呼吁政府相关部门尽快建立职业资格、职业技能等级与相应职称比照认定制度,加快制定高技能人才参加工程技术人才职称评审或认定政策。让农民有更多的获得感,让工匠精神发扬光大。

  最后希望全体学员端正学习态度、遵守纪律、努力学习、取得好成绩。

  近几年来,协会申报立项了《应急消防安全指导》《应急与消防物联网设施操作》两个项目,目前正在运作中。应急消防高技能人才的培养基地的建立,将为城市应急安全运行多了一份保障。

3. 制定团体标准,推动行业自律

  2015年,协会发布了第一个《消防设施检测维护保养技术规范》团体标准,对消防行业内每家维保单位都提出了更高的标准和要求。我把该团体标准的初稿送消防部门征求意见时,消防局技术处基本同意该标准,并提出修改意见。但也有个别人表示不理解:阿杜当会长应该为会员企业服务着想,拿高标准来套自己的会员企业,这不是为会员企业着想的举措。我听了很是纳闷,行业自律规范发展是协会的宗旨之一,协会自律带头做好,引领一批企业规范有序,确保消防设施安全运行是十分必要的,为何这些人要挑刺?我百思不得其解。但我迅速调整好心态,坚持团标贯宣,以实际行动来回答。仔细想想原因很简单:这个新的团体标准触动了某些权力寻租人的利益。本来国标、地标都是政府部门相关专家制定的,现在协会制定发布团标,他们的地位减弱了,获得利益少了,自然要说几句风凉话。这些风凉话,并没有动摇协会推出团标的决心,因为我坚信我的做法是符合深化消防执法体制改革方向的,符合国家战略规划50%团标长期发展趋势。协会的这些举措也得到了市消防协会多位领导的肯定和支持。这项工作也是会长应担之责。我始终相信"有作为,才会有地位"这句话。

为推进行业标准规范有序示范应用,学习借鉴国外办会经验和运作模式,2016年6月,由协会会长理事单位等10人组成代表团(由会长单位上海环宇消防集团董事长杜桂潭,协会常务副会长单位上海宝力企业集团总裁任德华,协会常务副会长单位上海英盾安防集团总经理杨华伍,协会副会长单位上海光华永盛消防智能系统公司总经理金欣、神州金山物联网公司副总经理张伟,协会理事单位上海赛福特公司总经理陆建萍、上海云位物联网公司总经理杨迅等组成),对美国进行为期10天的考察学习访问。其间,代表团参加了在美国拉斯维加斯召开的由美国消防协会(NFPA)举办的2016年会暨消防装备技术展览会,参观考察了内华达州消防局(站)并进行交流探讨,还到旧金山硅谷科技产业园和斯坦福大学进行实地考察学习,获益匪浅。

前几年,行业团体标准制定后推广落地难,推进缓慢,特别是要将"团标"升为"地标"和"国标",更是难上加难。直到2018年5月开始,国家加快了推广行业"团标"工作的步伐。协会抓住机遇,集中了近100位专家和会员企业的力量,在近一年半时间里发布团体标准18个,取得了一定成绩。但是,在团体标准申请升地方标准、国家标准的时候仍然困难重重,阻力多多。

例如，各省市消防部门设计审核验收职能转交住建部门管理后，由于"小三定"迟迟没有到位、协会缺乏专业人员等原因，申报《无线消防物联网技术规范》等团体标准上升为地方标准时，需要相关业务主管单位盖章同意，才能报市标准化办公室审核。在市住建标准化处同意的情况下，相关业务部门的专家及业务干部因专业不熟，推诿敷衍，认证会上说该团体标准推广示范应用单位不够，不同意团体标准升为地方标准。针对这样的情况，我们还是耐心地向他们说清消防行业内需求及消防安全的重要性，争取他们的理解支持。经过多方努力，现在大多团体标准落地，实施推广应用。虽仍缺少政策支持和制度安排，但我相信只要有耐力和恒心，随着深化消防执法体制改革的不断深入，这样的难题一定会迎刃而解的。为了做好自己、提升自己，协会多次举办"团标"研讨会，并在2017年至2019年间，与中国机械国际合作股份有限公司（以下简称"中机国际"）联合举办三届展览会推广应用新团标、新产品、新技术等活动。

4. 反映会员诉求，做好政府帮手

协会工作重点之一就是代表会员向政府部门反映会员企业诉求。自协会成立以来，针对减轻中小民营企业税费负担，取消消防工程项目经理一证一备案制度，消防产品强制3C认证与国际上UL认证不接轨通用认可，消防高技能人才培养以及消防技术服务机构颁发资质证书（消防设施检测维护资质证书）等问题，先后10多次以调研报告和建议的方式向市消防局、市住建委、市政府政策研究室、全国人大法工委、国家应急管理部、国务院办公厅等部门反映会员企业诉求，充分发挥了协会的桥梁和纽带作用。例如：

（1）2018年10月向国家应急管理部办公厅呈报的《关于消防部门颁发临时〈消防技术服务机构资质证书〉试行3年来的调研报告》（以下简称《报告》）。《报告》反映，有关部门以安全为由，违规颁证，维护检测资质对每家企业规定的消防工程师和技术人员要求过多、过高。《报告》以翔实数据向有关部门反映：一般一张资质证书光是注册消防工程师（注：消防工程师与安全工程师有重复发证的情况）要10人以上，按每人每年12万元费用计，办理一张证书包括购买检测设备或委托第三方办证，需130多万元。事实上，目前上海已办理资质的，自己企业人员考试合格的不多。由于本地要交社保，根本满足不了企业的需求，因此大多数消防工程师都是从外省挂靠到本地的，这是变相挂靠证书，是违规的但不得已之举。上海地区消防施工资质企业达600多家，90%以上是中小民营企业。由于成本高，要求办资质的虽只有230多家（230家×130万元=2.99亿元），但也仅有23家已办理。如果中国大陆30多个省市自治区都照此办理，约需100亿元。这是一笔很大的企业负担，这样的办证模式叫中小民营企业苦不堪言。

为此，《报告》建议：在强化技术人员和专业人员的资格证书前提下，把住建部施工资质和公安部维修检测资质两证合而为一，合理衔接，并且发挥行业自律作用颁发证书，降低物业业主检测保养费用和中小企业经济负担。

（2）2019年3月向国家应急管理部办公厅呈报的《关于消防培训市场乱象和增加企业负担情况的调查报告》和向上海市应急管理局递交的《关于消防产品3C认证与国际UL认证通用认可情况调研的建议》（简称《建议》），都如实详细地反映了当时的不合理状况，对如何减轻企业负担提出了可行性建议。《建议》反映：自2014年9月国家强制3C认证以来，有关部门以安全为由，以发证处罚监管为中心，增加企业经营经济负担成本，公布的强制性认证的目录实在太多、太复杂，连一个建筑扣件、一个三通也要认证，实在不合理。据调查，一个水泵厂要做几十个3C认证，一个扣件也要做10多个认证，而且办理一个认证需花费用3万元左右，20个就要60多万元，时间最快要3个多月，有的甚至要半年或一年以上，有些厂家全部做齐3C认证需要办60多个不同型号的证书，而且只能在中国通用认可。如果企业要走出国门，走向国际市场，必须再获得UL国际认证，企业又要重花每笔几万元UL认证费用。

为此，协会建议，要积极鼓励第三方社会检测评估机构参与市场化运作，让民间机构参与。希望"进一步深化改革放管服，逐步建立3C认证与国际UL认证通用体系，取消部分（如建筑扣件等一般性）消防产品强制性3C认证，加强事中事后监管。"如果国际UL认证和强制性3C认证国际通用，则能减轻企业（民企）近几百亿元的负担。

对于协会的调研报告和建议，中央和国家有关部门十分重视。2019年5月30日，中共中央办公厅、国务院办公厅印发了《关于深化消防执法改革意见》的通知。该改革意见的第三条："取消消防技术服务机构资质许可。取消消防设施维护保养检测、消防安全评估机构资质许可制度，消防设施维护保养检测、消防安全评估机构的技术服务结论不再作为消防审批的前置条件，企业办理营业执照后即可开展经营活动。"第五条："放宽消防产品市场准入限制。市场监管总局会同应急管理部将强制性产品认证目录中的消防水带、喷水灭火产品、消防车、灭火剂、建筑耐火构件、泡沫灭火设备产品、消防装备产品、火灾防护产品、消防给水设备产品、气体灭火设备产品、干粉灭火设备产品、消防防烟排烟设备产品、消防通信产品等13类消防产品调整出目录，改为自愿性认证。"协会向政府发声，维护会员企业权益的建议和呼吁，得到了政府的回应和支持，也得到了会员企业的拥护和认可。

5. 多次承办和赞助以"城市智慧消防建设与创新发展"为主题的高峰论坛

从2017年到2020年，协会和"环宇"公司多次承办和赞助以"城市智慧消防建设与创新发展"为主题的高峰论坛。

2017年9月，在市经信委、市住建委、市应急管理局的指导下，举办了由上海市经济和信息化发展研究中心、上海市智慧城市建设促进中心、上海消防工程设备行业协会、上海应急产业联盟（筹）联合主办，由中国经济出版社、华育国培（北京）教育科技有限公司承办，由上海市物联网行业协会、上海市物业管理行业协会、上海市安全生产协会协办的"2017城市智慧消防建设与创新发展高峰论坛"在上海宝隆美爵酒店隆重举行。

参加本次论坛的主要领导有中国消防协会副会长、公安部消防局原副局长陈飞，上海市国防科工委办公室副主任韦平，上海市经济和信息化委副巡视员、上海市经济和信息化发展研究中心主任史文军，上海市计算机研究所所长

2017年城市智慧消防建设与创新发展高峰论坛在宝隆宾馆举行

王珏明，上海市消防局原政委张月明等。上海市国防科工委办公室副主任韦平、上海消防工程设备行业协会会长杜桂潭分别致辞。会议由中国科技大学火灾科学国家重点实验室章潭林博士主持。会上，杜桂潭会长与王志兴副会长代表上海消防工程设备行业协会和上海市物业管理行业协会联合发布《上海市建筑消防设施维护保养技术实施规范》团体标准。

论坛得到了行业内相关部门、研究机构、企业等近300位领导嘉宾的积极参与。公安部上海消防研究所高级工程师钟琳，公安部天津消防所、国家消防工程技术研究中心信息部主任李国生，公安部沈阳消防所主任丁宏军，东华大学研究所所长官洪运，神州金山物联网（上海）有限公司总监陈铭，中国科学院上海微系统暨信息研究所研究员熊勇，法国代福集团—上海赛福特电子有限公司总监陈万东，温州新孔氏机械有限公司总经理孔令生，上海市计算技术研究所副总工程师闵新力、上海曼恒数字技术股份有限公司总经理王东等分别就"智慧消防"的消防安全、物联创新、消防大数据等话题做了演讲。本届论坛经过全体与会人员的共同努力，圆满完成了各项议程，达到预期的效果。

2018年1月9日，我发表了《对智慧消防建设发展现状和趋势探讨》文章。在公安部297号文件的推动下，一股智慧消防建设热潮蓬勃兴起，消防行业内外企业都参与其中，对其中的问题与发展方向存在乱哄哄的盲目现象。12月7日，公安部在南京召开全国消防工作会议。李伟副部长对智慧消防建设提出了"四大平台、四个目标、两个办法"的要求。

四大平台：① 基础支撑平台；② 自动感知平台；③ 分析研制平台；④ 共享共治平台。李伟副部长说："消防你不能一家玩智慧，你得和其他政府部门和这个城市共进展，你的数据要分享给其他部门，分析结果要提供给社会，你要参与到整个城市安全治理和维护之中。"

四个目标：① 火灾风险预测精准化；② 火灾防控智能化；③ 作战指挥科学化；④ 队伍建设正规化。

两个办法：① 统一规划，要搞顶层设计，全国一盘棋，不要指望下面企业自发而上；② 统一标准，要制定标准，要有接口，不能今天挖一个坑，明天又挖一个坑。李伟副部长提出，物联网要明确互联互通、共享共赢的思路，这是符合物联网大数据、智慧城市建设的发展目标，应给予充分肯定。

针对当前智慧消防物联网平台建设中存在的三个问题，李伟副部长还要求大家提升三种能力。

三个问题：

一是物联网平台的技术创新升级完善的问题。目前各家物联网科技公司各有千秋，但都没有完整统一的行业标准出台，造成"八仙过海，各显神通"的局面。

二是各家物联网公司平台存在想做全做完美的愿望，但在这个平台技术上各个协议、数据对接做精、做专、做细上都存在差异与不足。

三是各家公司单打一，没有形成合力、形成联盟，没有一种适应市场产业发展的营销模式，是购买服务还是资金引入或者购买保险等。

需提升三种能力：

一是提升物联网平台技术不断分步分类，改进完善创新的能力。例先试行成熟的技术运用，先分类试点商务楼、古文物建筑、养老院、高端小区、学校、轨道等。

二是提升平台经济数据资源共享、分享的能力。各家公司平台经济效能要发挥到极致，必须互联互通、共同分享、共利共赢，在不损害他人的利益前提下，提供数据合作共享。

三是提升和探索产业发展运行模式能力。目前各家企业都在寻求转型发展模式，但到今天大家都没有找到一个适合物联网企业营销的成功模式。

因此，综上所说三个问题的存在，物联网企业必须寻找解决提升公司自身的科技创新与运行模式的三种工作能力，千万别自成系统，单打独斗，避免重复盲目，需寻找合作联盟等方式。

2018年中国（上海）国际应急安全与消防博览会暨产业高峰论坛在上海新国际博览中心隆重开幕。本届展会展览面积3万平方米，设立救援处置产品、监测预警产品、预防防护产品、应急服务、消防装备器材和防火材料设备等六大展示专区，来自德国、韩国、日本、伊朗、斯里兰卡等十余个国家的200余

在2018年中国（上海）国际应急安全与消防博览会上巡展
左起：季晓东、杜桂潭、陈飞

家企业参与展示，参观人数达2万人次。展会同期举办"2018中国（上海）应急安全及消防产业高峰论坛"，十多位行业专家教授作了演讲，上海电视台新闻综合频道等百余家媒体进行了报道。

国务院应急管理专家组组长、国家减灾委专家委副主任闪淳昌，中国消防协会副会长、公安部消防局原副局长陈飞，国家工业和信息化部运行监测协调局原巡视员景晓波，国务院国有资产管理委员会综合局安全生产处处长柳长森，国家安全生产监督管理总局宣传教育中心开发部部长黄贵海，上海市应急管理专家组组长、上海市政府原副秘书长、国家行政学院兼职教授柴俊勇，上海市民营经济研究会执行会长、上海市委统战部原副部长季晓东，

上海消防工程设备行业协会会长杜桂潭，中国机械国际合作股份有限公司副总经理温忆梅，新兴际华应急产业有限公司党委书记、董事长赵柱，应急管理部上海消防研究所党委书记薛林等领导和嘉宾一同出席了开幕式。

闪淳昌等领导来到上海环宇消防集团九阳消防科技有限公司展台，仔细询问了"环宇慧"——智慧城市应急安全预警物联网云平台的运行情况，并勉励"环宇九阳"加大投入，以智慧城市建设为目标，参与到社会公众应急行业建设中去。景晓波巡视员指出："以智慧城市的建设来促进城市应急管理，使城市的应急指挥系统能够有即时有效的信息共享、各部门统一协作标准化的紧急应对、无论何时何地畅通无阻的通信、简便快捷地提高处理能力、对事件的预知、预警和预报以及更高效的协同工作能力。"

本次消防产业高峰论坛中，柴俊勇教授做了题为《消防应急安全产业高地在长三角》的演讲；景晓波原巡视员做了题为《抓住新机遇　大力发展应急产业》的演讲；薛林书记做了题为《消防应急救援装备技术发展趋势》的演讲。演讲内容丰富，为消防应急行业发展提供了许多建议和对策。

以下是我在中国（上海）国际应急安全与消防博览会暨产业高峰论坛开幕式上的致辞。

尊敬的闪淳昌主任、陈飞将军，各位领导嘉宾、专家、企业家：

大家好！

初冬季节，今天我们相聚在海纳百川的国际大都市上海，迎来了2018中国（上海）国际应急安全与消防博览会开幕式。对我会能与中国应急产业创新战略联盟、国机集团、新兴际华、中国兵装、中国航空等单位大咖共同合作举办本届博览会，我感到十分高兴，感谢你们对我们的信任。在此，我谨代表上海消防工程设备行业协会、上海应急产业联盟，对各位领导专家、企业家、海外嘉宾、新闻媒体朋友们的到来，表示热烈欢迎！对长期以来指导与支持我会发展的上海市经信委、住建委、应急办、应急管理部上海消防研究所、中国科学院微系统与信息技术研究所、上海民营经济研究会和上海物业管理行业协会等单位表示衷心感谢，对德国大众、上海金汇通用航空等国内外200多家企业

2018中国（上海）国际应急安全与消防博览会开幕式

参展，表示最热烈的欢迎！

今天举办的这个博览会，是国家体制改革，公安消防部队体制转到国家应急管理部后，全国首个应急安全与应急产业融合发展的博览会，是政府深化体制改革"放管服"的一个新举措；是行业与政府、社会与企业共同参与、协作互赢的一个新平台，一种新模式；是应急产业领域内，小政府、大社会、大市场的社会化市场化运作的一次新探索，有力地证明了市场在资源配置中的决定性作用。可以说，没有改革就没有今天的产业盛会，让我们共同分享产业的红利，意义非凡。今后，展会要充分发挥企业与市场的配置作用，我们感到责任重大，任重而道远。优秀的公司都是在冬天谋划、布局和跨越，期待大家抱团取暖，资源共享，互惠互利，有人利用说明有用。

本届博览会的成功举办，将为提升应急装备新科技、新技术、新材料水平，普及应急安全知识，推动上海乃至全国应急安全与应急产业的蓬勃发展提供平台，为应急安全事业发展作出新的贡献。最后，预祝本次博览会暨高峰论坛圆满成功，参展企业，订单多多，朋友多多，领导嘉宾收获满满。上海那么大，咱们是一家，期待明年再相会。谢谢大家！

展会和论坛得到上海市政协原主席、市经济团体联合会会长蒋以任，中国科学院院士褚君浩、公安部消防局原副局长、中国消防协会副会长陈飞将军、国家应急管理部消防救援局特邀研究员、上海市消防局原局长赵子新将军，上海社会科学院副院长张兆安等领导的指导与支持。

回顾协会成立5年来，一步一个脚印，跨过一个一个新台阶，在全体理事、会员共同努力下，2019年6月22日协会换届选举会员大会顺利召开，更名为"上海应急消防工程设备行业协会"，为推动上海应急安全和应急产业融合发展迈开了坚实的一步。讲好协会故事、发布协会声音是责任，更是一种担当。

上海应急安全与消防物联网科技融合发展高峰论坛

第三节 筹建上海应急产业联盟，协会换届求发展

1. 好事多磨，上海应急产业联盟成立

我这个人有个特点就是不安于现状，说干就干。在有的人眼里我是个"吃

着碗里的，想着锅里的"的不安分之人，但也有人评价我是：识大局、想干事干实事的人。前一句是"贬"我的，后一句是"褒"我的，其实这两种看法都有道理。我认为：只要做好自己、完善自己、提升自己实干才是最重要的。

我身处消防行业，但我也会跳出消防看消防，以更大的视野去看改革形势和国家政策的变化。随着2006年1月8日国务院发布的《国家突发公共事件总体应急预案》出台，国家越来越重视防灾减灾、应急管理框架体系建设。我敏锐地感觉到应急产业进入快速发展新时期。消防产业作为应急产业的一个重要组成部分，理应为消防产业链延伸发展，拓宽空间。到了2015年10月，"全国应急产业发展大会"在北京召开，我参加了这次大会。会议要求各地先行先试建立国家级应急产业基地。其间我还得知，北京有关央企龙头企业正在发起倡议，准备成立中国应急产业联盟。从北京回来后，我萌生成立上海长三角应急产业联盟的念头，并提出筹备注册社团登记"上海长三角应急产业联盟"。但由于政策方面等原因，不能如愿以偿。"性格决定命运。"不安于现状的我认为，办成任何事，不能等、靠、要。筹建"长三角应急产业联盟"受阻，我们就另找出路，另想办法，为联盟成立先行先试作舆论宣传，举办学术研讨会、展览会。2016年元月，上海消防工程设备行业协会在市经信委的指导下，联合市经济与信息化研究发展中心等65家应急产业领域内相关企业，举办"上海加快应急产业发展的研讨会"，得到市应急办、上海市社科院等单位的大力支持，研讨会针对成立上海市应急产业联盟的必要性、上海应急产业链延伸合作交流、行业标准、人才培训等方面的问题进行探索。研讨会之后，会员企业各方要成立上海市应急产业联盟的意愿更加强烈。但是上海相关业务部门就是迟迟不表态，不支持，明确表示：等你们条件成熟了，搞好了，批一个给你们。面对这种拖拉慢作为的工作作风，作为企业，大家也只能顺其自然了，一拖就是三年。直到2018年在市应急办、市国防科工委、市经信委、市社团局有关领导支持下，于1月18日由65家单位发起成立了"上海应急产业联盟"，但未能社团注册登记。我作为发起人之一，曾走访市应急办、市经信委、市社团局、市消防局，请教有关领导专家，由于国家深化消防执法体制改革还没有到位，当时还没有形成气候，还有国家民政部社团体管理目录里没有应急产业名称目录，所以在现实工作中我碰壁了。上海市社团局相关业务部门不敢也不好突破行政法规，让我们注册登记。

公安部消防局原副局长、中国消防协会副会长陈飞将军（左）
上海市应急办专职副主任谭维勇（中）为上海应急产业联盟成立揭牌

在"上海应急产业联盟成立大会"上我当选为理事长，并发表就职演说：

尊敬的各位领导、嘉宾，各位联盟成员、老总：

今天上海应急产业联盟成立，标志着上海应急产业发展史上第一个自发组织的诞生，这是贯彻落实国办〔2014〕63号《关于加快发展应急产业的意见》、市应急委〔2016〕1号和市府办〔2017〕48号《关于加快上海应急产业发展的实施意见》的一个具体举措，充分体现了广大联盟企业自愿承担社会责任、规范行业自律的积极性、主动性的内在需求，更是社团组织体制改革中的一种探索。上海作为全国改革的先行者、排头兵，今天敢为人先地创新成立联盟，是市政府部门领导服务行业、服务企业，不当掌柜当好店小二的具体体现；是市场经济运行中，凡是社会组织能够自律管理的，就放给社会组织，是政府部门领导转变职能，多服务，少管制，做企业家的"老娘舅"和"红娘"，下沉接地气的服务举措。为此，我代表联盟，感谢市经信委、市应急办等部门领导的真诚指导！感谢社会各界嘉宾专家的大力支持！感谢全体联盟企业、老总、专家、企业家的共同努力！感谢大家给我一次学习与提升的机会。

今天，我作为上海首个应急产业联盟的第一任"盟主"，在深感荣誉的同时，倍感压力，责任重大。我虽然有办会及当会长近4年的工作经验和体会，但市场化运作产业联盟对我来说是一项新的工作，深感能力有限、专业不深、资历资格不够。在新的一年里，决心在理事会的核心团队作用下，我将义不容辞地无条件执行团队的决议，完成理事会交给我的各项任务，带领团队做好政府的帮手，服务联盟企业的推手，为上海应急产业快速发展，不忘初心，不负使命，继续奋斗。我深信：联盟企业和我一起共同充分发挥市场配置资源的作用，对市场化、社会化运行管理的产业联盟发展成长充满信心；联盟企业对政府职能转变的服务性指导充满期待；联盟企业对社会各界人士的理解与支持充满希望；期待上海应急产业联盟明天更美好，谢谢大家！

2. 我对"会长"一词的理解

何谓"会长"？我觉得：会长是会担当、会奉献、会理事，并有一技之长，能捣江湖又不江湖，能圆滑又不耍滑，愿意帮人一起成长的人叫会长。民间协会没有现成的模式套路，要靠自己不断地思考、摸索、创新。协会是从"无中生有"，无人才、无资金、无资源的情况下一步一步跨着创新的步伐走过来的。我们的办会模式（例入会体验、缴费自愿、赞助不限）是社会组织内独一无二的，也算是创新吧。全国首创的博览会暨高峰论坛，开展跨界合作等，这些都具有一定的引领性。

2018年10月，我会组织20多位会长理事去广东省应急产业协会学习交流考察，得知广东省的应急产业联盟早在7年前就已注册登记了。回沪后，我向上海市社团局有关科室汇报了这个情况。有的处室人员说，广东也是在摸索，可能会犯错。言外之意很清楚：他们不想突破相关规定，核准社团注册登记上海应急产业联盟，主要是不想承担责任，存在"多一事不如少一事"的思想。因此，成立"长三角应急联盟"也迟迟不能落地。所以，我还在奔走呼吁，希望能得到相关政府部门积极指导和支持，为长三角一体化应急产业发展助力。

当然，在此期间成立上海应急产业联盟的建议也得到了市应急办、市经信委和上海社科院有关领导的指导与支持和社会上的认可，我也不断地呼吁，不断地努力。时任上海市消防局防火部副部长、上海市消防协会秘书长胡亚明后来说过："（杜桂潭）发起组建成立了'上海应急产业联盟'，进一步扩大和发展了消防以外应急产业的融合，功不可没。"

3. 从"杜会长"到"杜老"

2015年以来，我一直建议呼吁筹建"长三角应急产业联盟"，但迟迟不见进展，得不到相关部门的指导与支持。我和"联盟"其他成员单位还是在坚持不懈地在为尽快成立长三角应急产业联盟而奔走呼吁，敦促政府应急管理局等部门给予积极指导和大力支持，为长三角一体化发展助力。在协会连续三年与中机国际举办了三届展览会这个过程中认识了展览总监黄燕。

黄燕女士是通过上海市消防协会秘书长胡亚明的引荐相识的。别人一般都叫我阿杜，也许是女性特有的矜持，初次见面时她恭恭敬敬地叫我一声"杜会长"。黄燕虽然是女同志，但作风干练，快人快语，我认为她是个有能力，敢作为能办实事的女性，我们工作上也很合得来。特别在三届展览会的合作过程中，让我们直接对标央企，取得了强强联手、优势互补，形成"1+1大于2"的局面，共同跨上了更高平台；"中机国际"也主动参与长三角融合发展，自觉融入长三角，并得到中央部委和上海市政府及社会各界的一致好评。

她一直说我是"应急产业"方面的专家，认识后就改称叫我"杜老"，让我感到有点不好意思。其实我并不是什么专家，只是理念意识比别人先学一步、先走一步、先干一步而已。我当了5年多的会长，说真的，我这一辈子身份和角色有过多次转换，就是没有当过民间社团的会长。当会长对我来说，简直就是"大姑娘出嫁上花轿"——第一次。

认识黄燕，虽然时间不长，但我们已经成了很好的合作伙伴。她把对我和协会的评价专门写了一篇题为《山不争高自成峰——杜桂潭会长应急情怀》的文章：

作为世界500强的中央企业——中机国际借助展会平台，从2017年起已连续三届联合上海消防工程设备行业协会等中央企业作为主办方，举办了"上海国际应急安全与消防博览会暨高峰论坛"，共同搭建推动我国应急产业与国际应急安全领域的合作交流贸易平台。正因为有这样的合作契机，我才有幸认识杜会长，他是一个极具个人魅力和传奇色彩的人，也已成为我上海最好的朋友和合作伙伴。

一、有幸有缘初识传奇的杜会长

2017年我在上海消防协会秘书长胡亚明的引荐下，认识了杜会长。记得当时大家都称他为"阿杜"，我感到有种亲近感，不敢枉顾尊卑，便亲切地称之为杜会长！

后来才知道杜会长有着非常传奇的人生经历，农村出身，青年时期当过兵，公务员时期下过海，做过贸易，开过公司，做过公益，组建行业协会，参与行业团体标准制定，当过党代表、仲裁员，民营企业党建党务工作者……这么多光环下的领导，给我的感觉却是新时代军人楷模，一个老兵、老党员的担当。

记忆中第一次拜访他时，我印象极为深刻。杜会长给我的第一印象是格局高、视角广、为人风趣幽默、待人热情真诚，对事业极具激情，并富有强烈的社会责任感。是一位对应急行业国家政策、行业标准，以及市场发展都有真知灼见的资深专家，是我公司最佳合作伙伴，是一位热衷和投身公益事业的慈善人，更是一位重视党建团建的老兵、老党员、老书记。

二、合作三年来的收获

为此目标，中机国际在杜会长的鼎力支持下，一路砥砺前行，三年取得了较好的品牌效应和社会影响力！展会从2017年创办以来，历经三年三次培育和发展，目前合作展会已经成长为应急安全产业的一颗璀璨的新星，获得中央部委和社会各界的一致好评。

三、转业军人新时代担当，一名老党员干部的应急情怀

这种情怀无疑是"家国情怀"。

1. 审时度势，聚焦国家政策。

2. 明确战略定位，把握市场需求。

3. 抓住机遇组建行业协会，更大限度激发社会活力。

4. 高人热心指导，协会不断发展

在上海市消防工程设备协会的发展过程中，一直得到市消防协会李铁山常务副会长、沈林龙副会长、胡亚明秘书长的大力支持和热情帮助。对这些帮我助我的高人与贤人，我阿杜时刻铭记在心。胡亚明秘书长和我交往时间比较长，陪伴我一路走来，不断在许多关键时刻，给我极大的支持与帮助，是我人生道路中所遇到的第四位高人和贵人。特别在此次申办成立协会的过程中，他给我的支持与指导，更是全方位的，强有力的。他曾这样热情评价我和协会，现摘录如下：

有幸跟杜桂潭认识与交往20多年，其实我和阿杜的这个缘分本来早就该凝聚了。我跟杜总认识与交往是从1998年开始的，我跟杜总接触这么多年，对他的为人做事、做企业的敬业精神，我还是蛮认可和感动的。

一是，具有远见和目标。从他童年的老乡、警备区首长、战友的回忆中，就可以感受到杜总从小到大，一步一步脚踏实地地工作，每个时期他都有自己的远见和目标。努力实现一个个的小目标，汇集成了他人生的一个大目标，取得了现在的成就。

1998年杜总刚来上海，受聘于武警上海市消防总队所属的上海环宇建筑消防工程有限公司副总经理，那还是一家小企业。当时，杜总所在的"寰宇公司"转制到地方，杜总随环宇公司转制到地方留任并接手发展。

二是，善于把握和抓住机遇。邓小平"南方谈话"后，上海浦东加快开发开放。杜总看到并紧紧抓住上海改革开放发展的机遇，毅然放弃国家干部待遇，辞职下海经商，来到上海发展，从接手一个小企业逐步经营发展到今天这样规模的中型民营集团公司。

现在，杜总看准了上海消防行业可以发展"多会"的机遇，随即经上海市民政局社会团体管理局批准，在原有"上海市消防协会"同时筹备成立了"上

第五章 发起成立协会和联盟 担当社会责任新起点

左　胡亚明　中　李铁山　右　杜桂潭

海消防工程设备行业协会"。从此上海市第一次有了一个与"上海市消防协会"互存、互补、竞争发展、服务上海消防行业的社团组织。

三是，注重管理抓质量。杜总接手环宇公司之初，"环宇"虽是小企业，但是他十分重视企业党建和企业文化建设。杜总联合多家消防工程施工企业，与市消防协会、市工商行政管理局、市质量监督等部门多次共同研讨召开消防施工企业"3+1"管理模式座谈会，杜总先后获得了"119"消防奖先进个人、上海市政府质量金奖个人、苏浙皖赣沪四省一市质量先进个人。环宇公司注重党建和企业文化建设，是上海市中小型民营企业中的佼佼者之一。杜总提出"十年党建路，一个新环宇"，党建引领的"红、绿、蓝三色文化"有力地推动企业健康发展的总目标的一个个实现。杜总还荣获了上海市（区）"两新"组织"五好"党组织、首批上海市非公有制企业党建工作示范窗口单位、个人被评为上海市优秀党务工作者等称号，能荣获这么多荣誉的民营企业没有几家的。

四是，勇于创新发展。杜总创新意识非常强。不仅率先建立了上海第一个纯行业行为的上海消防工程设备行业协会，而且在他的带领下消防工程设备行业协会做得有声有色，会员队伍不断发展壮大，行业凝聚力日益增强。与此同时，杜总又发起组建成立了"应急产业联盟"，进一步扩大和发展了消防以外应急产业的融合。他心中还有一个目标：要创建应急产业园区，建立一个长三角一体化联动发展的应急产业发展基地。我衷心地期望这个基地的建立。

五是，始终平易近人。作为一个比较成功的企业家、具有人气的行业协会的会长，他接地气、聚人心、善沟通、易交流，对上对下，对内对外，对人对事，时时处处事事都谦虚为人、平和待事，不以利益认关系，不是个"有事有人，无事无人"的人。

时间过得很快，日历已翻到2019年6月22日。协会成立5年，迎来了换届选举大会。市社会团体管理局原副局长、市社会组织评估院院长徐乃平从作为主管社团单位的领导、协会的支持者和老朋友的视角，对协会和我作了如下评介（摘录）：

经过这6年的接触、了解、熟悉，事实证明杜会长是个对行业发展很有想法，对国家相关政策的理解和把握很准确，甚至在有些地方理念还很超前的、有强烈的社会责任感和行业使命感、对自己要求比较高的人。这样的民营企业家不多，像杜会长这样的一心扑在协会工作上、一心放在行业发展上的民营企业家更是凤毛麟角。

5. 协会换届，变更名称

上海消防工程设备行业协会经过5年运作，目前已走上正轨。协会成立之初提出的"行业自律、行业发展、行业规范、行业服务与反映会员诉求，服务企业、服务政府"的理念，"各有侧重、互有补充、错位发展、合作共赢"的发展模式，符合社团改革方向，受到会员单位的欢迎，社会各界的认可。但我并不满足，一直在思考：如何不断拓宽新的服务领域，进一步优化会长、理事会单位的交流沟通机制，吸纳更多跨行业的新产业、新业态的企业加入协会和联盟。协会的路还很长，我们要做的事情还很多很多。

2019年6月22日，"上海应急消防工程设备行业协会成立暨换届选举大会"顺利召开，我又一次当选为会长并作就职演讲。

各位领导、各位会员：

今天会员大会选举我继续担任新一届会长。深感荣耀的同时，我想得更多的是要感谢全体会员对我的信任！感谢各位领导嘉宾的指导与关爱！感谢社会各界的关注与帮助！说心里话，我是压力多于欣喜。我深知这副担子的责任与分量，它的意义饱含着理事成员的高度信任，寄托着每一位会员的殷切希望。我心情激动的同时，让我思考最多的是如何为会员服务。回顾上一届协会工作，虽然协会为各个会员单位的发展做了点事情，但是离大家的期望落差很大，我感到惭愧，深感压力山大。今天，我想与大家交流一点体会和分享一件小事。

记得2018年10月，协会组织23人赴广东省应急产业协会考察交流学习，当天见面会上，翁会长说了一句话："协会工作不是人干的。"当时我蒙了，也不知道怎么去理解。心里想：难道是要像牛马一样干活，受苦受累还要受委屈。回上海仔细琢磨后，感到翁会长道破了一个道理，协会是非营利和非功利性组织，既然你当会长，你就要像老黄牛拉车一样任劳任怨，无怨无悔，不怕吃亏作奉献，还要像奶牛一样吃的是草，挤出的是奶，更要有一种坚强的毅力，甘做协会发展路上的老黄牛，辛苦（幸福）路上慢慢走。也就是鲁迅先生所说的"俯首甘为孺子牛"。要当好这头老黄牛，我深感真的不容易。记得5年前，我和创始人副会长单位的何培新、杨华伍、任德华、方海军等老总商讨筹备成立协会时，曾有人风言风语，好像我们民间协会是后娘养的。你去有关部门办事，他们有的爱答不理，有的拖拉推诿。这更激发起我们要把协会办成办好的志气和勇气。因此，我们必须紧紧地拥抱在一起，必须紧紧地依靠协会理事团队的共识与活力，必须紧紧地依靠会员的理解与给力。在今天的换届大会上，大家继续选我当会长，我将一如既往不忘初心，继续前行，为协会发展计划制定50个团体标准，应急安全科普知识普及达到1 000万粉丝圈，进一步培养应急安全高技能人才等，开创协会工作新局面。再次感谢各位会员和领导嘉宾的信任和支持！

此时此刻，木头木脑、土里土气的我——阿杜，以无比激动的心情，用一首小诗表达我的心声：

在上海茫茫人海里我是哪一个？在长江口滚滚浪花中我是哪一朵？

在应急产业发展事业的长河里，我是毛泽东时代一颗红心、无怨无悔，新时代不忘初心、发光发热，努力追梦的六小人物、三小企业主、三流人才。

我不需要你理解我的苦衷，不渴望你一直记得我。

我是一个让余热发光，具有正能量的执着老人。

我更不期盼山川知道我，江河知道我。

我只希冀每个会员企业家朋友在协会这个舞台上尽点责任、多点爱心、出彩人生、发展企业、提升自己。

我只期待在协会发展史上曾经有一个把自己与新时代紧紧拥抱，分享幸福快乐人生的你和我。

祝大家好运！

我相信，谋事在人，成事在天的说法。凡要成事，必须人的谋划、努力在前，成事在后。我认为谋划不是一个人的冥思苦想，单打独斗，而是你背后一定有许多有识之士在为你献计献策，相帮相助，喝彩助威。下面让我把给我们呐喊助威的阵势罗列于下：

协会成立至今，两届会员大会和历次年会、展览会、高峰论坛的举办，都得到了上海市委原常委、上海警备区原政委戴长友将军，上海警备区政治部原主任、江苏省委原常委、江苏省军区原政委曹德信将军，海军东海舰队原副政委厉江谭将军，东海舰队政治部原副主任韦立汝将军，上海市工商联党组原书记、统战部原副部长季晓东，上海市经团联副会长管维镛等老领导的指导。谢谢各位领导！

下面摘录部分领导在会上的讲话。

上海市社会团体管理局原副局长、宋庆龄基金会秘书长贾勇：

首先讲讲我的感悟吧。今天我参加这会议，有一个很深的感触：会议准备充分，会议内容紧凑，会议程序规范，会风很好！尤其是像你们这个协会，按期换届，符合了我们现在行业协会换届的要求。借此机会，请允许我热烈祝贺我们的这个换届大会成功召开！尤其要衷心地祝贺我们新当选的杜桂潭会长、各位副会长、监事长和秘书长！

刚才杜桂潭会长做了一个较为全面、系统、有思路、有分析的工作报告。可以说，这是一个很有质量，很有水平，又实事求是的工作报告。杜会长的报告，对过去5年的总结，用了"8个坚持"；对存在的问题，讲了3个方面，直言不讳，清醒深刻；对今后的努力方向，提出了"5个抓"。可以说，是很有说服力，也有感召力，更是对我们下一步的工作，有指导和现实的作用，更有实操性。

协会5年来，也走过了不平凡的历程，凝心聚力，奋进有新作为。你们坚持了党的领导，充分发挥了协会组织的优势和组织的力量，开展了一系列富有成效的工作，也取得了许多难能可贵的光荣称号，也凝聚着在座的各位领导、老领导和我们全体会员的智慧、心血和汗水，你们所取得的成绩，可以说可圈可点，也可喜可贺。

总之，上海应急消防工程设备行业协会，用你们实实在在的工作和奉献精神，用强烈的使命感和担当，你们用职业和专业这种内生的能力和强烈的使命感和担当的作为，提升了你们协会的社会公信力，为行业协会的健康发展确实起到了很好的示范引领和榜样作用。

上海社会科学院副院长、全国人大代表张兆安：

今天，非常高兴受邀参加上海应急消防工程设备行业协会成立暨换届选举工作大会。刚才会议听取了《协会第一届理事会工作报告》《协会第一届监事会工作报告》，选举产生了新一届会长、监事长、副会长和聘任秘书长，大会完成了预期的任务，会议取得了圆满成功。我先讲我的一个感受，会场的感受，好像在人民大会堂选举开会，协会选举如此规范，我做了三届人大代表，我曾参加过多次协会选举。在此，我对这次会议的圆满成功和新一届理事会表示衷心的祝贺！

协会成立5年以来，上海消防工程设备行业协会工作有几点给我印象深刻：一是有一套管用的《章程》；二是制定发布了一批应急安全领域团体标准；三是举办了一系列应急安全领域内高峰论坛；四是有一支业务精湛、爱岗敬业的会员团队。在新时代应急管理体制下，如何搞好协会工作？下面我谈几点建议：

一、要提高政治站位。要认真学习中办、国办〔2019〕34号《关于深化消防执法改革的意见》的通知精神，始终坚持做到看齐追随，始终坚持做到严格执行，始终坚持做到听党话、跟党走，不忘初心、牢记使命，坚决拥护并投身消防改革发展大潮。希望协会在这个方面为政府多出金点子。

二、要坚持正确办会方向。协会要继续坚持正确的办会方向，紧紧围绕应急消防中心工作开展各项活动，充分发挥对行业的引领和管理作用，不断推进消防科普宣传，提高全民消防安全素质服务，为广大会员和企业服务，为应急消防行业发展创新服务，为促进应急消防产业发展做出更大的贡献。

三、要加强自身建设。会员是协会立会之本。做好会员服务工作，打造规范化的社团组织。要采取有效措施，大力发展会员，维护会员的合法权益，更好地为会员提供优质服务。充分发挥协会交流的引领作用，积极推广先进的技术，更好地为政府相关部门提供决策和技术支撑。严格按照协会章程管理协会，进一步规范和加强协会理事会和分支机构的工作，统筹协调、团结和依靠全体会员，不断提高自身的凝聚力和战斗力，发挥好整体合力。

同志们，随着我国新时代应急管理体制改革发展的不断深入，一些政府行为逐步转变为市场行为，协会这一行业的社团组织必将大有可为、天地更广阔。我希望也衷心祝愿我们协会再创辉煌、明天会更好！谢谢大家！

上海市应急管理专家组组长、市政府原副秘书长柴俊勇：

我是第一次来参加你们协会的会，我感到有三个没想到：

第一个没想到：协会换届开得如此规范，这是我没想到的。那么规范，那么有序、那么严谨，有水准，尤其是章程、议程通过后，主持人说请把"草案"两个字划掉，这我是没想到的。

第二个没想到：把我们这么多的老领导邀请来，把市社会工作原党委书记施南昌，市委统战部副部长、市工商联原党组书记季晓东，市社团管理局原副局长徐乃平、贾勇和市委、市政府委办局的处长都请来了。

第三个没想到：全国人大代表、上海社会科学院副院长、市民建副主委张兆安今天讲话风格没想到。他是连续三届全国人大代表，是习近平总书记和中央领导到上海代表团审议时首位发言人，他的发言是上海的品牌，今天拿稿子发言，不是张兆安的风格。他的发言上接天庭，下踏地气，十分自然、放松、得体。

我就公共应急安全管理对政府和协会说几句心里话。

政府要做到"五个放"：第一思想要解放；第二市场要开放；第三管服要下放，不能再把我们民营的企业、民营的协会的手脚给绑住了，让他们放开手脚干；第四功能要释放；第五形象要绽放。

对行业协会下一步怎么搞，我以为要做到"8个特"：第一要有时代特征。第二要有上海特点。我认为我们上海的特点，要把消防的设备进家庭、进社区、进学校、进医院，搞小型的、多样的、实用的，千万不能在搞应付消防局检查的。同时我们上海的消防要和我们上海城市的地位、功能和水平相一致。第三要尊重民众特需。第四要关注社会特供。我们长三角安全应急产业联盟要迅速行动起来，联盟产业联合发力，生产出具有我们自己特点的、符合我们所需要的应急消防装备。第五要培育文化特征。在我们上海能不能建立一个应急消防展览馆？传播消防文化。我们建一个上海城市以来的所有的消防物品进行展览，对市民是教育，对我们产业是个平台。所以，我说今年又要办展览会，我们要办一个永不落幕的应急消防展览会。第六要打造产业特殊。我们的产业，是同人民群众的生命财产息息相关，我们的产业特殊在以人民为中心，人民利益至上。第七要具备应急特长。我们的设备好，我们这个设备有什么特长，协会要将协会中每家企业产品特长作介绍，绘成一张图，互相学习，相互协作，这对消防应急救援具有很大的作用。第八要打造协会特色。今天的换届又是旨在再出发，又是再动员。你们选了一个好的会长，有一个好的团队，我刚才跟张兆安同志说，我参加过很多协会，协会的会开到这样的场面，跟我们党政机关开会基本上没什么两样。所以，我认为这个协会是相当有战斗力，有号召力，有凝聚力的。

6. 继续为成立"长三角应急产业联盟"鼓与呼

上海应急产业联盟虽于2018年1月成立，但至今仍未能社团注册登记；而"长三角应急产业联盟"更是"八字没一撇"。这是我的心结，是念念不忘的大事。2018年11月，长三角一体化发展正式上升为国家战略。这个振奋人心的消息，激发起我追求和完成奋斗目标的极大热情。于是我多方联系，四处奔走，反映情况，汇报构想，得到有关领导的支持和消防行业同仁的响应。

形势发展，喜讯不断。为了深入推进长三角一体化发展国家战略，进一步落实习近平总书记关于积极推进应急管理体系和能力现代化的重要指示精神。2019年12月25日，由中国浦东干部学院、上海市应急管理局主办，中国浦东干部学院城市治理与危机管理研究中心承办的"推进长三角一体化应急管理协同发展会议暨理论研讨会"在浦东干部学院隆重举行。国务院应急管理专家组组长闪淳昌教授出席会议。上海市委副秘书长、市政府副秘书长赵奇致辞。会议由上海市应急管理局局长马坚泓主持。

来自长三角"三省一市"的应急管理厅（局）长、北京应急管理局局长、广东深圳应急管理局局长以及上海市应急管理局处以上领导和中国浦东干部学院、市发展改革委、市民政局等10多个部门、各区县应急局主要负责人列席会议，100多人出席。参加会议的各省市厅（局）长作了交流发言。我作为受邀参加会议交流发言的社会组织代表，深知肩上责任重大。我结合近5年的社团组织的工作经历和几十年行业工作经验，做了题为《行业协会助力长三角一体化应急（消防）产品联盟发展作用与意义的几点思考》的书面发言（因为时间关系未作现场发言），其后以调研报告课题形式向上海应急管理局有关部门提出了"一个建议，二个呼吁"。

会上签订了《长三角一体化应急管理协同发展备忘录》（以下简称《备忘录》）。《备忘录》的签订标志着今后长三角地区乃至全国应急管理行业的发展迈入了一个全新的"物联互通"的时代。我认为，这是成立"长三角应急产业联盟"的好兆头。

今年，我已经是一个66岁的老人了。回顾这一辈子，也做了一些党建文化、消防志愿者队伍、行业协会、联盟等有益社会的事，虽然为公益事业花费了大量人力、物力，少赚了几千万元，但我感到欣慰。因为这是一种担当，这是无法用金钱衡量的。现在我有自己的企业，圆满家庭，还写了三本书，应该是见好就收的时候了。但我心里还思考着成立上海应急产业联盟以后，如何进一步呼吁成立长三角应急产业联盟。这是我的一个心愿，热切希望这个心愿早日实现。

第六章

创业几十年，故事成往事
反思走过路，熬忍与坚持

我不是作家，更算不得文化人，但我爱思考、爱学习，从小喜欢听故事。现在，也许是经历的事情多了，变得喜欢讲故事了。讲故事要实事求是，决不弄虚作假，要讲清事情的来龙去脉、前因后果，这样才能让人听得进，易接受，有益处。就像应炳华部长所说的写书"四个原则"，即四个字"真""实""新""精"。

我今天讲心酸事，与大家分享那个"我爱你爱钱就像老鼠爱大米"时期的故事，不是为写书而讲故事，是让大家了解我人生经历的真实感受和故事本身的哲理。那是一个浮躁的时代，社会上诚信缺失、道德滑坡、法律被践踏，这是时代之殇。要树立良好的道德风尚，需要涵养一种清气和静气，恪守自己的信念。因此，我不是去记怨他人，贬低他人，而是做好自己，改变自己，自律自己，提升自己为人处世的境界。这样或许能给人启迪，或许能给人励志……总之，讲心酸事的出发点是给自己和他人启发和教益。

其实，讲故事也是个思想观点输出的过程，讲故事既要让人容易记住和接纳你的观点，又不能变成说教，倘若一味输出"纯干货"可能枯燥无味，因此我把有益、有趣、有教训的故事单独列出来，另成一节。

往事不回头，一切皆成故事，喜怒哀乐，酸甜苦辣自己品尝；往事不可追，不抱怨，不诉苦，日后说起时，自己也激动。唯累过，方感闲；唯苦过，方知甜。通过故事，让大家记得与反思，从中得益。

浙商的四大文化品质

苦中作乐的精神
小中见大的眼光
新中求强的变革创新
我中见仁的情怀

——摘自《阿杜话语》

交 友 秘 诀

一个人比你优秀——放心交往（有正能量）
一个人有德行——可与他合作（有厚德载物）
一个人有智慧——安心与他同行（有前程）
一个人生命有质量——可成为知己（有高度）
一个人有远见——可与其交流能碰撞出思路（有出路）

——摘自《阿杜话语》

第一节 三本书的故事

[写在故事前面的话]写书很苦,但乐在其中;写书很累,但获益匪浅。

2018年,我一介草民竟然生出写书的念头,想想也很开心。2019年,《阿杜话语》《城市应急安全通识》已经出版;第三本书《阿杜故事》也将于今年问世。作为一个"劳碌命"的民间协会的会长、公司董事长,工作之余写点书,而且一写就是三本,真有点自鸣得意之感。自己想想这两年不知道怎么过来的!让我想起一句话:"志士惜日短,愁人知夜长。"

我文化程度不高,水平有限,但我勤思考、静心学。我认识到:聪明分层次,智商有高低。有的人思维与动作脱节,说与做不一。好在我这个人说到做到,而且要尽力干好,因此就会静下心来钻进去,不断深入思考总结;又能跳出书本,作客观理性的分析。写书虽难,但这是我漫漫人生路上的又一次修炼!我获益匪浅。

第一本书《阿杜话语》

该书收集了我近40年来的笔记和发表在《环宇报》上的"阿杜语录(山寨版)"。我称它为"山寨"空口白话,随便说说,没有出处,也许经不起推敲,但都是我的真实思考。

工作生活中我悟出一些道理,辩证地说有时"歪理"也有理,觉得蛮有意思,

就喜欢随手把它记下来。几十年了，养成了一种习惯，不管工作再忙，总会把这些"思想火花"摘录下来。时间长了就积累多了。现在老了，空闲了，整理了，汇编成书，乐人乐己。所有阿杜话语都是生活和工作的有感而发，随口白话，稍作修整、提炼、"拼凑"成句。虽都是片段或碎片，但我自认为杂而有序，乱而有道。希望在自娱自乐之外，能给人教益，如能这样，我就感到满足了。

第二本书《城市应急安全通识》

应该说这本书是恰逢其时：2003年的"非典"和上海"11·15"特大火灾虽已成历史，但眼下"新冠肺炎病毒"又肆虐全球，让许多国家都在研究突发事件的应急安全管理。作为特大型城市的国际大都市上海，公共安全管理工作是政府工作的底线。自2018年由政府11个职能部门组建国家应急管理部，把消防纳入应急管理部门以后，消防领域应急安全常识的普及问题亟待解决。由此，促使我写一本有关应急安全应对技能、逃生自救常识、通俗易懂且实用的科普书。

该书之所以定位为"通识"，旨在向社会大众普及基本的逃生自救常识和应急处置、抢救小技能等方法，以降低突发事件发生的概率，减少损失。该书的特点是既有科普性，又有实际操作性。阅读对象从管理部门到各类企事业单位、基层社区，各类学校学生到一般市民都适用，既可作为科普宣传手册，还可作为科普读物、便携实用。

这本书对我这个农民出身的基层专业人员来说，确实是跨界写作。在这个过程中，我翻阅学习了许多文献资料，请教了有关专家学者，求教于许多实践工作者，整个写作过程更是一个学习的过程。

第三本书《阿杜故事》

该书是对我几十年人生的全面回顾,也算是一本自传吧。现在社会上很流行写自传,其实各人写自传出发点是不一样的:有人想留名于身后,添枝加叶,花里胡哨,以求流芳百世;我有自己的做人准则,不求闻达,视往事如轻烟淡雾,飘然而去。

我人生的"三本书",正如应部长评价说的那样:"阿杜先后编写出三本书,三本书各有侧重,体现他的思想性、前瞻性。"

第一本书《阿杜话语》,是他平时注重学习,随时把各类知识记录下来,随时把点滴所想所思积累起来的结果。

第二本书《城市应急安全通识》,是阿杜对从1998年进入消防领域20多年来的消防安全知识和实践工作经验的总结,也是对消防行业的一个贡献。

第三本书《阿杜故事》,讲的是企业发展的艰难历程和他自己成长的经历。

我感谢生在新社会,长在红旗下,赶上了改革开放的好时代。是时代造就了现在的我。我感恩遇到"六种人",我感恩!我知足!

有人说,出名要趁早,写自传要上点年纪。出名的想法没有了——太老了;写自传我还有点资历——有点年纪了,正好。

我写书的三条原则,一不请名人代笔,靠自述;二用第一手资料,务求翔实;三力求"真""实""新""精",写出一个有血有肉真实的我。但愿此书出版以后,大家看了有所启发。

第二节　东阳市场贪小便宜吃大亏的故事

[写在故事前面的话]说企业不想赚钱，那是虚伪；但企业赚钱必须取之有道。

在东阳经营期间，让我印象很深、教训最深刻的一件事：大约在1997年10月，浙江杭州一家贸易公司的一位副总来到东阳钢材市场推销一批主要用于建筑公司搭钢架用的焊接钢管（约30吨）。推销理由是公司流动资金紧张，需要马上脱手这批钢管用于公司流动资金周转。由于该公司以前也和我做过钢管生意，是老客户，愿意以低于市场价格200元左右出售，并且可以送货上门，当时，上门推销钢材的也有，我想反正要进货的，有人送货到公司，多购一些做库存也好。于是同他们公司签订了购销合同，货到付款。过了几天，货送到后，我公司立即付清全款约10多万元。谁知道，到1998年5月，我已经到武警上海消防部队下属的三产公司（上海寰宇建筑消防工程公司）上班，接到公司来电话说，宁波市上虞公安局经侦支队和东阳公安经侦支队一起来钢材市场调查核实这批钢管进货渠道和销售情况，叫我速回东阳。于是，我马上收拾行李回到东阳钢材市场，向东阳公安局经侦支队提供相关合同及付款依据，并如实写清楚事情经过。当时，我们的确不清楚这批钢管的进货渠道，只知道他是个贸易公司，送货上门的。谁知道这批钢管是他们骗来销售的，对生产厂家的欠款一分也没有付过。经过大约一个多月的调查核实，公安部门提出要拉回市场内库存近20吨钢管，同时要求把已销售的10多吨钢管款也一起先退还厂家。为了平息事态，我们也托人从中帮助沟通。后来近20吨库存钢管被没收拉回，货款也退还，总算没事了。但按有关法律规定，如果以后从杭州贸易公司追回赃款的话，公安部门应退还我公司。后来我也没时间去询问退款之事，所以至今也不知道下落。唉！平民百姓有时有理也说不清，反映诉求难啊！还是难得糊涂，破财免灾，吸取不贪小便宜的教训吧！

第三节　为业主优化方案节约投资成本的故事

[写在故事前面的话]多为业主着想，讲诚信，树品牌。金杯银杯不如好口碑。

我始终认为办企业首先要讲诚信，做事先做人，先做好人才能做好事；做人要诚诚实实，做事要明明白白。我这个人喜欢透明，只有透明了，别人才会信任我。复旦大学消防施工审图审核的故事正说明我的想法是对的。

2000年至2003年，公司进入高速发展的"快车道"。其间，承接了松江大学城、上海外国语大学、东华大学、复旦大学学生园区和留学生公寓，以及浦东新区文献中心、闸北区精文城市花园等消防工程项目。

2001年，在施工安装复旦大学学生园区（留学生公寓等）时发生了意料不到的情况。该园区建筑面积为18万平方米，7层学生公寓楼。当我们把消防设计审核施工图送到杨浦区公安消防支队审核时，出现了问题。按照建筑消防设计规范，学校7层以上（含7层）的公共场所，必须增加消防灭火栓系统、消防灭火报警系统和消防火灾喷淋系统。而若增加这三大系统设施设备，学校就要增加资金近1 000万元。

复旦大学副校长张一华听到这个"天文数字"，简直懵了。他请总承包方东方明珠房地产有限公司帮助解决这个难题。东方明珠房地产公司副总经理、项目负责人薛宝根找到我，商量如何帮助复旦大学节省投资。

当时，我凭着一股热情，答应了下来。由于那时我对消防设计规范、相关流程和专业知识还比较缺乏，我就先向消防局原政委朱伟昌和杨浦公安消防支队请教。但根据有关规定，支队不能审图审核给予答复。因此，我又到市消防局建审处向业务分管处长咨询。经多次登门反映和解释，市消防局建审处终于同意采纳复旦大学基建办的方案。理由是学生公寓不同于一般的公共场所，它的功能就是居住，应该参照居民住宅小区建筑的消防规范来设计。

经过上上下下疏通与论证，最后市消防局同意复旦大学学生园区7层楼学生公寓按住宅规范审图出批文，不需要配备报警、喷淋和消火栓三大系统，但各楼层需要增设灭火器及消防箱，总共投资只需要50多万元。

这件事的解决，不仅为学校节约了一大笔开支，也为后来市消防局在实施全国建筑消防设计规范时提供了范例，允许学校学生公寓低于7层以下的均可以按这个规范设计施工安装消防设施。

作为施工单位工程标的越高越好，赚钱越多。这件事，有人说我傻，帮助甲方降低标的，简直就是自己挖"坑"，自己往"坑"里跳。我的"反撬边"，复旦大学领导层认为这是我的诚信，不但为学校节约了一大笔开支，还为市消防局建审处设计规范制定标准提供了案例。因此取得了复旦大学基建办公室领导和总包、监理的信任与认可。

第四节　复旦"双子楼"项目招标的故事

［写在故事前面的话］以谦让取得德行的进步，以退让的姿态作为进取的阶梯。

2002年初，复旦大学学生公寓竣工验收。由于公司的诚信，注重品牌建设，确保消防工程质量，得到总承包、工程监理单位和复旦大学基建办公室的认可与好评。

当复旦大学双子楼（建筑面积近12万平方米）进行招投标时，我公司得到复旦校区建设总承包单位——东方明珠房地产公司的推荐，参加该项目的招投标。这个工程的消防系统的标的达2 000万元，在那时绝对算是大项目。眼看我们"环宇"可以将这个大项目揽入怀中。谁知风云突变。2004年8月，双子楼招标开标讨论时，东方明珠房地产公司作为总承包单位突然提出不同意见。

会后，有位基建办负责人告诉我这一信息。面对突如其来的变化，我镇定自若，不争不吵。事后找复旦大学基建办的领导汇报沟通，得知总承包单位的领导又推荐了另一家消防公司。当时，确实弄得我有点尴尬——煮熟的鸭子飞了！为了保持友好合作关系，我作出了退一步的决定：不争、不闹、不解释。因为我觉得不争也是争，以退为进也是进。

过了一段时间，果然机遇女神又一次眷顾：分管基建办的副校长和其他几位同志又推荐我参加复旦江湾新校区的建设。半年后，我公司顺利地中标了复旦大学江湾新校区的行政楼、图文信息中心等项目。真可谓"失之东隅，收之桑榆"。

更令人欣喜的是，在复旦建设的近8年时间里，我交了张一华常务副校长、校长助理杨存忠（后调任华东理工大学副校长）、顾进生副校长、基建办王国兴处长等一批学校朋友，至今我与他们一直保持联系。每当我回想过去抓工程质量、诚信经营发展思路，曾经也有人对我的思路和理念表示怀疑和否定，但我始终坚持自己的信念：老实人不吃亏，讲诚信得口碑，金杯银杯不如口碑。

第五节　京江路商铺退房的故事

[写在故事前面的话]做人宁可吃点亏，不要太精明，有失必有得。

2002年初，我承接了上海东方明珠北区置业有限公司投资的精文城市家园（地址在虬江路京江路共和新路口）。当时，由于投资方资金周转发生困难，提出要求我预订购买下属公司的楼盘京江路商铺C1-3号，总面积为266平方米，每平方米单价为9 000元，总价为239.4万元。

考虑到双方是友好合作关系，我同意先预先认购，并于2002年9月2日签订了协议（见认购协议）。我也按照协议约定支付了20%的购房款。

到了2004年房价上涨，该楼盘门面房涨到了每平方米2万元。到工程竣工验收，开盘的前几个月，该项目的领导突然通知我，说要取消该认购协议，退回我所预付的20%的购房款。这下子把我给蒙住了：心想，可以赚260多万元的房子，对方说收回就要收回，于法于理都说不过去。

眼看煮熟的鸭子又飞了，我既有点懊丧，也想与他们理论，但又考虑到毕竟曾经是合作伙伴，友情为重，不忘别人的好，说不定今后还有合作机会。我一直认为，赚钱不是最重要的，做人做事退一步海阔天空，来日方长，从长计议，这样我就放弃了这个协议。

至今回想起来，我仍然不后悔，我始终认为当时我的决定是正确的。经历此事，我觉得也是我道德素质修养的一次提升。企业要健康发展，人健康活着是最关键的。这样一想，什么都想通了。8年前这家公司的领导离开人世，我不计前嫌，受邀送他最后一程。

这个故事让我想到了母亲的做人：她什么都肯让，甚至把自家的宅基地也让给别人造房子。她常说："量大福大，好东西自己吃了落粪坑，别人吃了传四方。"办企业不是办慈善事业，当然想要赚钱，但第一位要学会做人，做人最要紧。

第六节　获得上海市消防行业工程麒麟奖的故事

［写在故事前面的话］成功都是在关键一刻到来的，真正的金子总在烈火中炼成。短期靠机遇，中期拼实力，长期靠人品。

"环宇人"做消防，我是认真的。

2003年我公司中标浦东新区展览馆项目后，继而在2004年经老乡徐主任介绍认识了老乡本家上海昌欣房地产开发有限公司总经理杜英航。当时他们计划在金桥开发区建造一座七八万平方米的商务大楼。当他得知我在承建复旦大学、浦东文献中心等项目消防工程上,讲信誉,肯担责,保质量,便邀请我跟踪他们的项目。然而,让我万万想不到的是这一"跟踪",却是长长的8年。开始,由于该项目是国企、私企共同投资开发的,总承包土建承包单位一直与业主合作不顺畅、磕磕碰碰;随后,该项目规划发生变更,由商务办公楼改为五星级酒店;最后又节外生枝,2008年该项目被整体打包卖给了一家私企公司开发。

承接项目工程,最怕业主变更。为了向新业主展示我公司的优势,我邀请市消防局原政委朱伟昌到项目现场考察指导,同时我自己也多次主动找这家私企公司的上海项目总负责人汇报交流情况。对方看我态度比较诚恳,讲得比较多的是恳请他们在同等价格下优先考虑我公司,并保证消防设计审核验收服务到位,诚信经营,承诺坚守廉洁文化建设原则,保证施工过程中不随意停工等。经过两三次评标,最后我公司中标了。当时我心情无比激动。这不仅是因为经过8年的反反复复,我们终于拿下了这个项目,更是因为这是我公司第一次承接万豪洲际酒店这样超五星宾馆的消防工程。这个项目大多数设备材料都是进口的,而且施工质量都是参照国际标准要求施工安装,做起来难度的确较大。这既是对我公司的挑战,也是提升公司管理和施工质量的机会。为此我特地招聘了一位有丰富经验的高级工程师,并招聘一位年富力强的建造师(项目经理)担任项目负责人。同时公司作出两项重要决定:一是开展工程质量优良竞赛活动,工程质量优良,得到业主认可,公司给予项目部20万元质量安全奖;二是实行承包激励机制,以提高消防工程质量求企业发展的战略构想。

功夫不负有心人。经过2年多时间的建设,该项目于2012年初,顺利通过竣工验收,并获得上海市消防工程麒麟奖。业主对我公司施工质量、安全、诚信经营等方面给予了较高评价,还奖励我公司10万元人民币。有了这样优良质量的工程,为2013年我获得上海市政府质量金奖个人荣誉称号打下基础。

连续8年的跟踪,颇具传奇色彩;工程质量过硬获得多个奖项,颇有新闻价值,引来多家媒体争相报道。《人民日报》以《上海环宇:消防责任重于泰山》为题、《建筑时报》以《试行股份激励机制 提高消防工程质量》为题、《新东方消防》以《扬企业正气,铸文化之魂》为题分别做了报道。

各家媒体的报道,见证了我兑现"让'环宇'人不仅仅做一个高薪打工者,更要做企业的经营者或承包者的双赢"的公司承诺。尝试推行股权激励机制，让优秀人才的才华充分得到发挥，让优秀人才成为企业的主人，让每位员工施展自己的才能，这是保证工程质量和安全的基石。2020年，昌欣房产的老总杜英航又邀请我公司参与"奉城商业中心"项目招投标，并承诺同等条件优先中标。

第七节　参加东阳商会、金华商会的乡情故事

[写在故事前面的话]献爱心，得人心，付出总有收获。

2003年至2005年，随着上海浦东开发开放力度的不断加大，全国各地优质企业纷纷进驻上海，浙江地区的各级政府办事处相继在上海成立异地商会。于是东阳上海商会、金华上海商会相继成立。"环宇"成为商会的常务副会长单位，我积极参与其中。入会是开心的，会费是高昂的：我清楚地记得，金华商会除了会费以外，还要外加赞助。我这人不怕吃亏，出了钱，还出人、出力，我还派办公室人员参加年会会务及编写刊物等商会活动。

俗话说，有付出，就会有收获。在人力财力付出的同时，我也收获了喜乐和乡情。在这个平台上交了一批同乡朋友，同时企业也得到了展示，扩大了知名度。由于我能付出、善交际，和各位老乡交上了朋友，首先得到了金华商会第一届会长吕彪和第二届会长吴良刚以及东阳商会会长蒋保龙及部分副会长的信任认可。家乡人重乡情，讲感情，给足我面子，先后邀请我参与江苏苏州吴江盛泽国际纺织城、上海南外滩伦达大厦、江苏常州华东食品城2期项目常州伦达ECI食品总部基地、普陀长风商务区赢华国际广场、浙江广厦投资的虹口区柳营路灯具城和闵行区美国苹果（上海）化妆品有限公司等项目的消防工程建设。这是商会为我搭建的平台，老乡给了我机会。2010年时任上海应用技术大学校长、老乡战友卢冠忠竭力推荐公司参加奉贤新校区的建设。在亲密战

友的过问下，公司承接了该校新校区图文信息中心、体育馆、宿舍楼等工程。为了不给老乡战友丢面子，我全身心投入工程质量安全的管理工作，按时保质保安全完成了工程消防竣工验收，并获得了上海市消防工程麒麟奖。对他的真诚真心帮助，我将终生难忘。遗憾的是他于2017年8月12日因病离开了我们，记得他临走前一天上午9点30分左右，我到第六人民医院看望他，当时他已不省人事，我上午11点15分左右离开医院，下午2点12分他离开我们了。老战友的离开，在怀念的同时，让我对人生有了更清楚的感悟：人生在世，活着健康快乐每一天最重要、最幸福！为了表示对他的哀悼，我在公司2017年《环宇报》（总第79期）第一版发表《缅怀！老战友卢冠忠愿您一路走好！》一文。卢冠忠同志的军人作风、刻苦钻研的精神、教授的勤奋、科学家的严谨、同志间的真诚、战友的情谊、老乡之间的乡情，我历历在目，值得我学习。

我付出的是真诚和努力，得到的是浓浓的乡情和真切的信任。我当时是这样想的，越是同乡，工程质量服务越要做好，否则在上海同一个商会里，低头不见抬头见，怎么向同乡交代！面子上也过不去。

我做工程是认真的：每个项目我公司都按时间节点给业主完成消防工程竣工验收备案，让业主拿到消防批文后去做房产证销售，加快资金周转。因为公司保质量讲诚信，双方合作都比较友好愉快，他们也认可我。真可谓合作双赢，盆满钵满。

第八节　红酒抵质保款和房子作抵工程款的故事

［写在故事前面的话］退一步海阔天空，退两步风平浪静。

在21世纪初，有一首歌《我爱你，就像老鼠爱大米》风靡一时。有的老乡老板像歌曲唱的那样，对钱和数字看得很重，讲简单些，就是重钱轻义吧。

比如普陀区长风商务区的一个项目，邀请招标时，我公司以最低报价入围后，又压了三次价，总价从1 000多万元压到863万元最低价中标。当时，我考虑是同乡，同是商会的会长，是熟人朋友，中标是关照我，给我面子。这项目是总价包干承包的，总建筑面积108 180.07平方米，当时预算造价定额为120元一平方米，总价要1 200多万元；若造价定额为95元一平方米，则是有15%左右利润；按现在的中标造价，平均只有79元一平方米左右，这样的价格只能保本微利。但我想想交个新朋友也好，创出品牌则更好，在这样思想指导下，也就欣然接下了这个明知少赚钱的项目。

结果到工程竣工验收决算时，风波突起：本来合同约定是总价包干工程量，若设计变更增加工程量，则可以列入决算。实际上，确实增加了工程量，需增加30多万元费用，但他们不同意支付。而由于该项目在施工过程中公司与消防部门沟通设计规范，优化了火探管器材部分，公司由此节省30多万元，但对方坚持说，这优化部分工程及材料款要扣除计算。这样，公司一来一去60多万元打了水漂。搞得我简直傻了眼：本来工程仅仅只能保本，还要买红酒，这种事放在谁身上都不会接受的，我还从来没遇到过这样的尴尬。

但是，我还是认了，也忍了。为了不伤这份老乡情，我退一步想想，吃点亏算了，只要拿到工程结算余款就好了。谁知一波未平，又起一波：工程款拖了很久才支付到95%，最后支付质保款40多万元时，他们一定要我购买进口红酒抵工程质保款。协商后，我同意购买10多万元的红酒，计算一下，他们是按3 000元一瓶抵款的。其实在当时，市场上这种红酒最多200元左右一瓶。那时心里又是一阵酸痛，简直要昏倒！但回头想想，这些红酒，不拿白不拿，拿来送客户朋友也好，自己喝就当神仙药酒吧。这样一想，就又坦然了，放下了。

2009年，公司先后承包伦达集团投资的南外滩伦达大厦和江苏常州华东食品城2期项目常州伦达ECI食品总部基地。

"华东食品城2期项目"公司进场施工时，土建总包单位是浙江东阳老乡，是东阳老乡某女士承包的。他们的现场项目经理要求先支付20万元的安全、劳保等押金才可以进场施工。为了不伤和气，能正常开工和得到土建总包老大哥的关照支持，我公司就立马支付了这笔押金。不料工程竣工验收后我公司要求退回押金时，该土建总包项目经理却百般推脱。几年后，听说他到西安等外地去承包项目了，人也很难找，有时打电话也不接，推三推四，就是不肯退还押金款。而公司老总也推脱说这是土建总包项目经理承包的，要找他本人解决。结果一拖就是三年多，至今仍是石沉大海。不过听说，前几年该项目经理已离开人世。想想人家已走了，祝他一路走好吧。

谁知该两个项目工程结束时，伦达集团因资金周转困难面临停业，他们欠我100多万元工程余款也无法结算支付。由于集团老总和他的妻子对我印象好，讲信用，第一时间同意我到常州华东食品城抵押了三套房子（40左右平方米2套，100平方米1套），去年保本出售了2套，至今还有1套。

以上的故事，虽然听上去有点心酸，但也给我上了一堂"吃点亏也是福"的课。其实做人宽容一点，多想想人家好，工程让你做已经给你上岗生存的机会了，赚钱不是人生唯一的追求目标。只要能健康活着就知足矣！

第九节　一个诉讼工程质量和维护公司权益官司的故事

［写在故事前面的话］太过善良软弱的人，往往容易失去主动权，错过最佳时机。正义有时会迟到，但从未缺席！打官司没有赢家。只要心中拥有正能量，迟到的正义更珍贵！

求发展，找场地，甲方乙方意外结识。

随着公司业务发展迅速，为了扩大经营，公司计划打造消防科技园区、筹建智慧消防物联网平台，准备买地造办公用房。由于经济大气候环境不太好等因素，寻找合适土地地段遇到困难，决定购买办公用房时，区工商联有位朋友介绍说：区工商联的会员企业在宝山区有工业用房8万左右平方米要出售，价格在每平方米6 000—7 000元。我到该售楼处看了以后，感到该楼盘价格是不高，但设施不完备，还没有竣工验收，距离市中心也比较远，交通不方便。

就这样，认识了该公司老总（法人代表），他得知我是做消防工程的，而且又是朋友熟人介绍，听说我公司诚信度好，又是一级资质企业，邀请我参与工程招标，还邀请我和那位领导朋友在大宁公园潮府聚餐，答应该项目工程可以中标，但必须消防验收要搞定。当时他想通过消防验收把工业用厂房土地性质变为商办楼，有叫我帮忙的意思。

资金水电不到位，被迫停工结下芥蒂。

时隔一年左右，2013年7月，双方签订了消防工程施工合同。约定暂定价450万元，工期到2013年底完工，双方在结算时确定最终工程价款；结算时工程量按实计算，预算单价不作调整。但由于业主水电资金没有及时到位等原因，导致工程完成85%左右就停工。

春节期间，该公司同意我公司开发票支付350万元，结果只支付了工程款300万元人民币。工程停工至2015年9月，该公司老总和副总两人亲自到我办公室要求复工，我方要求先支付50万元工程款再进场施工，他们不同意，坚持说只要完成消防设施调试检测，第三方出具检测报告，就可以支付总价的90%。考虑到是有熟人朋友关系，我也退一步处理，想想半途决算，退出对自己信誉也不好，所以就同意马上开工，就算帮忙交个朋友吧。

工程检测验收，推诿拒付余款，意外遭遇寒流，风波再起。

到2015年12月初，工程施工全部完成，第三方检测公司出具检测报告并报市消防局备案。12月底，10号楼及地下车库近3万平方米消防竣工验收，报宝山区消防部门验收备案，我总算松了一口气。下一步，该公司就可以报土建验收，领房产证出售了。2016年元月初，我公司请求对方支付工程余款120万元，却遭到对方推诿。真所谓，天有不测风云，2016年元月24—25日，上海遭遇30年一遇的寒潮，气温达到零下7—零下8摄氏度，上海有几十万家庭水管卡箍机件都发生爆裂。该工程10号楼及地下车库从1层到顶层因没有安装门窗玻璃和保温措施，有100多处扣件三通爆裂，预算材料费2万元左右，维修人工费在8万元左右。面对如此境况，我公司同意再退一步，先做好维修后协商。当时我公司维护人员第一时间赶到现场查看，并答应春节（2月4日是年初一）后维修。大概正月初八，那天我公司还没有上班，他们打电话要我到现场解决。因员工没上班，我和儿子杜帅两个人去协商，对方始终坚持说我公司购买的全部都是伪劣消防产品，要求全部拆除消火柱、喷淋水系统重新施工，否则的话就全拆全赔。

工程维修遭到拒绝，双方商议无果而终。

针对这种情况，我公司2—3月中旬多次派人送扣件、三通配件等材料到现场要求施工维修，都遭到业主和监理公司的拒绝。到4月中旬保安连大门也不让进了，而且派副总经理等人到我公司办公室威胁说如果不拆除的话，叫你赔偿2 000万元。当时，我立即答复：如果有质量问题，我赔你公司2个亿。商议无果而终。

矛盾升级，一纸诉状告到上海市仲裁委。

2016年4月21日，该公司向上海市仲裁委以工程质量问题为由提出赔偿损失550万元。在此期间，他同时又投诉至宝山区市场监管局执法大队、区公安消防支队、区电视台。关于对工程产品质量检查检测，他单方面拆除沟槽式管件正三通ϕ100和ϕ150几个使用过的旧产品，送公安部上海消防装备检测中心检测，并且还请电视台到现场拍视频到电视台播放报道。为此，我到宝山消防支队接受调查答疑时，把该消防工程（8万平方米）已经第三方××检测公司出具了合格的检测报告并报上海市消防局技术处备案，以及该工程10号楼及地下车库3万平方米左右已在贵支队申报建筑消防工程竣工验收备案等情况做了详细汇报。在我说明情况后，宝山消防支队感到该公司投诉的情况与事实不符。因此后来就不做罚款处理了。在当时，我是竭尽全力无处使、心力交瘁找依据、四处讨教学法规。对他们不分青红皂白叫电视台报道、损害我公司信誉的做法，虽很气愤，但还是一个"忍"字，因为深知"忍辱不争也是争"。

在仲裁期间，他们私自拆除建筑沟槽式管件和镀锌钢管送上海某检测机构检测，拿了一份不符合国家质量检验检测条例规定的检测报告，要求仲裁庭采信,后被仲裁庭驳回不予采纳。

经过一年多时间,开了5次庭。终于在2017年5月19日,驳回他们的所有仲裁请求。我公司要求支付余款的反请求由于对方不配合审计和没有提出司法审价也被驳回。他们不服裁决,又上诉一中院,诉讼理由是:上海市仲裁委枉法裁判。2017年7月25日判决结果上诉请求被一中院驳回。

为了能使双方和解,我方提出工程结算余款,遭到极力反对。为此,我提议由上海市工商联出面双方协调解决,但对方耍赖,并威胁说,如果你不赔偿360万元损失费,就到上海市消防部门、质监部门、市场监督管理局举报投诉产品质量问题,让"环宇"品牌名誉扫地!同时他在市、区工商联微信群,散发环宇公司质量存在严重问题的虚假信息:"伦敦大火,教训深刻,提醒各位:有委托过'环宇'消防施工的楼宇,严格排查,消除隐患,更换伪劣的消防部件。"为了能达到要我公司赔偿360万元的目的,该公司法人代表先后以政协委员的身份向市、区市场监督管理局,市、区公安消防部门,静安区、宝山区消防质监部门等投诉举报20多次,最终均无结果。

2017年,宝山消防部门出具了一份建筑扣件(三通)检测不合格报告,并对我们公司开具了罚单。我公司到消防支队进行答辩,我方提出3点反驳意见:一是产品检测已超过二年质保期;二是消防部门提取样品时,厂家和我公司都不在现场;三是由于检测程序不符合国家标准检测总局条例。要求依据《关于消防产品质量检验结果书中【沪宝公消字产验字〔2016〕第025号】沟槽式管件正三通φ100检验结果的异议要点》进行答疑。

为了维护企业质量品牌,"环宇"依法维护公司权益。

由于对方到处乱投诉诬告,为了维护企业品牌和保护自身权益,我公司于2017年11月30日向静安区人民法院起诉被告财产保全损害责任。2018年2月判决被告以550万为基数均按中国人民银行同期贷款利计算赔偿。判决后被告不服。2018年4月上诉至上海二中院,2018年7月10日终审判决被告以550万元为基数,按照中国人民银行同期1年期贷款利息,减去同期活期存款利率计算。

由于被告多次以政协委员身份乱举报投诉,为此,我公司为了维护自身的权益，在2017年8月份向上海市仲裁委提交仲裁申请，要求被告结算支付工程余款1 935 856元及签证费和利息。

官司历时4年多，法律终究给了"环宇"一个公道。

在此期间，被告用尽各种办法，于2018年3月投诉到宝山区公安经侦支队并要求调查消防产品质量问题；还向上海市仲裁委寄送《调查取证申请书》要求发函调查。无奈，我公司先后多次向公安经侦支队提供仲裁委及法院的裁决书及相关产品质量证书资料。

7月我向上海市公安局信访办反映情况，8月宝山区公安分局取消调查。2018年9月13日，上海市仲裁委复函该公司：《对贵司就投案提出的取证申请本会不再接受》。经过近两年的庭审，2019年8月27日，上海市仲裁委作出裁决：被告支付剩余工程款1 442 270.40元，律师费酌情支付10万元，鉴定费63 637.95元，仲裁费33 069.60元共计（1 638 977.95元）。被告不服，于2019年9月24日向上海市一中院提出裁决存在仲裁程序违反法定的情形，应予以撤销诉讼。2019年11月26日上海市一中院驳回申请人的申请。

打赢官司后我的思考：

这场官司让我经历了4年多的委屈、担忧、无助的时间，官司虽然赢了，但也给我留下了几点思考。

一、打官司没有赢家。说实话，这场官司我是不愿意打的，是对方逼我，是不得已而为之。主要目的是为维护公司权益和公司生存发展，因为公司的质量金奖品牌不容污损。虽然奉陪花了我四年多时间精力和财力，但也从中学到了不少法律知识，对《建筑法》及条例，《消防法》及规范，《行政许可法》《合同法》《产品质量法》《刑事诉讼法》，以及最高人民法院建设工程施工合同司法解释、国家质量管理检验检测条例等10多部法律法规有了进一步的了解和掌握。在诉讼过程中，公司请盈科律师所张刚律师、上海锦天城律师所全开明律师代理诉讼，并向他们学习法律知识；对《合同法》把握不准确的地方，我就向合同管理有关专家、学者讨教咨询；向上海质量研究院质量处专家请教咨询消防产品质量检测条例；碰到立案诉讼程序等方面问题，我也咨询法律界专家；对于产品质量监督检查程序方面的问题，多次向市消防局相关专家咨询请教。打官司也让我熟悉学习了这些法律知识。正是由于我有一定的经验和专业知识，上海市仲裁委聘任我为仲裁员，也能为行业内企业公平正义维护权益提供帮助。

二、关于施工产品质量问题引起的纠纷，让我更加清楚看到公司在施工管理中也存在管理制度上有待改进的地方。（1）产品规格型号进货时，签收人员工作不够仔细、认真、负责，没有严格按合同约定规格查验；（2）对工程调试检测验收后，遭遇寒冷天气，采取防水防冻等措施提醒业主防范不及时；（3）在施工过程中有时候用口头告知表达，没有坚持用工程联系单方式告知业主，今后应加强这方面的制度完善，避免减少工程质量出现瑕疵。

三、只要心中有正义感，人生就充满正能量。打官司不是我的选项，但碰到了，要以公正公平的心态冷静面对。尽量以退为进，做到忍辱不争也是争，暂时的诬告委屈要忍得住，相信当今社会上还是存在公平正义的。这样的结局，也应验了古语"相由心生、命由心造"的人生价值观。

清者自清，无须争辩；大事面前，淡定从容；有人诋毁你也好，误会你也好，都不需急于去争辩与解释。只要身子正，就不怕影子斜，对流言蜚语和议论的争辩，未必有用；不说不辩反而清净，即使不说不辩，时间会帮你澄清。正如物美张文中所说，正义不会缺席，但会迟到。迟到的正义依然无比珍贵。2019年12月对方提出要求是否可以和解推迟6个月支付执行款。考虑到对方有诚意，公司同意3个月内支付不计利息，并于2019年12月19日签订执行和解协议。2020年3月19日，由于被告在期限到时还是无法按时支付执行款，要求再延期3个月。3月19日双方又签订了《会谈纪要》，被告签订了分5月、6月、7月三期付款的《还款计划书》，5月底第一笔执行款已支付。

这场经济纠纷我总想以"和解"结束。从以前的朋友介绍朋友到成为朋友，现在还想继续做朋友；从打官司对簿公堂到现在和解了事，我现在期待今后还是朋友。这对我来讲也是开心的。

第七章

展望未来,自信与担当
求真反思,文化与传承

协会发展,责任担当是我老年认识人生的求真反思。本章主要叙述:一是我对行业协会助力长三角一体化应急产业联盟成立发展,对智慧消防与应急产业融合发展趋势的思考,以及关于加强本市应急物质管理体系建设的建议;二是对协会未来发展之路的探索;三是对公司展望、生命延续和文化传承。让我的愿望在历史中得到检验。

事业成功的"三多"法则

比别人"多"一份努力。比别人做得更勤、更好、更出色。

比别人"多"一份坚持。要有知难而进的勇气,更要有一种笨笨的坚持。

比别人"多"一份微笑。面对他人的微笑,他会真心回报;面对自己的微笑,自信马上有效。

——摘自《阿杜话语》

规划与目标

没规划的人生叫拼图,有规划的人生叫蓝图。

没目标的人生叫流浪,有目标的人生叫航行。

圆规为什么可以画圆?因为脚在走,心不变。你为什么不能圆梦,因为你心不定,脚不动。奇迹还有个名字叫努力。

人与人之间的差异,因为你在赖床,他在锻炼;你在应付工作,他在用心工作;你看见今天的事,他已在筹划明年的事。

旅游需要导游,人生需要导师;阅人无数,不如老师指路,名师指路不如跟随成功者的脚步。

——摘自《阿杜话语》

第一节　行业协会助力长三角一体化应急（消防）产业联盟发展作用与意义的几点思考

1. 一个建议和两个呼吁

2019年12月25日，"推进长三角一体化应急管理协同发展会议暨理论研讨会"在浦东干部学院顺利召开。因时间原因，我未在现场发言，便提交了《行业协会助力长三角一体化应急（消防）产业联盟发展作用与意义的几点思考》的书面稿。会后，我以调研报告的形式，向上海市应急管理局提出了一个建议和两个呼吁。主要内容如下：

一个建议：

关于筹建长三角应急安全与应急产业融合发展联盟的建议。为构建长三角区域应急产业和应急安全融合发展共同提升创新能力，打造产业创新共同体发展大平台提供支持，应率先建立行业联盟组织。今天时机已成熟，显得十分必要。

两个呼吁：

呼吁一：对应急安全管理与社会治理探索一条政府、公共组织和社会大众共同参与，"三位一体"行使公权力的运行模式。

呼吁二：针对社会大众安全意识薄弱、存在侥幸心理的现状，加大力度推进安全文化、应急安全常识进社区、进楼宇、进企业的科普全民教育。

附：《行业协会助力长三角一体化应急（消防）产业联盟发展作用与意义的几点思考》（2019年12月25日）

最近，中共中央总书记习近平就我国应急管理体系和能力建设作了重要讲话；中共中央、国务院印发和实施《长江三角洲区域一体化发展规划纲要》。总书记的讲话和《纲要》的发布，为我们设立一批长三角区域一体化运作的社会组织管理机构，推进长三角应急管理体系和能力现代化指明了方向。根据国家深化改革体制战略布局和我会探索筹建上海应急产业联盟的体会，我的思考是一个建议、两个呼吁：

（1）关于筹建长三角应急产业与应急安全融合发展联盟的建议。

为构建长三角区域应急产业和应急安全融合发展，打造产业创新共同体发展的大平台，率先建立行业联盟组织十分必要。2015年经上海市科委批准，由50家应急产业企业成立了上海应急产业（大消防）科技创新战略联盟。我作为联盟理事长单位应邀参加国家工信部召开的中国应急产业发展大会。会上，有关央企、民企提出筹建中国应急产业联盟（协会）的建议。大会结束回上海后，我曾经与上海市经信委提出申请，筹建长三角应急产业（大消防）联盟（或行业协会）。当时上海市应急办十分支持，表示先成立上海应急产业联盟，然后延伸至长三角。在2016年上海应急委1号文件中也明确由市发改委、市经信委等部门牵头负责，时任市社团局副局长贾勇也给予了指导和大力支持。但在具体运作过程中，遇到了困难。经过一番周折，于2018年成立了上海应急产业联盟。同年6月，由上海民政局主办、浦东新区民政局承办的"行业协会商会助推长三角一体化发展"高峰论坛上，相关专家学者也提出筹建长三角应急产业联席会议的建议。为了能实现注册登记联盟的梦想，10月，我带领协会和联盟20多人的考察团，到广东深圳学习交流。当我们了解到广东省应急产业协会已于2012年就成立时，又去市社团局相关处室反映咨询。但雷声大雨点小，至今还是没着落。由于种种原因，我会只能学做小蜗牛，前进路上慢慢走。在去年10月，国家成立应急管理部后，协会提出申请，把上海消防工程设备行业协会和上海应急产业联盟合二为一，直接登记上海应急消防行业协会（或联盟），但市有关部门仍表示这个名称也不合适。因此，今年6月，我会换届变更成立了上海应急消防工程设备行业协会。

今天，中央终于吹来了深入消防执法改革的东风。乘风破浪终有时。我热切期待我的这个建议符合助力长三角一体化发展需要，获得政府职能部门领导的认可。筹建联盟离不开政府指导，行业发动，企业参与，市场运作。

（2）呼吁对应急安全管理与社会治理探索一条政府、公共组织和社会大众共同参与，"三位一体"行使公权力的运行模式。

当前党中央、国务院十分重视应急安全管理和社会治理能力的建设。应急管理是政府主导行使公权力的重要手段；而在政府指导下，充分发挥社会组织和社会大众参与行使这个权力是一种补充手段。目前，我国应急管理还处于起步阶段。从过去几十年政府安监、公安消防、安防、人防、地震、水务、食品药品安全等各部门各吹各的号、各自为政的情况来看，存在着过度依赖中央与地方政府的状况。以消防监督管理为例，都是从上而下，由公安部发号令，各省市推进到基层落实到企业和社会大众层面，明显存在着企业和社会大众主动参与度不高、内因动力不足的问题；存在着重监管轻服务，重资质轻技能现象，政策落实不到位，有点变味；存在着法规过度、过于严苛、落实不接地气，影响社会治理效力和企业营商环境。比如今年中央《关于深化消防执法改革意见》出台后，国家应急管理部对取消消防技术服务机构资质证书，设定具体标准和条件是每个单位2名注册消防工程师和6名消防设施操作员。此项改革为全国中小企业减负近100亿元人民币，受到企业欢迎。但是有个别省却将消防技术服务机构分四个星级，最高四星级每个单位需6名注册消防工程师和10名消防设施操作员，最低一星级为2名消防工程师和6名消防设施操作员。我认为这项规定落实有点变味。

近几年，住建部颁发消防工程施工安装资质证书，对消防企业注册建造师人数没要求，但施工项目必须有建造师备案，这种市场化运作方式，消防部门为何不借鉴一下。像我们环宇消防集团过去6名建造师，现在根据市场需求，公司已注册13名建造师，而且目前还存在注册消防工程师与注册建造师两个证书相关部门相互不认可、不通用的问题，希望引起重视。

这种状况之所以产生，原因有3个：

原因一，没有解决好政府、社会组织、社会大众（居民、专家等各界人士）三者协调平衡新机制。我们认为，在重大灾害、特大事故、应急救援等方面，当然应该是国家力量成为主要力量。当前我国消防救援力量是17万多人，按人口和建筑面积计算，借鉴国外经验，30万人员也不为多。但是，在处理一般性事故，在平时的健全风险防范化解机制，把问题解决在萌芽之时、成灾之前，这就需要政府部门花大量的精力发动、协调社会各方力量，即让社会各级组织、志愿者队伍、广大群众的力量来作补充，与政府一起共同参与治理，从而推动安全风险评估、监测预警、安全风险排查、早期预警等各项措施的落实。在今年我会联合举办的"上海国际应急与消防安全博览会暨高峰论坛"上，我听了《德国联邦技术救援局—志愿者的民事保护》的报告，很受启发。国际上对社会大众的参与度指数是极高、极度重视的。因此，呼吁政府要充分发挥市场配置决定性作用，让社会各类组织、社会大众参与其中，共同组成一道应急安全防范治理的防火墙。

原因二，实现社会治理，加快行业团体标准尤为重要。参照全国消防行业，目前有501个国标、地标、团标，按照安监、安防、水电、人防、食品、药品、地震等10多部门估算，长三角地区标准数量应在3 000个以上。根据国家标委会长期战略规划，5—10年政府放管服改革，行业团体标准要达到50%左右，那时将会有1 500个左右是团体标准。因此，加快推动行业团体标准建设刻不容缓。2016年以来上海共发布团体标准380多个，至今我会在相关安全领域内也只发布了16个团标。可见，长三角地区要达到这个目标，任重道远。

原因三，应急装备科技成果和智慧消防物联网推广应用，政府措施单一缺位。习近平总书记指出：要强化应急管理装备技术支撑，依靠科技提高应急管理的科学化、专业化、职能化、精细化水平。但是，现实情况是，应急产业企业对科技成果推广应用热情高涨，但有关部门反应滞后。据相关资料统计，长三角地区占全国消防生产厂家总数和产值的48%左右。我会与中国国际机械集团公司、德国汉诺威展览公司合作，从2017年起，连续举办了三届中国（上海）国际应急安全与消防博览会，取得了一定成效。然而，由于政府应急管理部门"小三定"未确定等原因，政府相关部门指导的安全展、消防展、安保展、人防展等十多个展览会，由于利益驱动，各开各展，各打各算盘，使得科技装备推广困难重重。我们热切期待在政府指导下，像"进博会"那样，政府协调开展统一办展，推动智慧城市应急安全管理平台建设。

（3）呼吁针对社会大众安全意识薄弱、存在侥幸心理的现状，加大力度推进安全文化和应急安全常识进社区、进楼宇、进企业的科普全民教育。

当前，我国对公共安全管理领域的相关理论研究十分重视，相关专家学者对应急安全管理提出了很多建设性方案和理念，这是十分必要的。但是，重理论轻实践的状况依然存在，值得重视。

据我了解，最近大家都在学习贯彻习近平总书记在中央政治局第十九次集体学习时的重要讲话。上海教育出版社十分及时地出版了学校消防安全教育《会灭火大象艾力》幼儿教材丛书，为应急安全科普教育从娃娃抓起，开了个好头。同济大学出版社出版的《城市应急安全通识》科普丛书第一册，是一本居民百姓发生火灾怎么逃，落水怎么救，车辆、飞机、地铁发生事故怎么应对等的实用手册，是一本像连环画那样的通俗易懂读本。我们期待今后有更多应急安全方面的科普书籍出版。我会应急安全科普专委会，2019年科普宣传达300万人次，如果要普及到上海和长三角区域，估计3 000万到3亿人次都不为多。

以上仅供领导专家参考。如政府部门狠抓落实，善作善成，需进一步调研的话，我协会将积极配合政府做好这件利国利民的大事。

2. 对智慧消防与应急产业融合发展趋势的思考

所谓智慧消防，就是充分利用大数据、物联网、云计算、移动互联网和人工智能的互联互通。

（1）大数据，包括火灾数据，气象数据，车辆、轨道、航空、水上交通数据，产业数据，单位管理的消防设施数据以及用水、用电、用气数据，等等。它不局限于消防本身产生的数据。

（2）线下物联网，就是把各种设施设备产品的数据，包括压力、温度、位置、长度宽度、声音、图像、振动、气味等里面的故障,进行报警、监管等,通过互联网技术手段自动联网,是产生大数据的最主要渠道,也为物物之间的沟通交流提供基础。

(3)云计算,就是把储存数据按规划进行计算并提供结果。

(4)移动互联网,就是用手机、iPad之类的移动工具,快速不间断地联网使用。

(5)人工智能,就是让机器或系统能够像人脑一样,甚至超过人的能力去分析和解决问题。

以上五个方面可以说是既相互独立又相互交叉的。智慧消防的产业链延伸发展,还需更多地采用新科技来支撑,比如地理地貌信息系统、5G通信技术、芯片、传感器、创新算法等技术的进步,才能带来业态的生成和发展。智慧消防是以上五个方面消防层面业务和应急安全管理的综合体的重要内容之一。

随着深化消防执法体制改革不断深入,消防部队体制划归国家应急管理部后,智慧消防必须加快建设。然而,由于过去10多年来,消防行业实行封闭式管理,造成目前处于困惑阶段,跟不上体制改革和业态本身发展市场化运作的需求。从当前国家住建部改革层面分析,到2021年前,消防专业资质和智能化、输变电、环保、特种专业五个专业资质合并为通用类专业承包,不分等级。这意味着,消防信息化必将与建筑信息化方向融合发展。但是,目前消防管理部门,片面地以消防安全为由,进行数据单一垂直分割监管,阻碍了向集约式综合利用大数据发展;而且一些消防单位利用原消防指挥平台管理数据的优势,抢占先机,自建消防物联网平台,单打独斗,严重影响了智慧消防建设。预计此项市场化运作改革将在5年后可以完成。

2019年11月29日,习近平总书记在主持中央政治局第十九次集体学习时强调指出:要加强风险评估和监测预警,加强对危化品、矿山、道路交通、消防等重点行业领域的安全风险排查,提升多灾种和灾害链综合监测、风险早期识别和预报预警能力。习近平总书记的重要讲话,为我们建设智慧消防指明了方向,我们必须认真学习,坚决贯彻落实。

3. 关于加强上海市应急物资保障体系建设的建议

2020年元月,突发的新冠肺炎对特大型城市公共安全领域应急处置应对带来了新的考验。习近平总书记指出:"健全统一的应急物资保障体系,把应急物资保障作为国家应急管理体系建设的重要内容,按照集中管理、统一调拨、平时服务、灾时应急、采储结合、节约高效的原则,尽快健全相关工作机制和应急预案。"上海是特大型城市,必须探索建立"一流城市要有一流治理"中国特色的新路子,引领长三角一体化发展做好示范表率。为此,我和秘书处深入会员单位调查研究,向市应急管理局、市经信委、市住建委等部门提出关于加强本市应急物资保障体系建设的三点建议:

(1)成立上海市应急安全物资保障领导小组。由市应急管理局牵头,会同市发展改革委、市卫健委、市住建委、市经信委、市商务委、市场监督管理局、市财政局、市防汛办、市民政局以及上海市协会(商会)社团机构等系统和部门成立管理领导小组。

(2)梳理上海市应急物资分类及产品目录。要在原市政府办公厅下发的《关于进一步加强本市应急物资储备体系建设的意见》(沪府办〔2015〕27号)的通知基础上,再次重新梳理上海市《应急保障物资分类及产品目录》分类,包括防护用品、生命救助、生命支持、救援运载、临时食宿、污染清理、动力燃料、工程设备、器材工具、照明设备、通信设备、交通运输、工程材料等13类。要科学调整储备的品类、规模、结构,提升储备效能。

(3)政府购买服务,充分发挥社会组织第三方服务机构的作用。对公共安全应急救援的13类物资进行重新增(减)梳理,为物资储备提供依据;对各类应急物资原料厂家的产品、性能、用途、名称、地址等分别进行调查了解,研究分类,调研收集相关资料,纳入市应急管理局和市住建委以及市经信委数据库中,为特发事件发生时应急管理提供支持。

以上建议可以让政府部门腾出一只手专心致志抓应急安全管理工作,让社会组织去做政府部门要做却无精力去做的事。政府有关部门如果采纳建议,我会将积极配合政府做好应急安全物资分类、收集调研课题工作。

第二节 协会的未来：探索创新发展之路

1. 协会发展面对的三大问题

关于协会与政府脱钩后的发展之路，我会将创新运行模式，在团标制定、高技能人才培养、科普宣传、公益事业、产品展览和科技推广等方面多做一点工作，多尽一点义务；在理事会核心团队和秘书处的共同努力下，抓住社团脱钩改革的契机，把为服务会员放在首位，充分发挥会长、理事、会员企业的

2010年市消防协会组织到江西庐山考察时留影

专业专长优势，相互交流合作，共同把协会工作搞得有声有色。

在政府购买服务的放管服逐步到位的前提下，我们要抓住机遇，抢占先机，借鉴国外协会运用市场化手段管理运作的经验，及时总结推广，在充分调查研究基础上找出企业的难点、痛点、热点，解决会员企业遇到的困难与问题，运用正当渠道及时向政府相关部门反映企业诉求，向政府呼吁，获得政府的指导与支持。

现在，协会发展面对三大问题，我们既要适应，又要不断创新。

（1）协会发展向与政府脱钩、不托管的方向转变，对协会会长、副会长等主要人员的管理提出更高的要求，要报组织部门审批备案。政府官员离退休人员聘用，必须经过组织批准。根据国家发改委、民政部、中央组织部联合发布的《行业协会商会综合监管办法》的通知，协会与政府脱钩后，需探索在协会商会中选择适合的企业家，实行理事长（执行会长）轮值制。

（2）目前，政府购买服务、放管服等相关政策尚未出台落地，对行业社团标准制定、课题研究、人才培训等还未具体列出清单，对协会第三方评估工作尚未启动。今后，公平公正的市场化运作，会导致协会自然发展，优胜劣汰。因此，对行业协会评估标准的衡量，主要在标准制定、课题研究、人才培训、服务会员、公益事业等方面。协会要加快多做一些基础工作，以适应国家对行业协会商会脱钩后深化改革的要求。到2025年，中国特色市场化运作的协会对会员企业的服务功能将逐步扩大，服务资源逐步增加。

（3）当前我国社会团体的现状和概况。目前，我国社会组织有90多万个，其中行业协会、商会有43多万个秘书长。如果每个行业协会和商会，会长、副会长（副理事长、副秘书长）以15个人计算，那么全国就有600万左右这方面人员在这个战线上工作。这是一个惊人的数字，是一支庞大的队伍。根据我在协会工作近6年的体会与感触，困难多多，挫折不少，我们一直在夹缝中求生存。有的事，左也不是右也不是，只能默默低头先做好自己的事、能做的事。尽量做到不说人家的不好，不说人家不支持，不给力，先思考反省一下，从改变自己开始，问一下自己还有什么地方可以改进工作方式和改变心态的地方。然后总结一下，找出解决问题突破点在哪里，预估预判一下社团体制改革的方向和未来。

2. 协会发展要突破五个方面的瓶颈

（1）社会团体法律位阶不高，没有统一完善有效的法规和条例作支撑。至今主要就是一部1998年颁发的《社会团体登记条例》；虽然在2016年做了些微调，但仍与新形势下国家体制改革不相适应。当前，行业协会商会与政府部门正处于脱钩时期，也是一个真空期，加上社团没有现成的运行模式和成熟的相关标准，完全套用国际模式又不符合中国国情；各行各业，专业又各不相同，注册的行业协会和省市县级商会都出现雷同重叠的情况，造成了协会运行团队各吹各号，各唱各调，参差不一；政府社团管理部门和主管指导单位也拿不出具体参考标准和可行方案，以及切实有效的指导意见。随着互联网时代和行业产业链融合发展已成趋势，因此，改革社团组织登记管理条例很有必要。

（2）政府职能转变放管服改革进展缓慢。协会组织反映会员诉求和建议的渠道不畅通，政府个别工作人员对协会组织反映的问题充耳不闻、敷衍了事，有慢作为、假作为的现象，政府部门对相关建议和意见采纳的反馈机制尚未建立。协会社会化、市场化运作机制的逐步形成，需要法律法规来支撑。但现在的法律法规，尤其是部门规章太过繁琐，有些标准制定不客观，过于严苛，正如毛泽东所说："把官员与群众的鱼水关系变成了油水关系，还不让下面群众透口气。"应该看到，社会治理中避免不了有漏洞，而行业协会、商会将发挥更大作用。因此，相关机制改革要加快落实到位，政府治理机构必须尽快建立完善的意见反馈监督机制，让政府第一时间采纳改进社会组织（居民、各界人士）的合理建议与意见。

（3）协会对会员企业服务功能有限，服务资源偏少。现在协会的功能一般最多搭个团标、培训等平台，开个理事会、年会论坛、发发微信，宣传推广一下会员企业等，实实在在为会员利益提供条件，根本无从谈起。会员得到的只有一张名片、一个平台交流一下而已，协会心有余而力不足。同时协会"造血功能乏力，经费严重不足"。我会上一届运行5年来，我和执行会长杨华伍、常务副会长任德华、何培新等单位都是自己掏腰包支持协会，维持协会生存发展。协会的调研课题、培训统计等购买服务共计收入约30多万元，半年的开支都不够。这些购买也是通过努力争取来的，几乎没有参与招标和邀标的机会。同时，协会、商会在承接政府购买服务方面还缺乏专业人才、专业水平不足等情况。

（4）协会中存在一部分挂牌会长或理事的情况，想干事的不多，作点奉献的意识也不强，放任协会团队自身发展。

（5）协会中合格能办事的秘书长和相关专业人才十分缺乏，人才难觅，流动频繁，已成为协会发展的瓶颈。我们迫切期待政府管理部门组织人才培养和技术职称评级评定，为协会、商会输送优秀人才。如果这一批专业人才培养好了，将对政府、社会组织、市场（企业）三个层面社会经济治理结构完善，去行政化、提高政府办事效率，为社会主义市场经济发展发挥更大的作用。

由于存在以上5个方面瓶颈，因此，大多数协会普遍存在成立之初热热闹闹，几年之后冷冷清清，期满换届吵吵闹闹、意见不少，这样循环反复。这些问题和现象的存在严重制约了社会组织的发展，辜负了新时代对社会团体的期望。

3. 新时代行业协会发展该怎么办？

协会作为社会管理治理的一分子，政府的桥梁和纽带。在党的坚强领导下，会长和秘书长每前进一步就面临一次挑战、一个考验，做一个合格优秀的会长、秘书长，必须具有大公无私的高尚情操，有驾驭协会组织的高超智慧与艺术，有创新思维和勇气，勇于担当、勇于创新突破机制的能力，来迎接面临的挑战。针对目前政府部门少数工作人员存在的爱理不理、羞羞答答、拖着不办事慢作为的心理状态，我们要争取多种方法、多种渠道向他们多请示、多汇报、多咨询、多沟通、多呼吁，争取政府工作人员的理解与指导支持！同时，也要紧紧依靠协会理事会团队的合力，多想办法，多出点子。办法总比困难多，只要有一颗坚强的内心，没有找不到解决问题的方法。多多学习借鉴国际上协会、商会的先进管理办法和经验，多与国际协会交流合作，探索出一条协会健康有序规范发展之路。

第三节　公司的展望：建设三个团队，传承企业文化

我是新时代浙商中的一员。恩格斯说："环境创造人；同样，人也创造环境。"从1988年下海创业至今30多年来，我靠着党的好政策，靠着高人指点、贵人相助和自己的艰苦奋斗，在上海落地生根、开花结果。但"廉颇"老矣！或隐、或退、或离，我必须正视现实，转换角色。对我一手创办的公司，这几年我已逐步放手，也逐渐淡出社会交际等活动。我看到公司年轻一代已经逐步成熟、成长起来，在没有我主管工作的2年时间里，业务量一年比一年增长，我感到很欣慰。但要继续发展、持续发展，我认识到团队精神建设的重要性、必要性。团队建设是一个企业内强素质外塑形象的关键因素。因此，我提出了三个团队建设、三个平台做支撑的发展思路：

消安管理团队："环宇"是以做消防工程、设施检测维护保养为主的企业，在多年的发展过程中积淀了一批业务素质好、对公司忠诚的老员工。我就让环宇消防集团老员工和部门负责人参股成立上海环宇消安企业管理有限公司即"消安管理团队"，由他们负责集团公司的营运和管理；让11名员工成为公司股东，从为老板打工变成为自己打工，充分调动各位股东和员工的积极性。

物联网团队：我还让环宇九阳科技有限公司组成了"物联网团队"。这个年轻人团队负责紧跟时代科技发展的潮流，将应急消防设备（水、电、烟、火、电梯、人流密集监控等）融入物联网平台对接政府数据平台，为城市应急安全和智慧消防提供大数据支持。

协会团队：协会成立后，我加强组建"协会团队"。协会团队以行业标准制定、行业高技能人才培养、论坛、展会、科普宣贯教育、公益活动为主要工作抓手，致力于提高应急消防行业整体水平，规范行业自律，做政府要做却没有精力做的事，做好政府的帮手，为政府出台方针政策决策提供支持。

进入60岁以后，随着身体逐步衰老，我发现许多事情出现力不从心的感觉。于是，从公司发展战略考虑，我提出"三个团队"建设目标（即环宇消防管理团队、环宇九阳智慧消防物联网团队、支持协会发展秘书处团队），并且通过2015—2017年公司股权激励等机制，将设想落到实处。2018年元月1日，首先注册了上海环宇消安企业管理有限公司。该公司运行两年多来，企业健康发展，业务指标稳步增长，取得了初步成效。物联网团队，随着深化消防执法体制政策逐步到位，智慧城市建设加快推进，我深信年轻团队大有作为。协会团队，随着社团改革、协会与政府脱钩后，将更具活力。

在组建三个团队的同时，公司注重加强三个建设：团队建设、制度建设、品牌文化建设。我还注意同步打造三个平台，即公共安全应急预警物联网平台，应急产业大消防科技创新联盟平台和特色党建的红色文化平台，为公司持续健康发展提供支撑，让年轻人团队崭露头角，大显身手。我深信：一代人有一代人的使命，长江后浪推前浪，一代更比一代强！

亲爱的读者，《阿杜故事》一书写到这里告一段落。我从小学念书到淡出江湖60载，在农村长大，当过兵，做过工，从公务员岗位上辞职，当起个体工商户，最后成了私营企业的老板。对于我这样的"六小人物"（1974年入伍小兵，1985年从部队小连副转业到浙江省东阳市物资局机关当小公务员，国企公司小书记，1992年邓小平"南方谈话"后我下海当小老板，今天的中小企业主）、"三小企业"（企业规模小，社会影响小，对国家贡献小）、"三流人才"（做人争取一流的，我的水平是二流的，长相是三流的）、"三老书记"（老兵，老板，老党员）来说，过去的60载风雨历程，让我感受到党的伟大、党的温暖；战友、朋友的关心和帮助，激励我成长进步、倔强奋斗。在社会这个大学堂里磨炼了我一种执着、坚韧、担当、正气的个性。

"雄关漫道真如铁,而今迈步从头越。"在老龄社会来临的时代,又给了我这个"50后"老人第二个春天。因此,我对明天充满美好生活的追求和憧憬。古人言:"人生哪有都如意,万事只求半称心。"因此,得与失只要心态调整好,都能给自己带来快乐。从完成《阿杜话语》《城市应急安全通识》《阿杜故事》三本书的那一天起,我将逐步从公司日常管理经营决策层退居二线,指导公司接班人儿子杜帅打造好环宇消安企业管理团队建设和环宇九阳智慧消防物联网团队的建设。期待在管理团队的带领下,加快企业和企业文化健康发展。根据国家住建部改革消防企业资质的要求:到2021年底,5种专业资质调整为通用型专业承包资质(即消防设施工程、电子与智能化工程、输变电工程、环保工程、特种专业工程),为适应时代变革,打造综合性联合集团公司,逐步把"环宇"品牌做实、做精、做专、做强,为今后发展打造百年老店创造条件。希望公司两个核心团队能团结一心、取长补短、相互学习、紧密合作,共同为"环宇"更加美好的明天作出努力!

附　　录

　　在苦写本书的近2年时间里,我得到许多高人和贵人的指点。2019年9月底完成的初稿;在不断整理打磨时,遇上了2020年元月新冠疫情,宅在家里和公司2个多月时间里,平生第一次有机会能有这么长时间静下心来,回忆淘洗过往,过滤复杂心情,反复改写《阿杜故事》。其中,有挥之不去的浓浓乡愁,有对军营生活和战友情谊的百倍珍惜,有对创业艰辛和成功喜乐的真实描述,更有对高人指点和贵人相助的感恩之情。写书也是一种倾诉,更是一种快乐!

　　为此,我对复旦大学常务副校长、复旦校友会常务副会长张一华老师,缪新亚老师、陈军老师等表示感谢;对鼎力帮助、亲自动笔写回忆故事的老首长、战友、领导、朋友表示深深的谢意。

附录 1

各位首长、领导、战友和朋友,为了帮助我撰写这本书,你们费心费力和我一起回忆往事并提供了大量资料。我原本打算将各位在座谈会上的发言和回忆文章集中编入书中。但根据责任编辑的建议,从本书的整体结构框架考虑,只能忍痛割爱,将有的回忆文章稍作改写,有的只节录了部分内容,有的甚至都没收录。对此我深表歉意。但我仍将这部分文章整理汇总,放于书架,更珍藏于心。在这里,请允许我再一次对本书出版付出辛勤劳动、真情帮助、给予悉心指导的30位首长、领导、战友、朋友和老师,表示最诚挚的感谢!为表示谢意,下面我把具体名单摘录如下(按书中的顺序):

1. **杜茂新**:浙江东阳人。1974年12月23日入伍,1978年在上海警备区政治部新闻培训班学习,提干后,在上海警备区后勤部船运大队政治处、上海警备区后勤部政治处任宣传干事、指导员、教导员、上海警备区教导大队政治处主任等职务,1999年转业后到上海市国资委系统任东方国际商业集团纪委书记、党委副书记、党委书记等职。

2. **陈洪明**：浙江东阳人。后山店西村老年协会会长，后山店小学原校长。

3. **王必成**：今年86岁了，1952年参加抗美援朝（20军）。1962年上海警备区司令部管理处。1963年秋司令部机关门诊部。1965年参加地方搞"四清运动"，1967年被派驻铁道部上海通信工厂军代表。1968年去中央政治学习班（其中受到毛主席2次接见）。1969年上海警备区后勤部船运大队任机关管理员兼支部书记。1979年转业到杭州市发改委驻沪代表。1984年负责组建杭州市政府驻沪联络办事处，1992年杭浦开发公司任副总兼一部经理主管业务，2000年退休。

4. **马顺鑫**：上海警备区司令部军务参谋，转业后回浙江东阳，任东阳市人力资源和社会保障局劳动就业促进中心主任。

5. 吴守德：1985年初从外海队调上海警备区后勤部船修所任教导员。

6. 楼欣然：浙江余姚人，1968年3月入伍，起先在上海警备区后勤部船运大队当兵。1970年2月入党，同年3月提干。1973年2月调任上海警备区后勤部军需处任助理员、副处长、处长、生产处长兼警备区企业局局长，后勤部副部长，兼任上海市绿化委员会办公室副主任，上海市计生委办公室副主任，上海市长宁区政协委员、人大代表。

7. 丁荣明：1970年入伍，在船运大队后勤处任助理员，1976年上海警备区后勤部财务处任助理员，转业到绿地云峰集团任总会计师。

8. 徐永河：上海警备区后勤部运输处汽车连连长、汽车修理所所长，转业后任绿地云峰集团房地产开发公司董事长。

9. 王再球：1970年的兵，1977年调到后勤部营房处担任助理员，后来任南京军区后勤部上海房产管理局局长。

10. 朱伟昌：上海市人，1961年7月入伍，1971年7月调入北京中国人民解放军军政大学，1979年7月调回上海警备区警备师，1983年调入武警上海市总队教导大队，1984年8月教导大队改编为武警上海指挥学校后任政治处主任，1986年1月任武警上海指挥学校校长，1995年3月后调武警上海市消防总队任政委，至1999年7月退休。

11. **应炳华**：祖籍浙江东阳。10岁到上海，1968年参军，在部队工作27年；1995年10月从副师职岗位转业到闸北区工作。先后担任过区财贸办常务副书记、书记，区委办主任，从1998年1月开始先后担任过中共闸北、松江两个区的区委常委、组织部部长等职务。

12. **傅林松**：原闸北区天目西路街道党委副书记兼综合党委书记。

13. **施南昌**：上海市社会工作党委原书记，上海市政协常委，上海市慈善基金会副理事长。

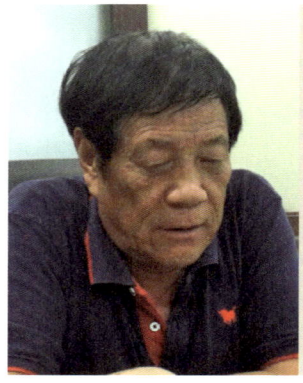

14. **王洪太**：原闸北区委常委、宣传部部长，原闸北区人大常委会副主任。

15. **魏移新**：上海市浙江商会《新浙商》杂志执行主编，浙商研究会上海分会秘书长。

16. **戈永锠**：原闸北区工商联党组书记，原闸北区天目西路街道党工委书记。

17. **祁汉凤**：原闸北区天目西路街道综合党委书记。

18. **王震**：原闸北区社会工作党委副书记,现任静安区红十字会书记。

19. **顾丽惠**：原闸北区天目西路街道党群工作事务所书记。

20. **项凯**：原闸北区文明办主任，市北高新技术服务园区监事长。

21. **林丽蓉**：公司原办公室主任，参与公司党支部和各部门的组建，是公司培养的第一批党员。在职近11年，亲历并见证了公司起步、发展、壮大。

22. **张霞**：祖籍江西，2012年入职。从项目管理成长为公司党支部副书记、工会主席、消安公司总经理，全面负责集团公司业务运营。2019年荣获静安区总工会优秀工会工作者。

23. **周全明**：原闸北区公安消防支队政委、消防支队队长。

24. **胡亚明**：1969年12月入伍，在上海公安消防部队服役及上海市消防协会工作48年，曾任上海市消防局防火部副部长、上海市消防协会秘书长。

25. **黄燕**：中国机械国际合作股份有限公司展览总监。

26. 徐乃平：上海市社会团体管理局原副局长、上海市社会组织评估院院长。

27. 贾勇：上海市社会团体管理局原副局长、宋庆龄基金会秘书长。

28. 史文军：上海市经信委原副巡视员、市经济与信息化研究发展中心主任。

29. **张兆安**：民建上海市委副主委、上海社会科学院副院长、全国人大代表。

30. **柴俊勇**：上海市应急管理专家组组长、市政府原副秘书长。

附录2　个人及公司荣誉（奖状、奖牌）

荣获改革开放40周年"创新浙商"荣誉称号

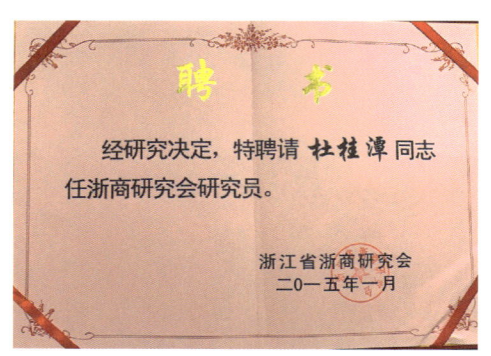

被聘请为浙商研究会研究员

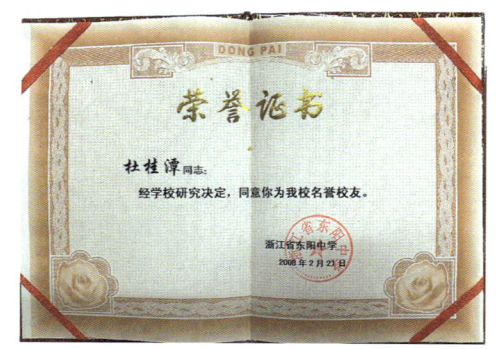

被授予浙江省东阳中学名誉校友荣誉称号

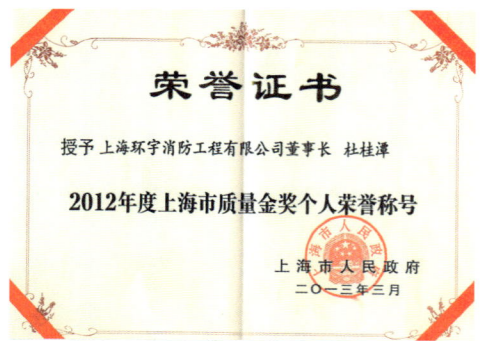

被授予2012年度上海市政府质量金奖个人荣誉称号

被授予上海市2012年"119消防奖"先进个人荣誉称号

荣获上海"两新"组织党务工作者荣誉证章

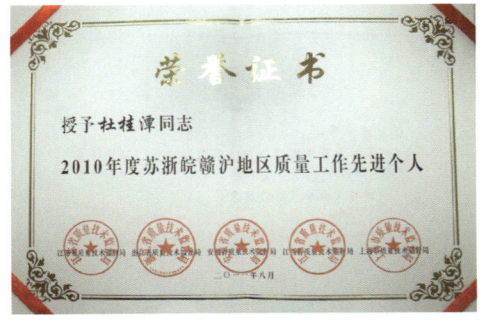
被授予2010年度苏浙皖沪赣沪五省一市质量工作先进个人荣誉称号

参与世博会场馆建设 2010年12月荣获世博会荣誉纪念证书

被聘任为第六届上海仲裁委员会仲裁员

被授予2015-2016年度优秀商会工作者称号

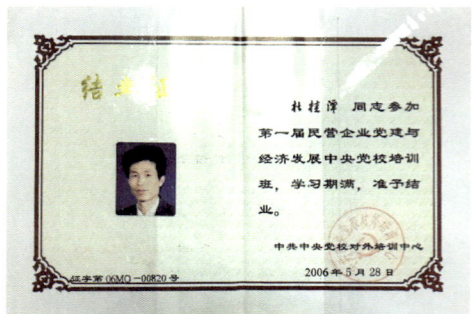

第一届民营企业党建与经济发展中央党校培训班结业证

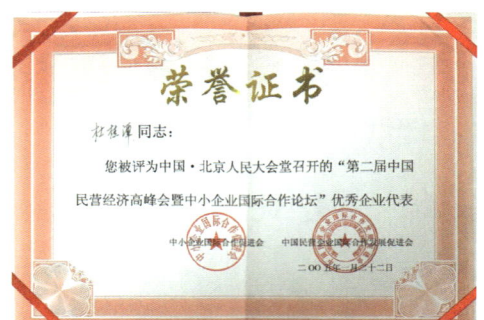

被评为北京人民大会堂召开的"第二届中国民营经济高峰会暨中小企业国际合作论坛"优秀企业代表

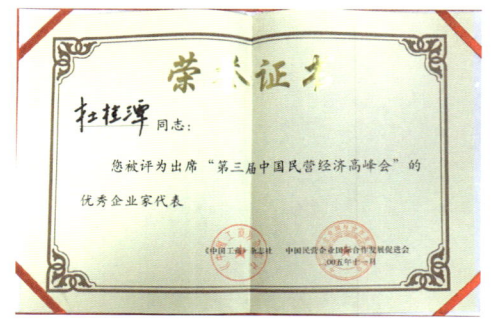

被评为"第三届中国民营经济高峰会"的优秀企业家代表

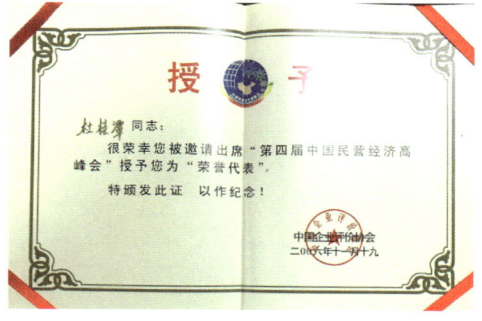

第四届中国民营经济高峰会被授予荣誉代表

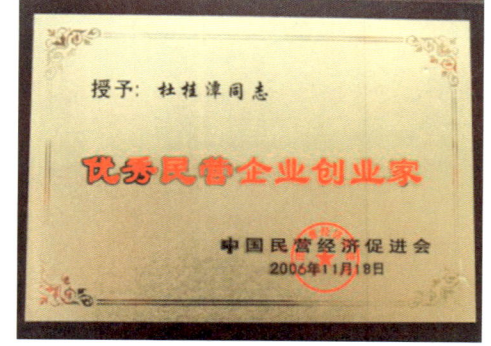

荣获中国民营经济促进会"优秀民营企业创业家"荣誉称号

荣获上海市消防行业优秀企业称号

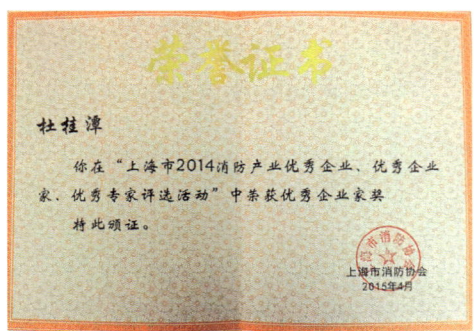
荣获2014年上海市消防行业优秀企业家奖证书

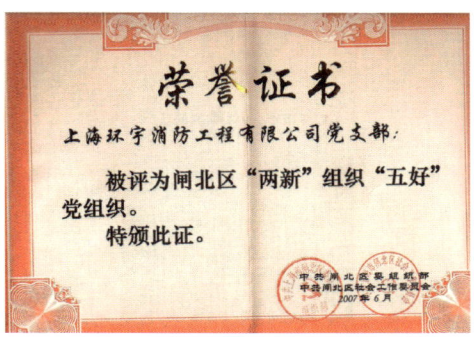
荣获闸北区"两新"组织"五好"党组织荣誉称号

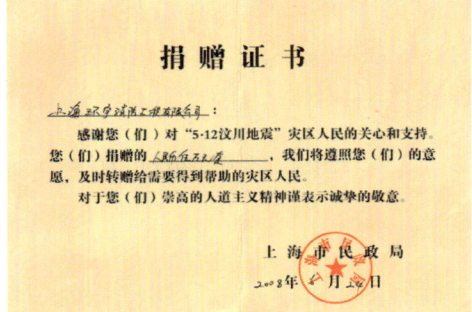
为"5·12"汶川地震捐赠5万元获捐赠证书

荣获2008年度全国"安康杯"竞赛(上海赛区)优胜单位荣誉称号

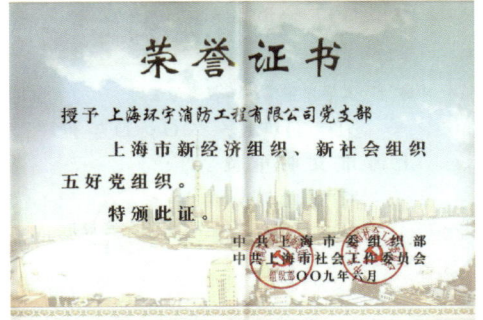
被授予上海市新经济组织、新社会组织"五好"党组织荣誉称号

荣获2011上海市消防行业星级标榜企业

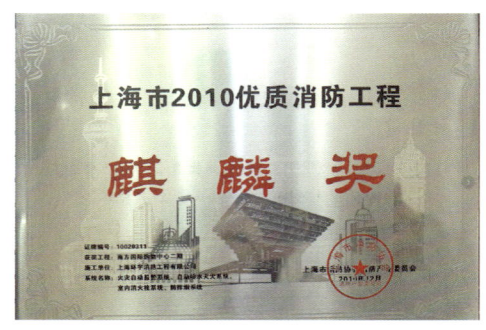

荣获上海市2010优质消防工程（世博场馆）贡献奖

2010年南方国际购物中心一期消防工程荣获上海市2010优质消防工程麒麟奖

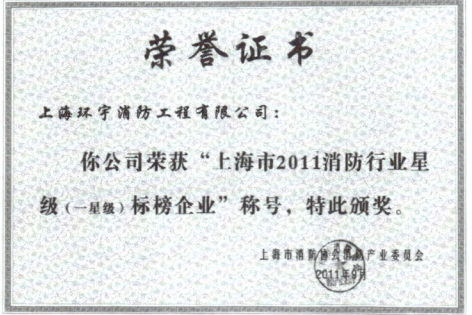

被授予上海新经济组织、新社会组织党建工作示范点

被授予上海市消防行业星级（一星级）标榜企业称号

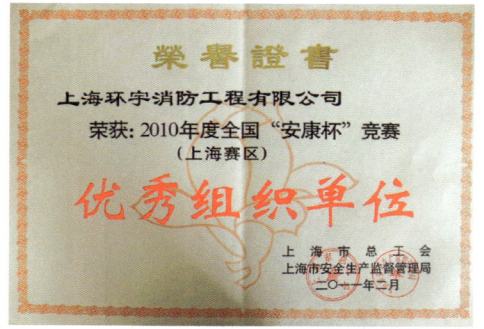
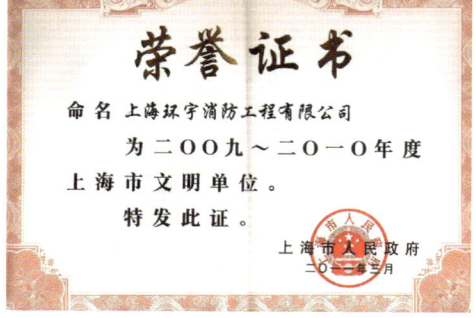

被授予2010年度全国"安康杯"竞赛（上海赛区）优秀组织单位称号

被授予2009—2010年度上海市文明单位称号

被上海市委组织部授予"上海市新经济组织、新社会组织党建工作示范点"

"上海应用技术学院奉贤区图文信息楼"消防工程荣获上海市2011优质消防工程麒麟奖

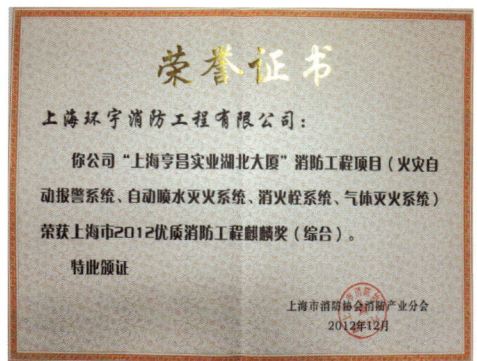

荣获上海市2012优质消防工程麒麟奖

被授予2011—2012年度上海市文明单位荣誉称号

上海市闸北区质量协会第二届理事会副会长单位

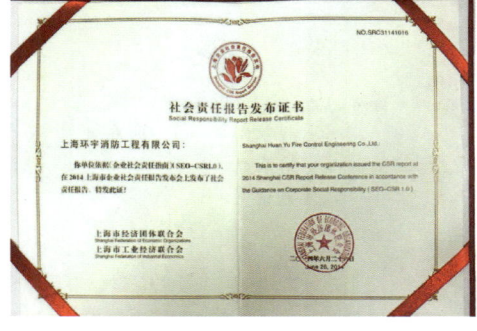

获上海市企业社会责任报告发布证书

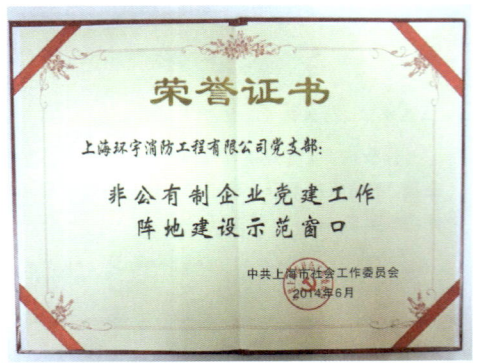

被授予非公有制企业党建工作阵地建设示范窗口

荣获2013—2014年度诚信创建企业三星级

天目西社区（街道）综合党委颁发的"两新"组织党建信息和信息化工作一等奖

被授予上海市企业文化建设示范基地称号

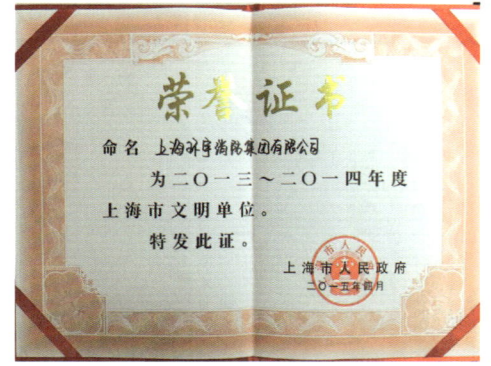

被授予2013—2014年度上海市文明单位荣誉称号

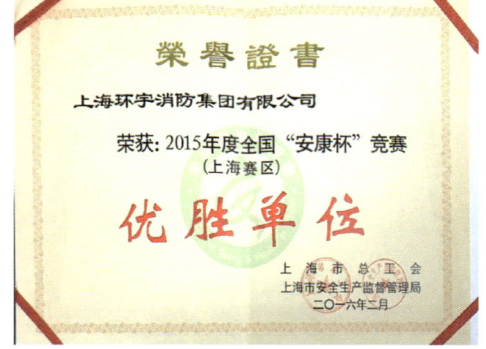

荣获2015年度全国"安康杯"竞赛（上海赛区）优胜单位称号

获上海市企业社会责任报告发布证书

荣获上海市建筑"白玉兰"奖（市优质工程）

荣获标准化良好行为证书

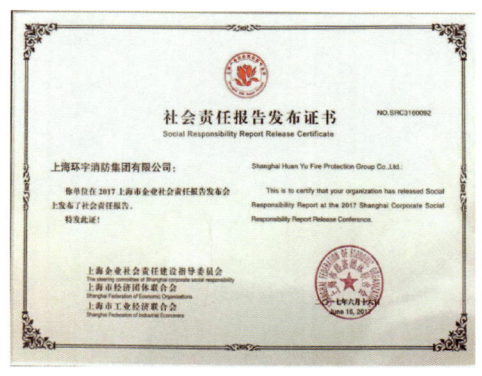
荣获上海市企业社会责任报告发布证书

被授予2015—2016年度上海市文明单位荣誉称号

荣获上海市企业社会责任报告发布证书

被授予2017—2018年度上海市文明单位荣誉称号

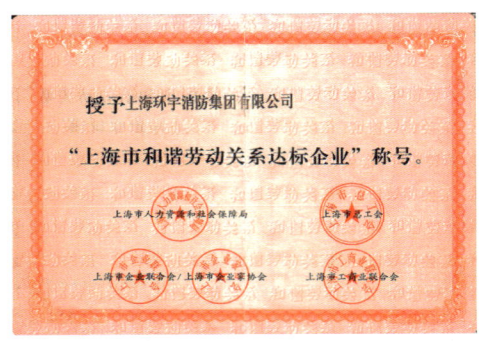

被授予"上海市和谐劳动关系达标企业"称号证书

附录3 媒体报道

1.《解放日报》——《科研促发展 党建保增长》

汪志强

对环宇消防工程有限公司来说,2009年是双喜临门。7月,公司党支部获得上海市"两新"组织"五好"党组织荣誉称号;年底,公司摆脱金融危机影响,业务量增长100%以上。今年初,支部书记杜桂潭又不失时机地提出2011年争创"上海市'两新'组织党建工作示范点",公司新设党群工作办公室,提升党建工作在公司科研和业务发展中的地位。

近年来,环宇消防工程公司党支部着力用特色党建"点亮民企发展的方向,增强引领力;擦亮科技进步的轨迹,增强推动力;照亮和谐建设的道路,增强凝聚力",做到科研促发展,党建保增长,十年党建路,一个新环宇。

1994年在家乡创办民营企业时已建立党组织的杜桂潭,98年从浙江东阳移居上海创业。经过五年多打拼,环宇消防公司逐步壮大,党员人数逐渐增多,2003年公司成立独立党支部,杜桂潭任支部书记。少年时戴红领巾,当兵时佩红领章,当老板后喜欢系红领带的杜桂潭,说得最多的就是"听党话、跟党走,党的恩情永不忘!这是我一辈子的人生信念"。

2.《人民日报》——《上海环宇：消防责任重于泰山》

3.《组织人事报》——《用特色党建擦亮民企窗口》

4. 《东方消防》——《支书的荣耀》

5. 《东阳日报》——《诚诚实实做人　明明白白做事》

6. 《浙商研究与咨询》——
《改革开放四十周年"创新浙商"》

7. 《工经联》刊物报道

8. 《建筑时报》——《踏踏实实走自己的路》

9.《建筑时报》——《做好自己　尽责社会》

10.《建筑时报》——《建筑消防：质量是硬道理》

11.《建筑时报》——《上海环宇消防创新经营模式助推腾飞》

12.《东阳日报》——《办企业就是做"人"字文章》

后记

历时两年有余,《阿杜故事》在我先后编写出版了《阿杜话语》和《城市应急安全通识》两本书之后,终于即将付梓。

本书写作过程,时写时停。在即将完成之际,却遇新冠肺炎疫情肆虐全国。面对这场前所未知、突如其来、来势汹汹的疫情天灾,全国人民在习近平总书记的指挥部署下,众志成城,同舟共济,打响了抗击疫情的人民战争。我们"环宇"公司在第一时间发出倡议,动员党员和公司骨干捐款捐口罩等行动;作为上海应急消防设备行业协会会长单位,发动协会会长、理事和会员单位共捐款捐物支援物资达1 300多万元。同时,为了加强消防安全,保障设施设备正常运行,公司还对原签订合同的100多个居民社区、办公楼宇和宾馆签订抗击疫情安全承诺书,保证做好防控防范工作,并承担因此而造成的责任与后果。

此期间,在主持公司、协会事务的同时,我积极响应政府号召,开启云办公居家生活模式。宅在家中,静下心来,梳理过往,反思人生,总结经验,收获颇多。这也让书稿有了继续推敲打磨的时间,增加了思考后的种种感悟,又回忆起了经历过的许多故事和精彩情节,几经艰辛修改,终于写成。此时,我犹如卸下了沉沉的担子,满怀喜悦之情,起身推窗,屋外已是桃红柳绿,阳春三月。春暖花开之际,正是我国疫情防控取得阶段性胜利之时,亦为《阿杜故事》成书之日。幸矣巧哉!我不免感慨:

春天来临是自然现象，时令之变；抗击新冠疫情初战告捷，则是中央英明，制度优势，人民同心！真可谓：万众同和，便是长江黄河；众志成城，就是万里长城！

因我长期从事的是消防设施安装检测维护等工作，深知应对公共安全危机的重大意义。抗击新冠疫情的艰苦斗争，既体现了中华儿女共克时艰、共渡难关的坚韧和智慧，也检阅了我们应对公共安全危机的能力。正如习近平总书记所说："这次疫情暴露出城市公共环境治理方面还存在短板死角，要进行彻底排查整治，补齐公共卫生短板。"习近平总书记的讲话，更坚定了我的想法：作为一个长期从事应急行业的"消防人"，必须更加重视和关注城市公共应急安全。为此，我打算在去年主编出版《城市应急安全通识》的基础上，再写一本关于城市中小学生应急安全辅导内容的读本。现在，我正抓紧时间与有关方面通力合作，边学边写，争取尽快写出这本新书。写书虽然十分艰辛，但这是学习新知识、充实精神生活和静化心灵的有意义的过程，更是提升素养、提高能力、锤炼品行的机会。世界之美，花与花、花与树景色各有不同，大人物、小人物，每个人的阅历感悟不同，每个人都有自己独有的别致风景。俗话说："活到老，学到老。"学习和写作充实着我晚年的幸福生活。让我充分认识到人生真正的贵人还是努力的自己。在各位拿到《阿杜故事》的时候，敬请各位继续关心我的新书的出版。

最后，我要再次向为写书帮我回忆、提供资料的各位老首长、老领导、老战友、老师、亲朋好友表示歉意。本书附录部分收录了当事人的简历、我个人和公司的各种荣誉、奖牌。在这里请允许我再一次对本书出版付出辛勤劳动、提供无私帮助、给予悉心指导的各位老首长、老领导、战友和老师，再次表示最诚挚的感谢，祝好人一生平安。

图书在版编目（CIP）数据

阿杜故事 / 杜桂潭著. — 上海：上海社会科学院出版社，2020
 ISBN 978-7-5520-3280-2

Ⅰ.①阿…　Ⅱ.①杜…　Ⅲ.①杜桂潭—自传　Ⅳ.①K825.38

中国版本图书馆CIP数据核字（2020）第142164号

阿杜故事

著　　者：杜桂潭
责任编辑：陈　军
封面设计：黄婧昉
出版发行：上海社会科学院出版社
　　　　　上海顺昌路622号　邮编200025
　　　　　电话总机 021-63315947　销售热线 021-53063735
　　　　　http://www.sassp.cn　E-mail: sassp@sassp.cn
排　　版：南京展望文化发展有限公司
印　　刷：上海双宁印刷有限公司
开　　本：710毫米×1010毫米　1/16
印　　张：17.25
插　　页：2
字　　数：258千字
版　　次：2020年9月第1版　2020年9月第1次印刷

ISBN 978-7-5520-3280-2/K·569　　　　　　　定价：68.00元

版权所有　翻印必究